面向"十三五"高职高专项目导向式教改教材·财经系列

成本会计理论与实务

陈小英　陈梅容　杨承亮　主　编
　　　　张仁杰　王　竞　副主编

清华大学出版社
北　京

内容简介

本书以财政部颁布的《企业会计准则》《企业会计准则——应用指南》为依据，以制造业企业成本业务为主体，切合社会实际需要，全面、系统地阐述了成本会计的基本理论、核算方法及成本报表的编制与分析。全书共分为九个项目，内容包括成本会计基础知识、要素费用的核算、综合生产费用的核算、生产费用的分配、产品成本计算的品种法、产品成本计算的分批法、产品成本计算的分步法、产品成本计算的辅助方法和成本报表。

本书既可以作为高职高专院校会计和相关专业项目化教学教材，也可以作为会计相关从业人员的参考用书。

本书封面贴有清华大学出版社防伪标签，无标签者不得销售。
版权所有，侵权必究。举报：010-62782989，beiqinquan@tup.tsinghua.edu.cn。

图书在版编目(CIP)数据

成本会计理论与实务/陈小英，陈梅容，杨承亮主编. —北京：清华大学出版社，2019(2022.8重印)
(面向"十三五"高职高专项目导向式教改教材·财经系列)
ISBN 978-7-302-53379-5

Ⅰ. ①成… Ⅱ. ①陈… ②陈… ③杨… Ⅲ. ①成本会计—会计理论—高等职业教育—教材 ②成本会计—会计实务—高等职业教育—教材 Ⅳ. ①F234.2

中国版本图书馆 CIP 数据核字(2019)第 175944 号

责任编辑：梁媛媛
封面设计：刘孝琼
责任校对：王明明
责任印制：宋　林

出版发行：清华大学出版社
网　　址：http://www.tup.com.cn, http://www.wqbook.com
地　　址：北京清华大学学研大厦 A 座　　邮　编：100084
社 总 机：010-83470000　　邮　购：010-62786544
投稿与读者服务：010-62776969，c-service@tup.tsinghua.edu.cn
质量反馈：010-62772015，zhiliang@tup.tsinghua.edu.cn
课件下载：http://www.tup.com.cn, 010-62791865

印 装 者：北京国马印刷厂
经　　销：全国新华书店
开　　本：185mm×260mm　　印　张：15.5　　字　数：380千字
版　　次：2019年9月第1版　　印　次：2022年8月第3次印刷
定　　价：42.00元

产品编号：081605-02

前　　言

本书以《教育部关于全面提高高等职业教育教学质量的若干意见》为指导，以财政部新颁布的《企业会计准则——应用指南》为依据，围绕会计工作任务选择课程内容，充分体现了高等职业教育"融'教、学、做'为一体，强化学生能力培养"的新理念。本书根据企业成本会计岗位任务，对实际工作中成本会计岗位的职业能力进行分析，以培养学生成本会计岗位能力为重点，本着"以项目为导向，以任务为驱动"的思想组织内容，设计安排教学内容，以制造业企业产品生产成本相关经济业务活动为背景，系统地介绍了成本会计的基本理论、基本方法和基本操作技术。每个项目均设有配套的核算实务，突出实践环节，充分体现能力本位思想，更加贴近高职高专教育教学特色。

全书贯彻"理论必须够用为度，着重培养学生实际动手能力"的原则，使本教材结构安排合理，内容深浅适度，易于动手操作。为增强学生对成本会计相关知识的理解和实际操作能力的训练，在每个项目后面均设有项目小结、项目强化训练，并附有完整的参考答案，以方便教学。

本书由福建农业职业技术学院陈小英、陈梅容、杨承亮担任主编，福建农业职业技术学院张仁杰、衡水职业技术学院王竞担任副主编。陈小英负责总体框架的设计、提出编写大纲和全书的总纂与定稿，以及编写项目一、项目三；杨承亮编写项目二；王竞编写项目四、项目九；陈梅容编写项目五、项目六、项目七；张仁杰编写项目八。

本书在出版过程中得到了清华大学出版社的大力支持。另外，在编写过程中，我们参阅了许多成本会计教材，吸收、借鉴、引用了近年来高等职业教育的最新教改成果及有关资料，在此一并表示诚挚的谢意！

由于编者水平有限，书中难免有不妥之处，敬请读者批评指正，以便在修订时改正。

编　者

目 录

项目一 成本会计基础知识 ... 1

【知识目标】 ... 1
【技能目标】 ... 1
案例引导 ... 2
理论认知 ... 2

任务一 成本会计概述 ... 2
一、成本的含义 ... 2
二、成本的作用 ... 3
三、成本会计的概念 ... 3
四、成本会计的产生和发展 ... 4
五、成本会计的对象 ... 5
六、成本会计的职能 ... 5
七、成本会计工作的组织 ... 7

任务二 制造业企业成本核算的要求 ... 8
一、算管结合，算为管用 ... 9
二、正确划分各种费用界限 ... 9
三、正确确定财产物资的计价和价值结转方法 ... 10
四、完善成本责任制度 ... 10
五、扎实做好成本核算的各项基础工作 ... 11
六、按照生产特点和成本管理要求，选择适当的成本计算方法 ... 12

任务三 费用的分类 ... 13
一、费用按经济内容的分类 ... 13
二、费用按经济用途的分类 ... 14
三、生产费用的其他分类 ... 15

任务四 成本核算的账户设置及一般程序 ... 16
一、成本核算的账户设置 ... 16
二、成本核算的一般程序 ... 18
案例解析 ... 19

项目小结 ... 20
项目强化训练 ... 20

项目二 要素费用的核算 ... 27

【知识目标】 ... 27
【技能目标】 ... 27
案例引导 ... 28
理论认知 ... 28

任务一 材料费用的归集与分配 ... 28
一、要素费用的一般分配方法 ... 28
二、材料费用的归集与分配 ... 29
三、原材料费用的归集与分配 ... 32
四、燃料费用的归集与分配 ... 34
五、周转材料的归集与分配 ... 35

任务二 职工薪酬费用的归集与分配 ... 38
一、职工薪酬的内容 ... 38
二、工资薪金的组成 ... 38
三、工资薪金的原始记录 ... 39
四、工资薪金的计算方法 ... 40
五、职工薪酬的归集与分配 ... 44

任务三 外购动力费用的归集与分配 ... 46

任务四 其他要素费用的归集与分配 ... 47
一、折旧计提的归集与分配 ... 47
二、利息费用的归集与分配 ... 49
三、其他费用的归集与分配 ... 49
案例解析 ... 49

项目小结 ... 50
项目强化训练 ... 50

项目三 综合生产费用的核算 ... 59

【知识目标】 ... 59
【技能目标】 ... 59
案例引导 ... 60
理论认知 ... 60

任务一 辅助生产费用的归集与分配 ... 60
一、辅助生产费用的归集 ... 60
二、辅助生产费用的分配 ... 60

任务二　制造费用的归集与分配.................69
　　　　一、制造费用的归集.....................69
　　　　二、制造费用的分配.....................70
　　任务三　损失性费用的归集和分配.............72
　　　　一、废品损失的归集和分配...............72
　　　　二、停工损失的归集和分配...............77
　　案例解析...................................79
　　项目小结...................................79
　　项目强化训练...............................79

项目四　生产费用的分配.........................93
　　【知识目标】...............................93
　　【技术目标】...............................93
　　案例引导...................................94
　　理论认知...................................94
　　任务一　在产品数量的核算...................94
　　　　一、在产品与产成品的概念...............94
　　　　二、在产品与产成品的关系...............95
　　　　三、在产品的数量核算...................95
　　任务二　生产费用在完工产品与在产品
　　　　　　之间的分配.........................96
　　　　一、不计算在产品成本法.................96
　　　　二、在产品按年初固定数计算法...........97
　　　　三、在产品按原材料费用计算法...........98
　　　　四、在产品按完工产品成本计算法.........99
　　　　五、在产品按定额成本计算法.............99
　　　　六、定额比例计算法....................100
　　　　七、约当产量比例计算法................102
　　案例解析..................................105
　　项目小结..................................106
　　项目强化训练..............................106

项目五　产品成本计算的品种法..................109
　　【知识目标】..............................109
　　【技能目标】..............................109
　　案例引导..................................110
　　理论认知..................................110
　　任务一　产品成本计算方法概述..............110
　　　　一、生产类型特点和管理要求对
　　　　　　产品成本计算方法的影响............110

　　　　二、产品成本计算方法的确定............111
　　　　三、产品成本计算的方法................112
　　　　四、各种成本计算方法的实际
　　　　　　应用..............................114
　　任务二　品种法的核算......................115
　　　　一、品种法的含义、适用范围
　　　　　　及特点............................115
　　　　二、品种法的程序......................116
　　　　三、品种法的应用......................117
　　案例解析..................................127
　　项目小结..................................127
　　项目强化训练..............................128

项目六　产品成本计算的分批法..................137
　　【知识目标】..............................137
　　【技能目标】..............................137
　　案例引导..................................138
　　理论认知..................................138
　　任务一　分批法概述........................138
　　　　一、分批法的含义、适用范围
　　　　　　及特点............................138
　　　　二、一般分批法的程序..................139
　　　　三、一般分批法的应用..................140
　　任务二　简化分批法........................143
　　　　一、简化分批法的概述..................143
　　　　二、简化分批法的应用..................145
　　案例解析..................................147
　　项目小结..................................148
　　项目强化训练..............................148

项目七　产品成本计算的分步法..................155
　　【知识目标】..............................155
　　【技能目标】..............................155
　　案例引导..................................156
　　理论认知..................................156
　　任务一　分步法概述........................156
　　　　一、分步法的含义及适用范围............156
　　　　二、分步法的特点......................156
　　　　三、分步法的分类......................157

任务二　逐步结转分步法 157
　一、逐步结转分步法的含义、适用
　　　范围和程序 157
　二、逐步结转分步法的分类及成本
　　　计算 159
任务三　平行结转分步法 167
　一、平行结转分步法的概述 167
　二、平行结转分步法的应用 169
　案例解析 174
项目小结 174
项目强化训练 175

项目八　产品成本计算的辅助方法 185

【知识目标】 185
【技能目标】 185
案例引导 186
理论认知 186
任务一　分类法的核算 186
　一、分类法概述 186
　二、分类法的应用 189
任务二　联产品、副产品和等级产品的
　　　　成本计算 193
　一、联产品的成本计算 193
　二、副产品的成本计算 197
　三、等级产品的成本计算 198
任务三　定额法的核算 201
　一、定额法概述 201
　二、定额法的成本计算程序 202
　三、定额法的运用 202
　案例解析 210

项目小结 211
项目强化训练 211

项目九　成本报表 215

【知识目标】 215
【技能目标】 215
案例引导 216
理论认知 216
任务一　成本报表概述 216
　一、认识成本报表 216
　二、成本报表的特点 216
　三、成本报表的作用 217
任务二　成本报表编制 218
　一、成本报表的种类 218
　二、编制产品生产成本表 218
　三、编制主要产品单位成本表 221
　四、编制制造费用明细表 222
　五、编制期间费用明细表 223
任务三　成本报表的分析 225
　一、成本报表分析的概念与作用 225
　二、分析成本报表的基本方法 226
　三、产品生产成本表的分析 229
　四、主要产品单位成本表的分析 231
　五、制造费用明细表的分析 232
　六、期间费用明细表的分析 233
　案例解析 235
项目小结 235
项目强化训练 235

参考文献 239

项目一 成本会计基础知识

【知识目标】

- 理解成本的经济实质。
- 了解企业成本核算的要求和程序。
- 理解费用的不同分类。
- 正确划分各种费用的界限。
- 掌握成本核算主要账户的设置。

【技能目标】

- 能协调企业生产过程中各部门有关成本核算的凭证填制、传递工作。
- 能设置成本核算的主要账户。
- 能根据生产情况设计成本核算程序。
- 能对企业生产经营中发生的各项费用进行正确的划分。

> **案例引导**

小李、小张和小王三人是刚毕业的大学生，他们立志自己创业，做一番事业，经过紧张的筹备，三人合办了一家专门从事电脑销售的公司。第一年，他们购进电脑花费 50 万元，购买办公设备花费 30 万元(当年折旧总额为 5 万元)，日常办公费用 5 万元，房屋租金 10 万元，发放工资 30 万元。截止到当年 12 月 31 日，该公司主营业务收入为 100 万元，已销商品成本为 40 万元。元旦那天，小王建议办一个联欢会，邀请过去的同窗好友和合作伙伴参加，一来庆祝新年，二来庆贺公司开张之年就有所盈利。小李和小张却不同意，认为公司不但没赚到钱，反而亏了 25 万元，所以今年的聚会就不要办了。小王一听就知道问题出在哪里。

请问：你能确定该公司当年是盈利还是亏损吗？

> **理论认知**

任务一 成本会计概述

一、成本的含义

成本是商品经济的产物，是商品经济中的一个经济范畴，是商品价值的主要组成部分。成本作为一个价值范畴，在社会主义市场经济中是客观存在的。加强成本管理，努力降低成本，无论对提高企业经济效益，还是对提高整个国民经济的宏观经济效益，都是极为重要的。而要做好成本管理工作就必须先从理论上充分认识什么是成本。

成本是指在生产经营过程中所耗费的生产资料转移的价值和劳动者为自己劳动所创造的价值的货币表现，也就是企业在生产经营中所耗费的资金总和。

成本的含义有广义和狭义之分。

1. 广义成本

广义成本包括存货的采购成本、产品的生产成本、股票和债券的投资成本、固定资产及无形资产的投资成本以及产品的销售成本等。

2. 狭义成本

狭义成本通常是指产品的生产成本，就是工业企业为制造产品而发生的生产成本。

3. 产品成本与生产费用的联系

生产费用是企业一定时期内生产经营活动中所发生的各种耗费，产品成本则是将这些耗费归属于某一特定产品。两者的区别在于，生产费用是以时期为归集对象，反映企业在一定时期内(如一个月)发生的、用货币表现的生产耗费，它强调耗费的期间性；而产品成本则是以产品为归集对象，反映企业为生产一定种类和一定数量的产品所支出的各种生产费用的总和，它强调了耗费的针对性。只有生产费用对象化于产品时，才能称为产品成本。本书所指的成本是一种狭义的概念，仅指产品成本。

二、成本的作用

成本的经济实质决定了成本在经济管理工作中具有十分重要的作用。

(一)成本是生产耗费的补偿尺度

为了保证企业再生产的不断进行，必须对生产耗费，即资金耗费进行补偿。企业是自负盈亏的商品生产者和经营者，其生产耗费是用自身的生产成果，即销售收入来补偿的，而成本就是衡量这一补偿份额大小的尺度。企业在取得销售收入后，必须把相当于成本的数额划分出来，用以补偿生产经营中的资金耗费，这样才能维持资金周转按原有规模进行。如果企业不能按照成本来补偿生产耗费，则企业资金就会出现短缺，再生产就不能按原有的规模进行。

(二)成本是综合反映企业工作质量的重要指标

成本是一项综合性的经济指标，企业经营管理中各方面工作的成绩，都可以直接或间接地在成本上反映出来。例如，产品设计的好坏、生产工艺的合理程度、固定资产的利用情况、原材料消耗的节约与浪费、劳动生产率的高低、产品质量的高低、产品产量的增减以及供、产、销环节的工作是否衔接协调等，都可以通过成本直接或间接地反映出来。

(三)成本是制定产品价格的重要因素

在商品经济中，产品价格是产品价值的货币表现。产品价格应大体上符合其价值。无论是国家还是企业，在制定产品价格时都应遵循价值规律的基本要求。但在现阶段，人们还不能直接计算产品的价值，而只能计算成本，通过成本间接地、相对地掌握产品的价值。因此，成本就成了制定产品价格的重要因素。

(四)成本是企业进行决策的重要依据

努力提高在市场上的竞争能力和经济效益，是社会主义市场经济条件下对企业的客观要求，而要做到这一点，企业首先必须进行正确的生产经营决策。进行生产经营决策，需要考虑的因素很多，成本是主要因素之一。这是因为，在价格等因素一定的前提下，成本的高低直接影响着企业盈利的多少；而较低的成本，可以使企业在市场竞争中处于有利地位。

三、成本会计的概念

成本会计是以成本为对象的一种专业会计，是会计的一个重要分支。成本会计是财务会计与管理会计的混合物，成本计算具有两重性，它既是财务会计的一个重要组成部分，也是管理会计的一个重要组成部分。

财务会计要依据成本会计所提供的有关资料进行资产计价和收益确定，而成本的形成、归集和结转程序也要纳入以复式记账法为基础的财务会计总框架中，因此成本数据往往被企业外部信息使用者用于对企业管理当局业绩的评价，并据此作出投资决策。同样，成本会计所提供的成本数据，往往被企业管理当局作为决策的依据或用于对企业内部管理人员的业绩评价。

1. 以财务报告为目的的成本会计

从财务会计的角度来看，成本的结果被用于公司的财务报表，成本在损益表中列为销售成本，在资产负债表中列为存货。

2. 以管理为目的的成本会计

从管理会计的角度来看，成本是综合反映企业经营活动过程的质量和效果的一个重要指标，企业管理部门为了实现有效经营，正确进行经营决策，往往要从许多方案中选取最优方案，"优"的标准主要是经济效果，而各种形式的"成本"又是经济效果的重要表现形式。

成本会计是根据会计资料和其他有关资料，运用财务会计方法，对企业生产经营活动中的成本进行预测、决策、控制、核算、分析和考核，以促使企业降低成本，不断提高经济效益的一种管理活动。现代成本会计通常称为成本管理会计。

成本会计有广义和狭义之分。

(1) 狭义的成本会计：仅指成本核算。

(2) 广义的成本会计：包括成本预测、决策、计划、控制、核算、分析及考核。

四、成本会计的产生和发展

成本会计先后经历了早期成本会计、近代成本会计、现代成本会计和战略成本会计四个阶段。成本会计的方式和理论体系，随着发展阶段的不同而有所不同。

1. 早期成本会计阶段(1880—1920 年)

随着英国产业革命的完成，用机器代替了手工劳动，用工厂制代替了手工工场，会计人员为了满足企业管理上的需要，起初是在会计账簿之外，用统计的方法来计算成本。此时，成本会计出现了萌芽。从成本会计的方式来看，在早期成本会计阶段，主要是采用分批法成本会计制度或分步法成本会计制度；从成本会计的目的来看，计算产品成本以确定存货成本及销售成本。因此，初创阶段的成本会计也称为记录型成本会计。

2. 近代成本会计阶段(1921—1945 年)

19 世纪末 20 世纪初，在制造业中发展起来的以泰勒为代表的科学管理学派，对成本会计的发展产生了深刻的影响。标准成本法的出现使成本计算方法和成本管理方法发生了巨大的变化，成本会计进入了一个新的发展阶段。近代成本会计主要采用标准成本制度和成本预测，为生产过程的成本控制提供条件。

3. 现代成本会计阶段(1946—1980 年)

20 世纪 50 年代起，西方国家的社会经济进入了新的发展时期。随着管理现代化发展，运筹学、系统工程和电子计算机等各种科学技术成就在成本会计中得到了广泛应用，从而使成本会计发展到一个新的阶段，即成本会计发展重点已由如何对成本进行事中控制、事后计算和分析转移到如何预测、决策和规划成本，形成了新型的以管理为主的现代成本会计。

4. 战略成本会计阶段(1981年以后)

20世纪80年代以来，随着计算机技术的进步，生产方式的改变，产品生命周期的缩短，以及全球性竞争的加剧，大大改变了产品成本结构与市场竞争模式。成本管理的视角由单纯的生产经营过程管理和注重股东财富，扩展到与顾客需求及利益直接相关的、包括产品设计和产品使用环节的产品生命周期管理，更加关注产品的顾客可察觉价值；同时要求企业更加注重内部组织管理，尽可能地消除各种增加顾客价值的内耗，以获取市场竞争优势。此时，战略相关性成本管理信息已成为成本管理系统不可缺少的部分。

五、成本会计的对象

成本会计的对象，即成本会计核算和监督的内容。成本会计的对象可概括为：各行业企业的生产经营成本和期间费用，简称成本、费用。

以制造业企业为例，其成本会计对象是产品的生产成本和经营管理费用。

1. 生产成本

工业企业在生产过程中各种生产费用的支出和产品生产成本的形成，就是工业企业成本会计要反映和监督的主要内容。

2. 经营管理费用

(1) 销售费用，是企业在销售产品过程中发生的各种各样的费用支出。如销售过程中应由企业负担的运输费、装卸费、包装费、保险费、展览费、广告费，以及为销售本企业商品而专设销售机构发生的各种费用等。它的归集和结转过程也是成本会计所反映和监督的一项内容。

(2) 管理费用，是企业的行政管理部门为组织和管理生产经营活动发生的各种各样的费用。如企业行政管理部门人员的工资、差旅费、固定资产折旧、业务招待费等。它的归集和结转过程也是成本会计所反映和监督的一项内容。

(3) 财务费用，是企业为筹集生产经营所需资金等发生的一些费用，如利息净支出、汇兑净损失、金融机构的手续费等。它的归集和结转过程也是成本会计反映和监督的一项内容。

由此可见，制造业企业成本会计的对象包括产品的生产成本和期间费用。商品流通企业、交通运输企业、施工企业、农业企业等其他行业企业的生产经营过程虽然各有其特点，但按照现行企业会计准则和会计制度的有关规定，从总体上来看，它们在生产经营过程中所发生的各种费用，同样是一部分形成企业的生产经营业务成本，另一部分则作为期间费用直接计入当期损益。因此，成本会计的对象可以概括为各行业企业生产业务的生产成本和期间费用。

六、成本会计的职能

成本会计的职能是指成本会计在经济管理中所具有的内在功能，包括基本职能和派生职能。

1. 基本职能：成本核算

成本核算是指运用各种专门的成本计算方法，按照一定的对象和规定的有关成本项目及分配标准进行生产费用的归集和分配，计算出各种产品的总成本和单位成本，据以进行账务处理。成本核算是成本会计工作的核心，通过成本核算可以反映成本计划的完成情况，为编制下期成本计划，进行成本预测和成本决策提供依据。成本核算是发挥其他职能的基础，没有成本核算，成本的预测、决策、计划、控制、考核及分析都无法进行，即没有成本核算就没有成本会计。

2. 派生职能：成本预测、决策、计划、控制、考核及分析

(1) 成本预测。成本预测是指在分析企业现有经济技术、市场状况和发展趋势的基础上，根据与成本有关的数据，采用一定的专门科学方法，对未来的成本水平及其变化趋势作出科学的测算。成本预测是企业进行经营决策和编制成本计划的基础。通过成本预测，可以减少生产管理的盲目性，提高降低成本、费用的自觉性，还有助于企业管理人员了解成本发展前景，挖掘降低成本的潜力。

(2) 成本决策。成本决策是指根据成本预测提供的数据和其他有关资料，制定出优化成本的各种备选方案，运用决策理论和方法，对各种备选方案进行比较和分析，从中选出最优方案并确定目标成本的过程。进行成本决策是实现成本事前控制，提高企业经济效益的重要途径。

(3) 成本计划。成本计划是指在成本预测和成本决策的基础上，为保证成本决策所制定成本目标的实现，确定在计划期内为完成计划任务应发生的生产耗费和各种产品的成本水平，并提出为达到规定的成本水平应采取的具体措施。成本计划是降低成本的具体目标，也是进行成本控制、成本分析和成本考核的依据。

(4) 成本控制。成本控制是指以预先确定的成本标准或成本计划指标，对实际发生的费用进行审核，将其限制在标准成本或计划成本内，并计算出实际费用与标准费用之间的差异，同时对产生差异的原因进行分析，采取各种有效方法，将各项费用限制在计划控制范围之内，以保证成本计划的顺利执行。成本控制对于最大限度地挖掘降低成本的潜力、提高经济效益具有现实意义。

(5) 成本考核。成本考核是指在成本核算的基础上，定期地对成本计划的执行结果进行评价和考核。按成本责任的归属考核各部门及有关岗位人员的成本指标完成情况，并据此进行奖惩，从而客观地评价工作业绩和明确责任，激励企业员工改进工作，充分调动他们执行计划成本的积极性，提高企业的整体管理水平和经济效益。

(6) 成本分析。成本分析是指根据成本核算和成本考核所提供的成本数据及其他有关的资料，将本期的实际成本与本期计划成本、上年同期实际成本、本企业历史先进的成本水平，以及国内外先进企业成本等进行比较，确定成本差异，分析形成原因，明确责任，以便采取措施，改进生产经营管理，寻求降低成本的途径，提高经济效益。

成本会计的各项职能是一个相互联系、相互配合、相互补充的有机整体。成本预测是成本决策的前提和依据；成本决策是成本预测的延伸和结果，又是制订成本计划的依据；

成本计划是成本决策所确定成本目标的具体化；成本控制是对成本计划的实施进行监督，是实现成本决策既定目标的保证；成本核算是对成本决策目标是否实现的检验；通过对比成本核算资料和成本计划资料进行成本分析，才能对成本决策的正确性作出判断；把成本决策目标进行层层分解，落实责任，认真组织成本考核，正确评价成本工作业绩。通过成本分析，可以为未来成本的预测和决策，以及编制新的成本计划提供依据。

七、成本会计工作的组织

要充分发挥成本会计的作用，完成成本会计的任务，必须科学合理地组织成本会计工作，建立与执行适应的组织机构。成本会计工作的组织主要包括成本会计机构的设置、成本会计人员的配备和成本会计制度的建立。

(一)成本会计机构的设置

成本会计机构是从事成本会计工作的职能部门，是企业会计机构的有机组成部分。企业要根据生产类型的特点、经营规模的大小和成本管理的要求，合理设置成本会计机构。

成本会计机构可以单独设置，也可以并入企业会计机构之中。对单独设置的成本会计机构需要进行内部分工，明确各自的工作职责。内部分工可以按成本会计的职能分工，分设成本核算组、成本分析组等；也可以按成本会计的对象分工，分设产品成本核算组、期间费用核算组等。

在企业内部各级成本会计机构之间，也要根据企业规模、成本管理要求及人员配置等情况，确定成本会计工作的组织形式适合采用集中工作方式还是分散工作方式。

集中工作方式是指将本企业所有的成本会计核算、成本计划编制及成本报表分析等工作集中在企业的成本会计机构中进行，车间等其他部门通常只配备成本核算人员，负责登记原始记录、填制原始凭证，并对原始资料进行初步审核、整理和汇总，及时报送企业成本会计机构。这种方式的优点是有利于企业管理者及时、全面地掌握成本会计的各种信息，便于使用计算机集中进行成本数据处理，减少成本会计机构设置的层次和成本会计人员的人数。不足之处是直接从事生产经营的部门不能及时掌握成本信息，影响它们对成本费用进行自我控制的积极性。这种工作方式通常适用于成本会计工作较为简单的企业。

分散工作方式又称为非集中工作方式，是指将成本会计的各项具体工作分散由车间等其他部门的成本会计机构来进行，企业的成本会计机构只负责对成本会计工作的指导、监督和成本会计数据的最后汇总，以及处理不便于分散核算的成本会计工作。分散工作形式虽然相应增加了成本会计工作的层次和会计工作人员的数量，但它却有利于各具体生产经营单位及时掌握成本信息和进行成本控制，能够促进各单位的生产经营管理，也便于配合经济责任制的实行，为各单位的成本控制、业绩考核提供必要信息。因此，这种组织形式一般适用于成本会计工作较为复杂、会计人员数量较多、各单位独立性较强的大中型企业。

(二)成本会计人员的配备

成本会计人员的素质高低直接影响成本会计的工作质量。企业配备的成本会计人员应当具有会计资格和相应的会计专业任职资格，具备与所从事会计工作相适应的专业知识和业务能力，要求做到热爱会计工作、遵守职业道德、搞好成本核算、参与成本管理、懂得法规制度、熟悉工作流程、高度敬业精神等。

1. 成本会计人员的职责

成本会计机构和成本会计人员应当在企业总会计师和会计主管人员的领导下，忠实地履行自己的职责，认真完成成本会计的各项任务，从降低成本、提高企业经济效益的角度参与企业的生产经营决策。

成本会计人员应当经常深入生产经营的各个环节，结合实际情况，向有关人员和职工宣传、解释国家的有关方针、政策和制度，以及企业在成本管理方面的计划和目标等，督促员工贯彻执行；深入了解生产经营的实际情况，及时发现成本管理中存在的问题，提出改进成本管理的意见和建议，当好企业负责人的参谋。

2. 成本会计人员的权限

成本会计人员有权要求企业有关单位和人员认真执行成本计划，严格遵守有关法规、制度和财经纪律；有权参与制订企业生产经营计划和各项定额，参加与成本管理有关的生产经营管理会议；有权督促检查企业各单位对成本计划和有关法规、制度、财经纪律的执行情况。

(三) 成本会计制度的建立

成本会计的法规与制度是成本会计机构和人员从事成本会计工作的规范，是成本会计工作组织的重要组成部分，也是会计法规制度的重要组成部分。企业必须根据国家的有关法规、制度及《中华人民共和国会计法》《企业会计准则》《企业财务通则》和《企业会计制度》等的有关规定，适应企业生产经营的特点和管理的要求，建立适合本企业的内部成本会计制度，做到有章可循、管理有序。

企业成本会计制度，除必须考虑国家的法规、制度等有关规定外，还必须根据企业的生产经营特点和成本管理要求，从实际出发加以制定，做到规范、简明、适用。

制造业企业的成本会计制度一般应包括成本预测和决策制度、成本定额和成本计划编制制度、成本控制制度、成本核算规程制度、责任成本制度、企业内部结算价格和内部结算办法制度、成本报表制度、其他有关成本会计制度等。

成本会计制度是开展成本会计工作的依据和行为规范，其是否科学、合理，会直接影响成本会计工作的成效。因此，成本会计制度的制定是一项十分复杂而细致的工作。在成本会计制度的制定过程中，企业有关人员应熟悉国家有关法规、制度的规定，深入基层，做广泛、深入的调查和研究工作，在具有充分依据的基础上进行成本会计制度的制定工作。成本会计制度一经制定，应认真贯彻和执行，并随着经济的发展以及会计法规和制度的不断完善对其进行相应的修订和补充，以保持成本会计制度的科学性、合理性和先进性。

任务二　制造业企业成本核算的要求

正确核算企业的生产成本，对加强企业的经济管理，控制和降低成本，增强企业的竞争能力，提高经济效益，以及正确确定企业的收益，处理好企业与国家、投资者的利益和关系，有着十分重要的意义。

成本核算不仅是成本会计的基本任务，也是企业经营管理的重要组成部分。为了充分发挥成本核算的重要作用，在成本核算工作中企业应努力贯彻落实好以下六个方面的要求。

一、算管结合，算为管用

所谓算管结合，算为管用，就是强调成本核算应与加强企业生产经营管理相结合，强调成本所提供的会计信息应能够满足企业管理的需要，这是成本核算的意义和目标所在。

二、正确划分各种费用界限

企业发生的各种支出，有的可以计入成本，有的不能计入成本。为了正确地进行成本核算，正确地计算产品成本和期间费用，必须正确划分以下五个方面的费用界限。

(一)正确划分经营性支出与非经营性支出的界限

制造业企业的经济活动是多方面的，其支出的用途不完全相同。不同用途的支出，其列支的项目也应该不同。例如，企业购建固定资产的支出，应计入固定资产的造价；固定资产盘亏损失、固定资产报废清理净损失等应计入营业外支出；用于产品生产和销售、用于组织和管理生产经营活动，以及为筹集生产经营资金所发生的各种支出，即企业日常生产经营管理活动中的各种耗费，则应计入产品成本或期间费用。企业按照国家有关成本开支范围的有关规定，正确地核算产品成本和期间费用，凡不属于企业日常生产经营方面的支出，均不得计入产品成本或期间费用，即不得乱挤成本；凡属于企业日常生产经营方面的支出，均应全部计入产品成本或期间费用，不得遗漏。乱挤成本，必然减少企业利润和国家财政收入；少计成本，则会使企业虚增利润，使企业成本得不到应有的补偿，从而影响企业生产经营活动的顺利进行。无论乱挤成本，还是少计成本，都会造成成本信息失真，从而不利于企业进行有效的成本管理。

(二)正确划分产品生产成本与期间费用的界限

企业发生的各种经营性支出，并非全部计入产品生产成本。产品生产成本是指企业为制造产品在生产经营过程中所发生的直接费用和间接费用。期间费用是指企业在某个会计期间发生的直接计入当期损益的管理费用、财务费用和销售费用，期间费用不应计入产品成本。为了正确计算产品生产成本，必须分清产品生产成本与期间费用的界限。

(三)正确划分各期产品成本的费用界限

为了按期分析和考核成本计划的执行情况和结果，正确计算各期损益，企业还须正确划分各月份的费用界限。根据权责发生制，凡应由本期产品成本负担的费用，不论其是否在本期发生，都应全部计入本期产品成本；凡不应由本期产品成本负担的费用，即使是在本期支付，也不能计入本期产品成本。为了简化会计核算工作，对于那些数额较小的跨期费用，也可将其全部计入支付月份的成本、费用，而不再分期摊提。只有正确划分各期产品成本的费用界限,才能保证成本核算结果的正确性,防止人为地调节各期成本、损益的错误行为。

(四)正确划分各种产品的费用界限

如果企业生产两种或两种以上的产品,为了正确地计算各种产品的成本,分析和考核各种产品成本计划或定额成本的执行情况,必须将应计入本期产品成本的生产费用在各种产品之间进行正确划分。凡属于几种产品共同负担的费用,属于间接生产费用,则应选择适当的分配标准,采用适当的分配方法,分别计入各种产品的生产成本;凡属于某种产品单独发生的费用,属于直接生产费用,直接计入该种产品的生产成本。这样可以防止有意抬高某种或某些产品的生产成本而压低其他产品的生产成本,在盈利产品与亏损产品之间、可比产品与不可比产品之间任意转移生产费用,借以掩盖成本超支或以盈补亏的错误行为。

(五)正确划分完工产品和月末在产品的费用界限

由于产品的生产周期与会计核算期间经常不一致,致使各会计期期末往往有尚未完工的在产品存在,因此在每个会计期末,应将各种产品成本负担的本期生产费用在完工产品和在产品之间进行分配,划清两者之间的费用界限。企业通过划分完工产品和在产品的费用界限,可以有效地防止任意提高或降低期末在产品费用以调节完工产品成本水平的错误行为。

上述五个方面费用界限的划分过程,也就是计算产品成本的过程,费用界限的划分是否正确,直接决定产品成本计算结果的正确性。因此,企业在产品成本核算中应特别注意这些具体要求。

三、正确确定财产物资的计价和价值结转方法

制造业企业的生产经营过程,同时也是各种劳动的耗费过程。在各种劳动的耗费中,财产物资的耗费占有相当的比重,其价值随着消耗要转移到产品成本中去。因此,这些财产物资的计价和价值结转方法,是影响产品成本计算正确性的重要因素。它主要包括固定资产原值的计价方法、折旧方法、折旧率的种类和高低,固定资产与低值易耗品的划分标准;材料成本的构成内容,材料按实际成本进行核算时发出材料单位成本的计价方法,材料按计划成本进行核算时材料成本差异率的计算;低值易耗品和包装物价值的摊销方法等。为了正确计算产品成本,对于各种财产物资的计价和价值结转,都应当采用既合理又简便的方法。如果国家有统一规定的,应当采用统一规定的方法。这些方法一经确定,应保持其相对的稳定性,不可随意变更,以保证成本信息的可比性。

四、完善成本责任制度

为了提高成本核算的质量,保证各责任单位成本的考核水平,企业必须完善成本责任制度,以进一步降低产品成本,提高企业的经济效益。具体应做好以下四个方面的工作。

(一)建立健全责任成本制度

建立健全责任成本制度,应以各责任单位作为成本计算对象计算其责任成本。责任成本的计算与产品成本的计算应该结合进行,在产品成本的计算过程中能反映每个责任单位的工作业绩,并且将其单位成本的高低直接与其应承担的责任和经济效益相联系,在满足产品成本核算需要的前提下,为成本考核与分析创造有利条件。

(二)建立健全内部成本管理体系

内部成本管理体系是一个涉及企业所有部门和全体职工的复杂系统。它的设立是否完善,运行是否合理,直接关系到责任成本制度的实施与运行。因此,只有建立一个运行自如、合理完善的内部成本管理体系,才能保证责任成本制度的顺利推行。

(三)建立健全成本考核制度

企业在计算产品成本的同时,要对每种产品成本的升降水平以及各责任单位的成本情况进行必要的考核与分析。对成本的考核,应注重诸如成本指标、定额消耗量的制定等方面的基础工作,建立一整套成本考核资料的收集、整理、对比、计算等方法和程序,使成本考核形成制度。

(四)建立健全成本责任奖惩制度

建立健全成本责任奖惩制度,就是将成本工作的好坏直接与各责任单位、个人的经济利益挂钩,以起到鼓励先进、鞭策后进的激励作用。在计算出产品成本及责任成本之后,应对各责任单位的可控成本进行深入分析,以此作为主要责任考核指标,实行规范、严格的奖惩制度,充分调动各部门及人员不断降低产品成本的积极性,使企业的经济效益不断提高。

五、扎实做好成本核算的各项基础工作

为了保证成本核算工作的顺利进行,提高成本核算的质量,企业应高度重视成本核算的各项基础工作,这就需要会计部门和其他相关部门密切配合,相互协调,共同做好以下五个方面的工作。

(一)建立健全原始记录制度

原始记录是对企业生产经营活动中具体事实所做的最初记载,是反映企业经营活动的原始资料,是进行成本预测、编制成本计划、进行成本核算、分析消耗定额和考核成本计划执行情况的重要依据。因此,工业企业对生产过程中原材料的领用、动力与工时的消耗、费用的发生、在产品及半成品的内部转移、产品质量检验及产品入库等,都需要真实的原始记录。成本核算人员要会同企业各有关部门,认真制定既符合成本核算需要又符合各方面管理需要、科学简便、讲求实效的原始记录制度;还要组织有关职工认真做好各种原始记录的登记、传递、审核和保管工作,以便正确、及时地为成本核算和其他有关方面提供资料和信息。

(二)建立健全材料物资的计量验收制度

成本核算是以价值形式来核算企业生产经营管理中的各项费用的。原始记录中的各项资料主要是从数量上反映企业生产经营活动中的各项财产物资的变动情况。计量工作是确定这些变动数量的重要手段。计量的准确与否，直接决定了数量变化的真实与否。因此，为了正确计算成本，进行成本管理，必须建立健全定期或不定期的对材料物资的计量、收发、领退和盘点制度，具体掌握数量变化的实际情况，确保计量的准确性，防止企业财产物资的丢失、损坏、积压等，提高其使用效益。

(三)建立健全定额管理制度

产品的各项消耗定额，是企业对生产过程中人力、物力、财力的耗费所规定的数量标准。可行的定额是编制成本计划、分析和考核成本水平的依据，是审核和控制成本的标准，是企业开展全面经济核算、加强成本管理的基础，也是衡量成本管理工作的数量和质量的客观尺度。而且在计算产品成本时，它也常被作为依据产品的原材料和工时的定额消耗量或定额费用分配实际费用的标准。为了加强生产管理和成本管理，企业必须建立健全定额管理制度。定额制定后，为了保证其先进可行，企业还应根据生产技术的发展和进步、管理手段的完善以及劳动生产率的提高，及时修订定额，以充分发挥其应有的作用。

(四)建立健全内部价格制度

在计划管理基础较好的企业中，为了分清企业内部各单位的经济责任，便于分析和考核企业内部各单位成本计划的执行情况，以及加速和简化核算工作等目的，对于各单位之间相互提供的原材料、半成品和劳务(如修理、运输等)，可以采用内部计划价格进行相互结算或转账，形成内部价格制度。内部计划价格的制定应尽可能符合实际，保持相对稳定，一般在年度内不变。这样既可加速和简化核算工作，又可分清内部各单位的经济责任。

(五)建立健全费用审批制度

费用是产品成本形成的基础，而成本则是对象化了的生产费用。企业要想降低成本，必须控制费用的发生。因此，企业的成本核算不能停留于对事后的计算和记录，还应加强对事前和事中费用发生的审核与控制，建立健全费用的审批制度，制定各项经常性费用的开支标准，规定对各项费用的审批权限，设计费用的报批和报销程序，使费用的控制有章可循。这样能够明确各级、各部门负责人审核各种费用的性质及其额度的权限，组织把关，严格控制费用的发生，也便于通过费用的分析发现问题，落实责任，达到有效控制成本的目的。

六、按照生产特点和成本管理要求，选择适当的成本计算方法

产品成本是生产过程中形成的，产品的生产工艺特点、生产组织和管理要求不同，确定的产品成本计算对象也不同，对成本计算方法的选择有着十分重要的影响。成本计算方法的选择是否恰当，将直接影响产品成本计算结果的准确性。因此，企业在进行成本计算

时，应当根据自身的具体情况，选择适合本企业特点和要求的成本计算方法来进行成本的计算。成本计算方法一经确定，一般不应随意变动，以保证成本计算信息的可比性。

任务三　费用的分类

一、费用按经济内容的分类

企业的生产经营过程中，也是物化劳动(劳动对象和劳动手段)和活劳动的耗费过程，因而生产经营过程中发生的费用，按其经济内容分类，可划归为劳动对象方面的费用、劳动手段方面的费用和活劳动方面的费用三大类。这三类可以称为费用的三大要素。为了具体反映各种费用的构成和水平，还应在此基础上，将其进一步划分为以下几个费用要素。所谓费用要素，就是费用按经济内容的分类。

1. 外购材料

外购材料是指企业为进行生产经营而耗用的一切从外单位购进的原料及主要材料、半成品、辅助材料、包装物、修理用备件和低值易耗品等。

2. 外购燃料

外购燃料是指企业为进行生产经营而耗用的一切从外单位购进的各种固体、液体和气体燃料。

3. 外购动力

外购动力是指企业为进行生产经营而耗用的一切从外单位购进的各种动力。

4. 职工薪酬

职工薪酬是指企业为进行生产经营而发生的职工工资、福利费、各项社会保险及住房公积金等。

5. 折旧费

折旧费是指企业按照规定的固定资产折旧方法计算提取的折旧费用。

6. 利息支出

利息支出是指企业应计入财务费用的借入款项的利息支出减去利息收入后的净额。

7. 其他支出

其他支出是指不属于以上各要素但应计入产品成本或期间费用的费用支出，如差旅费、租赁费、外部加工费用以及保险费等。

按照以上费用要素反映的费用，称为要素费用。将费用划分为若干要素进行分类核算的作用是：①可以反映企业一定时期内在生产经营中发生了哪些费用，数额各是多少，据以分析企业各个时期各种费用的构成和水平；②反映了企业生产经营中外购材料和燃料费用以及职工工资的实际支出，因而可以为企业核定储备资金定额、考核储备资金的周转速度，以及编制材料采购资金计划和劳动工资计划提供资料。

但是，这种分类不能说明各项费用的用途，因而不便于分析各种费用的支出是否节约、合理。

二、费用按经济用途的分类

制造业企业在生产经营中发生的费用，可以分为计入产品成本的生产费用和直接计入当期损益的期间费用两类。下面分别讲述这两类费用按经济用途的分类。

(一)生产费用按经济用途的分类

计入产品成本的生产费用在产品生产过程中的用途也不尽相同。有的直接用于产品生产，有的间接用于产品生产。因此，为具体反映计入产品成本的生产费用的各种用途，提供产品成本构成情况的资料，还应将其进一步划分为若干个项目，即产品生产成本项目。产品生产成本项目简称产品成本项目或成本项目，就是生产费用按其经济用途分类核算的项目。工业企业一般应设置以下四个成本项目。

1. 直接材料

直接材料也称原材料，是指直接用于产品生产、构成产品实体的原料、主要材料以及有助于产品形成的辅助材料费用。

2. 燃料及动力

燃料及动力也称直接燃料及动力，是指直接用于产品生产的各种燃料和动力费用。

3. 直接人工

直接人工是指直接参加产品生产的工人工资薪酬、福利费，以及企业为职工计提的各项社会保险和住房公积金等。

4. 制造费用

制造费用是指间接用于产品生产的各项费用，以及虽直接用于产品生产，但不便于直接计入产品成本，因而没有专设成本项目的费用(如机器设备的折旧费用)。制造费用包括企业内部生产单位(分厂、车间)的管理人员工资及福利费、固定资产折旧费、租赁费(不包括融资租赁费)、机物料消耗、低值易耗品摊销、取暖费、水电费、办公费、运输费、保险费、设计制图费、试验检验费、劳动保护费、季节性的停工损失以及其他制造费用。

企业可根据生产特点和管理要求对上述成本项目做适当调整。对于管理上需要单独反映、控制和考核的费用，以及产品成本中比重较大的费用，应专设成本项目；否则，为了简化核算，不必专设成本项目。

例如，如果废品损失、停工损失在产品成本中所占比重较大，在管理上需要对其进行重点控制和考核，则应单设"废品损失""停工损失"成本项目。又如，如果工艺上耗用的燃料和动力不多，为了简化核算，可将其中的工艺用燃料费用并入"直接材料"成本项目，将其中的工艺用动力费用并入"制造费用"成本项目。

(二)期间费用按经济用途的分类

制造业企业的期间费用按经济用途不同可分为销售费用、管理费用和财务费用。

1. 销售费用

销售费用是指企业在产品销售过程中发生的费用，以及为销售本企业产品而专设的销售机构的各项经费。它包括运输费、装卸费、包装费、保险费、展览费和广告费，以及为销售本企业产品而专设的销售机构(含销售网点、售后服务网点等)的职工工资及福利费、类似工资性质的费用、业务费等销售费用。

2. 管理费用

管理费用是指企业为组织和管理企业生产经营所发生的各项费用，包括企业的董事会和行政管理部门在企业的经营管理中发生的，或者应由企业统一负担的公司经费(包括行政管理部门职工工资、修理费、机物料消耗、低值易耗品摊销、办公费和差旅费等)、工会经费、待业保险费、劳动保险费、董事会费(包括董事会成员津贴、会议费和差旅费等)、聘请中介机构费、咨询费(含顾问费)、诉讼费、业务招待费、技术转让费、矿产资源补偿费、无形资产摊销、职工教育经费、研究与开发费、排污费、存货盘亏或盘盈(不包括应计入营业外支出的存货损失)。

3. 财务费用

财务费用是指企业为筹集生产经营所需资金而发生的各项费用，包括利息支出(减利息收入)、汇兑损失(减汇兑收益)以及相关的手续费。

三、生产费用的其他分类

(一)生产费用按与生产工艺的关系分类

计入产品成本的各项生产费用，按与生产工艺的关系不同可以分为直接生产费用和间接生产费用。直接生产费用是指由生产工艺本身引起的、直接用于产品生产的各项费用，如原料费用、主要材料费用、生产工人工资和机器设备折旧费等。间接生产费用是指与生产工艺没有联系，间接用于产品生产的各项费用，如机物料消耗、辅助工人工资和车间厂房折旧费等。

(二)生产费用按计入产品成本的方法分类

计入产品成本的各项生产费用，按计入产品成本的方法不同可以分为直接计入费用(一般称为直接费用)和间接计入(或称分配计入)费用(一般称为间接费用)。直接计入费用是指可以分清哪种产品所耗用、可以直接计入某种产品成本的费用。间接计入费用是指不能分清哪种产品所耗用、不能直接计入某种产品成本，而必须按照一定标准分配计入有关的各种产品成本的费用。

生产费用按与生产工艺的关系分类和按计入产品成本的方法分类之间既有区别又有联

系。它们之间的联系表现在：直接生产费用在多数情况下是直接计入费用的，如原料、主要材料费用大多能够直接计入某种产品成本；间接生产费用在多数情况下是间接计入费用，如机物料消耗大多需要按照一定标准分配计入有关的各种产品成本。

但它们毕竟是对生产费用的两种不同分类，直接生产费用与直接计入费用，间接生产费用与间接计入费用不能等同。例如，在只生产一种产品的企业(或车间)中，直接生产费用和间接生产费用都可以直接计入这种产品的成本，因而均属于直接计入费用；又如，在用同一种原材料同时生产几种产品的联产品生产企业(或车间)中，直接生产费用和间接生产费用都需要按照一定标准分配计入有关的各种产品成本，因而均属于间接计入费用。

任务四　成本核算的账户设置及一般程序

一、成本核算的账户设置

为了进行成本核算，企业应设置"生产成本""制造费用""销售费用""管理费用""财务费用""长期待摊费用"等账户。如果需要单独核算废品损失，还应设置"废品损失"账户。为了分别核算基本生产成本和辅助生产成本，还应在"生产成本"总账账户下分别设置"基本生产成本"和"辅助生产成本"两个二级明细账户，也可以直接把"生产成本"账户分为"基本生产成本"和"辅助生产成本"两个总分类账户进行核算。本书按分设后的两个总分类账户进行讲述。下面分别加以介绍。

1. "基本生产成本"账户

基本生产是指为完成企业主要生产目的而进行的商品产品生产。为了归集基本生产所发生的各种生产费用，计算基本生产产品成本，应设置"基本生产成本"账户。该账户的借方登记企业为进行基本生产而发生的各种费用；贷方登记转出的完工入库的产品成本；余额在借方，表示基本生产的在产品成本，即基本生产在产品占用的资金。

"基本生产成本"账户应按产品品种或产品批别、生产步骤等成本计算对象设置产品成本明细分类账(或称基本生产明细账、产品成本计算单)，账内按产品成本项目分设专栏或专行。其格式举例如表 1-1 和表 1-2 所示。

表 1-1　产品成本明细账(A 产品)

产品名称：A 产品　　　　　　　　　　　年　　月　　　　　　　　　　　单位：元

摘　要	直接材料	直接人工	燃料及动力	制造费用	成本合计
月初在产品成本					
本月生产费用					
生产费用合计					
完工产品成本转出					
完工产品单位成本					
在产品成本					

表 1-2 产品成本明细账(B 产品)

产品名称：B 产品　　　　　　　　　　年　月　　　　　　　　　　单位：元

摘　要	直接材料	直接人工	燃料及动力	制造费用	成本合计
月初在产品成本					
本月生产费用					
生产费用合计					
完工产品成本转出					
完工产品单位成本					
在产品成本					

如果企业生产的产品品种较多，为了按照产品成本项目(或者既按车间又按成本项目)汇总反映全部产品总成本，还可以设置"基本生产成本二级账"。"基本生产成本二级账"的格式举例如表 1-3 所示。

表 1-3 基本生产成本二级账

(各批产品总成本)

基本生产车间　　　　　　　　　　年　月　　　　　　　　　　单位：元

摘　要	直接材料	生产工时	直接人工	燃料及动力	制造费用	合计
累计						
全部产品累计						
间接费用分配率						
本月完工产品转出						
在产品						

2. "辅助生产成本"账户

辅助生产是指为基本生产服务而进行的产品生产和劳务供应。辅助生产所提供的产品和劳务，有时也对外销售，但这不是它的主要目的。为了归集辅助生产所发生的各种生产费用，计算辅助生产所提供的产品和劳务的成本，应设置"辅助生产成本"账户。该账户的借方登记为进行辅助生产而发生的各种费用；贷方登记完工入库产品的成本或分配转出的劳务成本；余额在借方，表示辅助生产在产品的成本，也就是月末辅助生产在产品占用的资金。

"辅助生产成本"账户应按辅助车间和生产的产品、劳务分设明细分类账，账内按辅助生产的成本项目或费用项目分设专栏或专行进行明细登记。

3. "制造费用"账户

为了核算企业为生产产品和提供劳务而发生的各项制造费用，应设置"制造费用"账户。该账户的借方登记实际发生的制造费用；贷方登记分配转出的制造费用；除季节性生产企业外，该账户月末一般无余额。

"制造费用"账户应按车间、部门设置明细分类账,账内按费用项目设立专栏进行明细登记。

4. "废品损失"账户

需要单独核算废品损失的企业,应设置"废品损失"账户。该账户的借方登记不可修复废品的生产成本和可修复废品的修复费用;贷方登记废品残料回收的价值、应收的赔款以及转出的废品净损失;该账户月末应无余额。

5. "销售费用"账户

为了核算企业在产品销售过程中所发生的各项费用以及为销售本企业产品而专设的销售机构的各项经费,应设置"销售费用"账户。该账户的借方登记实际发生的各项产品销售费用;贷方登记期末转入"本年利润"账户的产品销售费用;期末结转后该账户应无余额。

"销售费用"账户的明细分类账应按费用项目设置专栏,进行明细登记。

6. "管理费用"账户

为了核算企业行政管理部门为组织和管理生产经营活动而发生的各项管理费用,应设置"管理费用"账户。该账户的借方登记发生的各项管理费用;贷方登记期末转入"本年利润"账户的管理费用;期末结转后该账户应无余额。

"管理费用"账户的明细分类账应按费用项目设置专栏,进行明细登记。

7. "财务费用"账户

为了核算企业筹集生产经营所需资金而发生的各项费用,应设置"财务费用"账户。该账户的借方登记发生的各项财务费用;贷方登记应冲减财务费用的利息收入、汇兑收益以及期末转入"本年利润"账户的财务费用;期末结转后该账户应无余额。

"财务费用"账户的明细分类账应按费用项目设置专栏,进行明细登记。

8. "长期待摊费用"账户

为了核算企业已经发生但应由本期和以后各期负担的分摊期限 1 年以上的各项费用,如以经营租赁方式租入固定资产的改良支出等,应设置"长期待摊费用"账户。该账户的借方登记实际支付的各项长期待摊费用;贷方登记分期摊销的长期待摊费用;该账户的余额在借方,表示企业尚未摊销的各项长期待摊费用的摊余价值。

"长期待摊费用"账户应按费用种类设置明细账,进行明细登记。

二、成本核算的一般程序

成本核算的一般程序是指对企业在生产经营过程中发生的各项费用,按照成本核算的要求,逐步进行归集和分配,最后计算出各种产品的成本和各项期间费用的基本过程。根据前述的成本核算要求和费用的分类,可将成本核算的一般程序归纳如下。

1. 审核生产费用

对企业的各项支出进行严格的审核和控制，并按照国家的有关规定确定其应否计入产品成本、期间费用。也就是说，要在对各项支出的合理性、合法性进行严格审核、控制的基础上，做好前述费用界限划分的第一和第二两个方面的工作。

2. 确定成本计算对象

成本计算对象是生产费用的承担者，即归集和分配生产费用的对象。确定成本计算对象是计算产品成本的前提。由于企业的生产特点、管理要求、规模大小、管理水平的不同，企业成本计算对象也不相同。对制造业企业而言，产品成本计算的对象，包括产品品种、产品批别和产品的生产步骤三种。企业应根据自身的生产特点和管理要求，选择合适的产品成本计算对象。

3. 确定成本项目

成本项目是指生产费用要素按照经济用途划分成的若干项目。通过成本项目可以反映成本的经济构成以及产品生产过程中不同的资金耗费情况。因此，企业为了满足成本管理的需要，可在直接材料、直接人工、制造费用三个成本项目的基础上进行必要的调整。

4. 确定成本计算期

成本计算期是指成本计算的间隔期，即多长时间计算一次成本。产品成本计算期的确定，主要取决于企业生产组织的特点。通常，在大量、大批量生产的情况下，产品成本的计算期与会计期间一致；在单件、小批量生产的情况下，产品成本的计算期间则与产品的生产周期相一致。

5. 生产费用的归集和分配

生产费用的归集和分配就是将应计入本月产品成本的各种要素费用在各有关产品之间，按照成本项目进行归集和分配。归集和分配的原则为：产品生产发生的直接生产费用作为产品成本的构成内容，直接计入该产品成本；为产品生产服务发生的间接费用，可先按发生地点和用途进行归集汇总，然后分配计入各受益产品。产品成本计算的过程也就是生产费用的分配和汇总的过程。

6. 计算完工产品成本和月末在产品成本

对于月末既有完工产品又有在产品的产品，将该种产品的生产费用(月初在产品生产费用与本月生产费用之和)在完工产品与月末在产品之间进行分配，计算出该种产品的完工产品成本和月末在产品成本。这是生产费用在同种产品的完工产品与月末在产品之间纵向的分配和归集，是前述第五个方面费用界限的划分工作。

● 案例解析

案例中，小李和小张之所以认为没赚反亏，是因为他们分不清各期费用的界限，也分不清支出与费用的区别。他们把当年所有的支出都列作当年费用在收入中减除，所以得到亏损 25 万元的结果。通过认真学习项目一的基本知识后，肯定能得到正确的答案(赢利 10 万元)。

项 目 小 结

本项目主要介绍了成本及成本会计的概念，成本会计的对象、职能，阐述了成本会计工作的组织、费用与产品成本之间的关系，重点说明了费用界限的划分，详细说明了费用的分类、成本核算的要求及成本核算账户体系和程序，为后面学习相关项目的成本核算的具体方法奠定了理论基础。

项目强化训练

一、单项选择题

1. 产品成本是以货币表现的、为制造产品而耗费的(　　)。
   A. 物化劳动的价值
   B. 活劳动中必要劳动的价值
   C. 生产过程中发生的各种费用
   D. 物化劳动和活劳动中必要劳动的价值之和
2. 成本的作用决定于它的(　　)。
   A. 各项成本数据　B. 补偿作用　　C. 经济实质　　D. 经济范畴
3. 制定产品价格依据的成本是指(　　)。
   A. 企业的个别成本　　　　　　B. 可控成本
   C. 目标成本　　　　　　　　　D. 社会成本或部门平均成本
4. 企业经营管理的核心、出发点和归宿是(　　)。
   A. 不断降低产品成本　　　　　B. 努力提高产品质量
   C. 增加产品销售量　　　　　　D. 提高经济效益
5. 在产品销量、价格和税收一定的情况下，(　　)直接影响着企业的赢利水平。
   A. 产品质量的好坏　　　　　　B. 产品成本的高低
   C. 企业的经营管理水平　　　　D. 市场占有率
6. 精明的企业领导人，在注意发展新技术、开发新产品的同时，还会把目光进一步集中在(　　)上。
   A. 提高产品售价　　　　　　　B. 降低产品成本
   C. 增加产品产量　　　　　　　D. 促进产品升级换代
7. 现代成本会计与传统成本会计区别的主要标志是(　　)。
   A. 加强产品成本控制　　　　　B. 把成本的事前、事中、事后核算结合起来
   C. 以成本干预生产经营活动　　D. 引进了西方管理会计的方法
8. 一般情况下，企业在对生产经营活动中的重大问题进行决策时，其中(　　)是选择最

优方案时应特别予以考虑的关键问题。
    A. 产品质量的好坏   B. 产品的市场竞争能力
    C. 产品成本水平的高低   D. 产品售价的高低
9. 在成本控制中,( )是最重要的环节,直接影响以后产品制造成本和使用成本的高低。
    A. 生产过程控制   B. 设计成本控制
    C. 投产前的事前控制   D. 事后控制
10. 定额是成本管理的基础,是企业决策、计划、预算、分析、考核和控制的依据。因此,定额应当是( )。
    A. 先进定额   B. 平均定额
    C. 先进平均定额   D. 人人均可达到的定额
11. 直接费用和间接费用的划分是( )。
    A. 生产费用按照经济用途的分类   B. 生产费用按其计入成本的方法分类
    C. 生产费用按照与产品的关系分类   D. 生产费用按照与产量的关系分类
12. 为了按月考核和分析产品成本计划完成情况,企业必须按月结转费用并据以计算产品成本。对于应计入产品成本的费用,首先应( )。
    A. 正确划分应计入产品成本和不应计入产品成本的费用界限
    B. 正确划分各个月份的费用界限
    C. 正确划分各种产品的费用界限
    D. 正确划分完工产品与在产品的费用界限
13. 产品成本是相对于( )而言的。
    A. 一定的生产类型   B. 一定数量和一定种类的产品
    C. 一定的会计期间   D. 一定的会计主体
14. 狭义的成本会计通常是指( )。
    A. 成本预测   B. 成本核算   C. 成本决策   D. 成本分析
15. 下列支出中,不计入产品成本的有( )。
    A. 产品生产用材料   B. 生产车间管理人员的工资
    C. 劳资部门的人员工资   D. 车间生产设备的折旧费
16. 需要在各成本核算对象之间进行分配的生产费用,是指( )。
    A. 期初在产品成本
    B. 本期发生的生产费用
    C. 期初在产品成本加上本期发生的生产费用(生产费用合计)
    D. 本期发生的生产费用减去期初在产品成本
17. 经营管理费用即期间费用,在发生时应计入( )。
    A. 基本生产成本   B. 制造费用   C. 当期损益   D. 营业外支出
18. 生产费用分为直接材料费、直接人工费、制造费用,是生产费用( )标准的分类。
    A. 按经济内容   B. 按经济用途
    C. 按计入产品成本的方法 D. 按其与产品产量的关系
19. 生产费用按计入产品成本的方法分为( )。
    A. 直接计入费用和间接计入费用   B. 要素费用

C. 成本项目　　　　　　　　　D. 变动费用和固定费用
20. 大中型企业的成本会计工作一般采取(　　)。
   A. 集中工作方式　　　　　　B. 统一领导方式
   C. 分散工作方式　　　　　　D. 会计岗位责任制

二、多项选择题

1. 产品成本的主要作用是(　　)。
   A. 它是补偿生产耗费的尺度
   B. 它是进行成本预测和决策的基础
   C. 它是反映和控制各种劳动耗费的综合指标
   D. 它是进行成本控制和考核的依据
   E. 它是制定产品价格的一项重要依据
   F. 它是企业进行生产经营决策的重要数据
2. 提高经济效益是企业经营管理的核心出发点和归宿，其根本途径是(　　)。
   A. 努力增加产品产量
   B. 提高单位产品售价
   C. 生产适销对路的产品，并扩大产品销量
   D. 努力提高产品质量，降低产品生产成本
   E. 制定合理的产品价格
   F. 努力节约销售费用
3. 生产费用按照经济内容分类的项目有(　　)。
   A. 直接材料费　　B. 外购动力　　C. 直接人工费
   D. 折旧费　　　　E. 其他支出
4. 产品生产过程中耗用的材料是(　　)。
   A. 原料　　　　　B. 备品配件　　C. 燃料
   D. 动力　　　　　E. 低值易耗品
5. 计入产品生产成本的直接人工费用有(　　)。
   A. 基本生产车间管理人员的工资　　B. 基本生产车间工人的工资
   C. 辅助生产车间工人的工资　　　　D. 企业管理人员的工资
6. 某棉纺织厂的各个车间中属于辅助生产车间的是(　　)。
   A. 纺纱车间　　　B. 织布车间　　C. 整包车间
   D. 印染车间　　　E. 供电车间　　F. 机修车间
7. 制造业企业的生产经营费用包括(　　)。
   A. 生产费用　　　B. 销售费用　　C. 管理费用　　D. 财务费用
8. 下列费用中，属于制造费用的有(　　)。
   A. 基本生产车间固定资产折旧费　　B. 辅助生产车间固定资产折旧费
   C. 企业管理部门固定资产折旧费　　D. 基本生产车间的水电费
   E. 辅助生产车间的水电费　　　　　F. 企业管理部门的水电费
9. 按照生产特点和管理要求，制造业企业一般可以设立以下(　　)成本项目。

A. 直接材料　　　B. 燃料和动力　　　C. 直接人工　　　D. 制造费用

10. 广义的成本会计不仅包括成本核算，而且还包括(　　　)。
    A. 成本预测　　　B. 成本决策　　　C. 成本控制　　　D. 成本分析

11. 制造业企业成本会计核算的对象包括(　　　)。
    A. 产品生产成本的核算　　　　B. 管理费用的核算
    C. 销售费用的核算　　　　　　D. 财务费用的核算

12. 进行成本分析的依据是(　　　)。
    A. 成本决策资料　　　　　　　B. 成本核算资料
    C. 成本计划资料　　　　　　　D. 成本控制资料

13. 成本会计机构根据企业生产规模的大小和管理要求，设置核算的形式一般有(　　　)。
    A. 集中核算方式　　　　　　　B. 分散(级)核算方式
    C. 全面核算方式　　　　　　　D. 分项目核算方式

14. 成本核算的基本要求是(　　　)。
    A. 坚持成本核算与管理相结合的原则
    B. 正确确定财产物资的计价和价值结转的方法
    C. 正确划分各种费用界限
    D. 做好成本核算的基础工作

15. 正确划分各种费用界限中，包括(　　　)。
    A. 正确划分计入产品成本和不计入产品成本的费用界限
    B. 正确划分各个月份的费用界限
    C. 正确划分各种产品的费用界限
    D. 正确划分完工产品与在产品的费用界限

16. 生产费用按其经济内容的不同可以分为(　　　)。
    A. 外购材料　　　B. 外购动力　　　C. 直接人工　　　D. 折旧费

17. 生产费用按其计入产品成本的方法不同可以分为(　　　)。
    A. 直接生产费用　　　　　　　B. 直接计入费用
    C. 间接生产费用　　　　　　　D. 间接计入费用

18. 生产费用在本期完工产品和期末在产品之间的分配，必须注意(　　　)。
    A. 应按成本项目进行分配　　　B. 分配的是生产费用的合计数
    C. 制造费用全部计入完工产品成本　D. 期间费用全部计入完工产品成本

19. 成本核算的一般程序包括(　　　)。
    A. 确定成本计算对象，设置生产成本明细账
    B. 对生产成本进行审核和控制
    C. 将计入本期产品成本的费用在各种产品之间进行归集和分配
    D. 将计入各种产品成本的费用在本期完工产品和期末在产品之间进行分配，结转完工产品成本

20. 成本会计的职能包括(　　　)。
    A. 成本预测、决策　　　　　　B. 成本核算、分析

C. 成本计划　　　D. 成本控制　　　E. 成本考核

三、判断题

1. 成本是一个普遍的经济范畴，因此凡有经济活动的地方都必须计算和考核成本。（　）
2. 有没有成本和是否需要核算和考核成本是两个不同的概念，不应混为一谈。（　）
3. 生产费用按其与工艺过程的关系分类，就是按照生产费用计入产品成本的方法进行的分类。（　）
4. 生产费用和产品成本都是产品生产过程中发生的各种生产耗费，因此一定时期发生的生产费用就是该时期所发生的产品成本。（　）
5. 企业一定时期内发生的费用总额不一定等于该时期内发生的生产费用总额，而该时期内发生的费用总额也不一定等于该时期内完工的产品成本。（　）
6. 生产费用的发生过程也是产品成本的形成过程，它们反映的都是生产过程中物化劳动和活劳动的耗费。（　）
7. 生产费用的发生直接与一定的期间相联系，而产品成本是为生产一定种类和数量的产品所汇集的对象化的生产费用，它与一定的产品相联系。（　）
8. 一定时期(月、季、年)的生产费用发生额是构成该时期产品成本的基础。（　）
9. 由于一定时期的生产费用是构成该时期产品成本的基础，因此生产费用和产品成本都是不跨期的。（　）
10. 产品成本是以货币表现的，是制造产品而耗费的物化劳动和活劳动的价值之和。（　）
11. 生产费用按照经济内容的分类，就是将生产费用划分为若干生产费用要素。（　）
12. 各生产单位(分厂、车间)为组织和管理生产而发生的管理人员工资、职工福利费等费用属于管理费用，应作为期间费用直接计入当期损益。（　）
13. 要维持企业的生产经营活动，必须对生产中的劳动耗费进行补偿，一定时期生产中劳动耗费的补偿尺度，就是该时期各种生产费用耗费的价值之和。（　）
14. 制造业企业成本核算的内容就是产品生产成本即产品成本的核算。（　）
15. 在产品销售量不变的情况下，产品售价越高，企业的产品销售收入也越高，经济效益也越好。因此，企业在进行生产经营活动的重大决策时，必须以产品售价为依据。（　）
16. 外购材料费和直接材料费是生产费用按照不同的标准分类的结果，二者实质相同，但具体内容不同。（　）
17. 制造费用和管理费用都是企业为组织、管理生产所发生的费用，二者的内容是基本相同的，但其发生的范围不同。（　）
18. 成本分析是对前期成本计划执行结果的总结和评价，因此它不能为进行下期成本预测、编制下期成本计划提供信息资料。（　）
19. 成本决策是企业生产经营决策中最重要的决策，因此成本决策是现代成本会计的最重要、最基本的内容，是成本会计工作的核心。（　）
20. 成本是企业内部管理的核心，企业在进行成本核算时只需遵守内部管理制度。（　）
21. 生产费用按照经济用途的分类是最基本、最原始的分类。（　）
22. 产品成本是企业为生产一定种类和数量的产品所发生的各种生产耗费，因此一定时

期的产品成本等于一定时期的生产费用。（　）

23. 按照《企业会计制度》的有关规定，企业可以在"生产成本"一级账户下设置"基本生产成本"二级账户，也可以将"基本生产成本"设置为一级账户。（　）

24. 期间费用就是企业在一定时期内发生的生产费用。（　）

25. 如果生产车间只生产一种产品，所发生的制造费用不需分配即可直接转入该种产品的生产成本。（　）

26. 生产费用是以产品为归集对象，反映企业为生产一定种类和一定数量的产品所支出的各种生产费用的总和。（　）

27. 企业在生产经营过程中发生的各种费用，全部构成产品的成本。（　）

28. 成本会计的各个环节中，成本核算是其他各环节的基础。（　）

29. 资本性支出应该计入本期产品成本。（　）

30. 正确计算期末在产品成本，是正确计算本期完工产品成本的关键。（　）

31. 财产物资的计价和价值结转的方法应既较合理又较简便。（　）

32. 购置和建造固定资产、购买无形资产等发生的支出，应该计入生产经营管理费用。（　）

33. 在企业没有专设"燃料和动力"成本项目时，企业发生的燃料费应计入"直接材料"成本项目。（　）

34. 成本预测和计划是成本会计的最基本的任务。（　）

35. 以已经发生的各项费用为依据，为经济管理提供真实的、可以验证的成本信息资料，是成本会计反映职能的基本方面。（　）

四、名词解释

生产成本　　生产费用　　成本预测　　成本决策　　成本核算　　期间费用

五、思考题

1. 简述成本的概念。
2. 产品成本的作用是什么？
3. 简要说明生产费用和产品成本的联系和区别。
4. 如何理解成本会计各职能之间的关系？
5. 企业成本核算的要求有哪些？
6. 成本核算中应划清哪些费用界限？
7. 费用按经济内容划分可以分为哪几类？
8. 如何划分各个会计期间的费用界限？
9. 企业应做好哪些成本核算的基础工作？
10. 简述企业成本核算的一般程序。
11. 为了进行成本核算需要设置哪些账户？

六、单项训练

训练内容　　制造成本法成本核算会计科目的设置。

训练资料 某厂设有一、二、三三个基本生产车间和供电、供水两个辅助生产车间。其中,一基本生产车间生产 A、B 产品,二基本生产车间生产 C 产品,三基本生产车间生产 D、E、F 产品。

训练要求 请根据该厂情况设置"生产成本"总账和明细分类账,并填写表1-4。

表1-4 生产成本账户设置一览表

总账	二级账	三级明细账(成本计算单)	成本项目

项目二 要素费用的核算

【知识目标】

- 了解各种费用要素的特点。
- 掌握各项要素费用的归集和分配方法。
- 掌握成本项目的确定。
- 了解各项要素费用相关的政策制度。

【技能目标】

- 能填制各种要素费用的分配表。
- 能根据生产情况设置产品的成本项目。
- 能确定各种费用要素归属的成本项目。
- 在要素费用核算过程中能遵守相关成本会计制度。

● 案例引导

某企业2018年8月共耗电80 000度,每度电0.5元,共发生电费40 000元。月末查明各车间、部门耗电度数分别为:基本生产车间直接用于产品生产耗电65 000度,没有分产品安装电表,规定按生产工时分配电费,甲产品生产工时为6 400小时,乙产品生产工时为3 600小时;车间照明用电4 000度;辅助生产车间耗电6 000度;企业行政管理部门耗电5 000度。该企业设有"燃料及动力"成本项目,那么,甲、乙产品的动力费用应如何分配?

● 理论认知

任务一 材料费用的归集与分配

一、要素费用的一般分配方法

(一)基本生产部门发生的要素费用

1. 直接用于产品生产并专门设有成本项目的费用

前述基本生产成本明细账,即产品成本明细账(或产品成本计算单)是按产品品种等成本计算对象设置和登记的,账内按成本项目分设专栏或专行。如果是某一种产品的直接计入费用,如构成产品实体的原材料费用、生产工人工资薪酬、工艺用燃料及动力费用等各种要素费用,应直接记入该种产品成本明细账的"原材料(直接材料)""燃料及动力""直接人工"等成本项目;如果是生产几种产品的间接计入费用,则应采用适当的分配方法,分配以后分别记入各该种产品成本明细账的"原材料(直接材料)""燃料及动力""直接人工"等成本项目。

2. 用于生产部门组织和管理生产的费用

直接用于产品生产但没有专设成本项目的各项费用,以及基本生产部门组织和管理生产发生的各种费用,则记入"制造费用"总账及所属明细账有关的费用项目进行归集。月末分配记入各种产品"基本生产成本"总账及所属明细账的"制造费用"成本项目。

(二)辅助生产部门发生的要素费用

对于直接或间接用于辅助生产的费用,全部记入"辅助生产成本"总账及所属明细账,或者分别记入"辅助生产成本"和"制造费用"总账及所属明细账有关项目进行归集,"制造费用"账户月末再分配记入"辅助生产成本"总账和所属明细账的"制造费用"成本项目。

(三)销售机构、行政管理部门及筹集资金发生的要素费用

在生产经营过程中发生的用于行政管理部门发生的费用、产品销售发生的费用,以及筹集资金发生的费用,不计入产品成本而应分别记入"销售费用""管理费用""财务费用"总账及所属明细账,作为期间费用期末转入"本年利润"账户。

对于购建固定资产的费用、购买无形资产的费用等资本性支出，符合资本化条件的，不计入产品成本和期间费用，记入"在建工程""无形资产"等科目。

(四)直接用于产品生产的间接计入费用的分配方法

直接用于产品生产的间接计入费用的分配，应选用适当的分配标准(它是指分配依据的标准与分配对象有比较密切的联系，而且分配标准的资料比较容易取得，计算比较简便)。进行分配，常见的分配标准主要有三类：①成果类，如产品的重量、体积、面积、产量、产值等；②消耗类，如生产工时、机器工时、生产工资、原材料的消耗量、原材料费用等；③定额类，如定额消耗量、定额费用、定额工时等。费用分配率的计算公式如下。

费用分配率=待分配的费用总额÷分配标准总额

某分配对象应分配的费用=该对象的分配标准额×费用分配率

各项要素费用的分配是通过编制各种费用分配表进行的，根据分配表编制会计分录，据以登记各种成本、费用总账及所属明细账。

二、材料费用的归集与分配

(一)材料费用的内容

材料是指企业在生产经营过程中耗用的原料及主要材料、辅助材料、外购半成品、修理用备件、包装材料、燃料、周转材料等。不论是耗用的外购材料还是耗用的自制材料，都应按照发生的部门(或地点)以及用途分别计入产品成本或当期损益。

(1) 原料及主要材料，是指经过加工后，构成产品主要实体的各种原料和材料。例如，纺纱用的棉花、制造机械用的钢材等。

(2) 辅助材料，是指直接用于产品生产，有助于产品形成或便于生产，但不构成产品主要实体的各种材料。例如，印染用的漂白粉和维修机器设备用的润滑油、防腐剂等。

(3) 外购半成品，是指从外部购入的，经过加工和装配，构成产品主要实体的半成品及配套件。例如，生产自行车使用的内胎和外胎等。

(4) 修理用备件(备品备件)，是指为修理机器设备和运输设备等而购入的各种备件。例如，齿轮、轴承、阀门、轮胎等。

(5) 包装材料，是指包装用的纸、绳、铁皮、铁丝等。

(6) 燃料，是指用以产生热能的各种材料，包括固体燃料、液体燃料和气体燃料。例如，煤、焦炭、汽油、柴油、天然气等。

(7) 周转材料，是指企业能够多次使用、逐渐转移其价值但仍保持其原有形态的不被确认为固定资产的材料。例如，包装物和低值易耗品。

(二)材料消耗的计量与计价

1. 材料实际成本的确定

材料应当以其实际成本入账。存货成本包括采购成本、加工成本和其他成本。

(1) 材料的采购成本，一般包括采购价格、进口关税和其他税金、运输费、装卸费、保险费及其他可直接归属于材料采购的费用。其中,采购价格是指企业购入的材料的发票账单上列明的价款,但不包括按规定可以抵扣的增值税税额;其他税金是指企业购买、自制或委托加工材料发生的消费税、资源税和不能从销项税额中抵扣的增值税进项税额等;其他可直接归属于材料采购的费用是指采购成本中除上述各项以外的可直接归属于材料采购的费用,如在材料采购过程中发生的仓储费、包装费、运输途中的合理损耗、入库前的挑选整理费用等。

(2) 材料的加工成本,是指在材料的加工过程中发生的追加费用,包括直接人工以及按照一定方法分配的制造费用。

(3) 材料的其他成本,是指除采购成本、加工成本以外,使材料达到目前场所和状态所发生的其他支出。

但要注意以下三种情况。

(1) 非正常消耗的直接材料、直接人工和制造费用,应在发生时计入当期损益。

(2) 企业在材料采购入库后发生的仓储费用,应在发生时计入当期损益。

(3) 不能归属于使材料达到目前场所和状态的其他支出,应在发生时计入当期损益。

2. 材料发出的计价方法

(1) 材料采用实际成本核算。它是指每一种材料的收发结存量,都按其在采购(或委托加工、自制)过程中所发生的实际成本进行计价。这种计价方法通常适用于材料品种较少、收发料次数不多的企业。

采用实际成本法进行核算,在材料发出时有以下四种方法:先进先出法(在物价上涨时,期末存货成本接近市价,而发出成本偏低,利润偏高)、全月一次加权平均法、移动平均法和个别计价法。

(2) 材料按计划成本核算。它是指每一种材料的收发结存量,都按预先确定的计划成本计价。这种计价方法通常适用于材料实际成本变动不大、品种多、收发材料频繁的企业,可以简化材料日常收发核算的工作量。

按照计划成本进行存货核算,要对存货的计划成本和实际成本之间的差异进行单独核算,最终将计划成本调整为实际成本。其计算公式如下。

发出材料实际成本=发出材料计划成本±发出材料应分配的差异额

发出材料应分配的差异额=发出材料计划成本×材料成本差异率

材料成本差异率=(月初结存材料成本差异额+本月收入材料成本差异额)÷

(月初结存材料计划成本+本月收入材料计划成本)×100%

为了简化核算,便于及时计算自制材料和委托加工材料的实际成本,上列材料成本差异率计算公式可采用月初数进行计算,其计算公式如下。

材料成本差异率=月初结存材料成本差异额÷月初结存材料计划成本×100%

(三)材料消耗的原始记录

为了正确计算发出材料的价值和产品成本中的材料费用,领发材料必须严格办理凭证手续,生产领用材料使用的原始凭证一般有"领料单""限额领料单""领料登记表"。

1. 领料单

这是一种一次使用的领发料凭证,由领料单位填制,经负责人签章后,据以办理领发材料。其具体格式如表 2-1 所示。

表 2-1 领料单

领料单位:　　　　　　用途:　　　　　　日期:　　　　　　发料仓库:

材料编号	材料类别	名称	规格	计量单位	数量		成本	
					请领	实发	单价	金额

发料人:　　　　　　领料人:　　　　　　领料单位负责人:　　　　　　主管:

2. 限额领料单

这是一种对指定的材料在规定领料限额内,多次使用的领发料凭证。其具体格式如表 2-2 所示。

表 2-2 限额领料单

年　　月

领料单位:

材料名称:　　　　　　发料仓库:

计划产量:　　　　　　单位消耗定额:　　　　　　编号:

材料编号	材料名称	规格	计量单位	单价	领用限额	全月实用	
						数量	金额
领料日期	请领数量	实发数量	领料人签章		发料人签章	限额结余	
合计							

供应部门负责人:　　　　　　生产部门负责人:　　　　　　仓库管理员:

3. 领料登记表

领料登记表是指在企业中,有些材料(如螺丝、螺帽、垫圈等)的领发,次数多、数量零星、价值不高,为了简化手续,对这类材料,平时领用时,可以不填制领料单,由领料人在领料登记表上登记领用数量并签章证明,据以办理发料,到月份终了,由仓库根据领料登记表按领料单位和用途汇总填制领料单。其具体格式如表 2-3 所示。

表 2-3　领料登记表

材料类别：　　　　　　　　　　年　月　日　　　领料单位：
材料编号：　　　　　　　　　　　　　　　　　　　发料仓库：
材料名称规格：　　　　　　　　　　　　　　　　　计量单位：

日期	领用数量		发料人	领料人	备注
	当日	累计			

材料单价　　　　　　　　　　　　　合计金额

凡已领但月末尚未耗用的材料，都应当办理退料手续，以便如实反映材料的实际消耗，正确计算产品成本中的材料费用。如果余料下个月份不再继续使用，应填制退料单(或用红字填制领料单)连同材料退回仓库；如果余料下个月份需继续使用，则应办理假退料手续(即于本月底同时填制退料单和下月初的领料单)但材料不退回仓库，其退料单和领料单要送交仓库办理转账。

三、原材料费用的归集与分配

(一)原材料费用的归集

原材料是指企业在生产过程中经过加工改变其形态或性质并构成产品主要实体，或虽不构成产品主要实体，但有助于产品形成的各种原料及主要材料、辅助材料、外购半成品(外购件)、修理用备件(备品备件)、包装材料、燃料等。

企业应设置"原材料"科目核算库存的各种原材料的实际成本或计划成本。借方登记外购、自制、委托加工完成、其他单位投入、盘盈等原因增加的原材料实际成本或计划成本；贷方登记领用、发出加工、对外销售以及盘亏、毁损等原因减少的库存原材料实际成本或计划成本；月末余额表示库存原材料的实际成本或计划成本。

(二)原材料费用的分配

对生产产品耗用的材料进行分配时，凡属于某种产品或某种劳务耗用的直接材料费用，应直接记入"基本生产成本"或"辅助生产成本"账户的"直接材料"成本项目；对于不能按照产品品种(或成本计算对象)分别领用，而是几种产品共同耗用的原材料，属于间接计入费用，应采用合理的分配方法分配后，再记入各种产品成本的"原材料"成本项目。对于车间、管理部门及其他部门为组织和管理生产领用的材料，应按照费用的发生地点和用途加以归集，分别计入"制造费用""管理费用""销售费用"科目。

间接计入费用的原材料费用分配标准很多，如定额耗用量比例、生产量比例、产品的体积、产品的重量等。企业应根据耗用材料的情况选择一定的标准进行分配。

1. 原材料定额耗用量比例分配法

原材料定额耗用量比例分配法，就是以原材料定额耗用量为分配标准，分配原材料费用的一种方法。这种方法一般适用于各项材料消耗定额健全且比较准确的情况下采用。其计算公式如下。

某种产品原材料的定额耗用量=该种产品实际产量×单位产品原材料消耗定额
原材料费用分配率=待分配原材料费用总额÷各种产品原材料定额耗用量总额
某种产品应分配的原材料费用=该种产品原材料的定额耗用量×原材料费用分配率

2. 原材料定额费用比例分配法

原材料定额费用比例分配法，就是以原材料定额费用为分配标准，分配原材料费用的一种方法。在多种产品耗用多种材料的情况下可采用这种方法。其计算公式如下。

某种产品原材料的定额费用=该种产品实际产量×单位产品原材料费用定额
原材料费用分配率=待分配原材料费用总额÷各种产品原材料定额费用总额
某种产品应分配的原材料费用=该种产品原材料的定额费用×原材料费用分配率

3. 产品重量比例分配法

产品重量比例分配法，是以产品重量为分配标准，分配原材料费用的一种方法。这种方法一般在产品所耗用材料的多少与产品重量有着直接关系的情况下采用。其计算公式如下。

原材料费用分配率=待分配原材料费用总额÷各种产品重量之和
某种产品应分配的原材料费用=该种产品重量×原材料费用分配率

4. 产品产量比例分配法

产品产量比例分配法，是以产品产量为分配标准，分配原材料费用的一种方法。这种方法一般在产品所耗用材料的多少与产品产量有着密切关系的情况下采用。其计算公式如下。

原材料费用分配率=待分配原材料费用总额÷各种产品产量之和
某种产品应分配的原材料费用=该种产品产量×原材料费用分配率

月末应根据领发料凭证编制"材料费用分配表"(或称材料费用汇总分配表)进行分配并进行相应的账务处理。原材料费用分配表格式如表 2-4 所示。

【例 2-1】榕辉公司 2018 年 5 月编制了材料费用分配表(见表 2-4)，假设该企业甲、乙产品共同耗用的材料费用为 43 120 元，以产品材料定额耗用量为标准进行分配。

表 2-4 材料费用分配表

2018 年 5 月

应借科目			共同耗用材料费用的分配					直接领用材料/元	合计/元
总账及二级科目	三级明细科目	成本项目	产量/件	单位消耗定额/千克	定额消耗用量/千克	分配率	应分配材料费用/元		
基本生产成本	甲产品	直接材料	3 475	8	27 800	0.98	27 244	36 000	63 244
	乙产品	直接材料	3 240	5	16 200	0.98	15 876	19 500	35 376
	小计				44 000		43 120	55 500	98 620

续表

应借科目			共同耗用材料费用的分配					直接领用材料/元	合计/元
总账及二级科目	三级明细科目	成本项目	产量/件	单位消耗定额/千克	定额消耗量/千克	分配率	应分配材料费用/元		
辅助生产成本	供水车间	直接材料						12 000	12 000
	修理车间	直接材料						2 400	2 400
	小计							14 400	14 400
制造费用	基本车间	机物料消耗						3 800	3 800
管理费用		其他						4 200	4 200
销售费用		其他						5 000	5 000
合计								82 900	126 020

根据上述"材料费用分配表"分配材料费用计入有关科目,其会计分录如下。

借:基本生产成本——甲产品(直接材料)　　63 244
　　基本生产成本——乙产品(直接材料)　　35 376
　　辅助生产成本——供水车间　　　　　　12 000
　　辅助生产成本——修理车间　　　　　　 2 400
　　制造费用——基本生产车间　　　　　　 3 800
　　管理费用　　　　　　　　　　　　　　 4 200
　　销售费用　　　　　　　　　　　　　　 5 000
　　贷:原材料　　　　　　　　　　　　　126 020

四、燃料费用的归集与分配

燃料费用的分配程序与方法和原材料相同,可比照上述材料费用分配来进行。

当燃料费用在产品成本中比重较大时,可以与动力费用一起专设"燃料及动力"成本项目,并增设"燃料"一级账户,将燃料费用单独进行归集与分配。

直接用于产品生产的燃料,在只生产一种产品或者是按照产品品种(或成本计算对象)分别领用,属于直接计入费用,可以直接记入各种产品成本明细账的"燃料及动力"成本项目;如果不能按照产品品种分别领用,而是几种产品共同耗用的燃料,属于间接计入费用,则应采用适当的分配方法,在各种产品之间进行分配,然后再记入各种产品成本明细账的"燃料及动力"成本项目。

直接用于辅助生产、专设成本项目的燃料费用,用于基本生产和辅助生产但没有专设成本项目的燃料费用，应记入"辅助生产成本""制造费用"总账账户的借方及其所属明细账有关项目。

用于产品销售以及组织和管理生产经营活动的燃料费用则应记入"销售费用""管理费用"总账账户的借方及所属明细账有关项目。

已领用的燃料费用总额，应记入"燃料"账户的贷方。不设"燃料"账户的，则记入"原材料——燃料"账户的贷方。

【例2-2】燃料费用的分配如表2-5所示。

表2-5　燃料费用分配表

车间或部门名称：　　　　　　　　　　2018年6月30日　　　　　　　　　　单位：元

应借科目		直接计入金额	分配计入		合计
			定额燃料费用	分配金额（分配率1.1）	
基本生产成本	甲产品		3 500	3 850	3 850
	乙产品		1 100	1 210	1 210
	小计		4 600	5 060	5 060
辅助生产成本	运输车间	1 600			1 600
合计		1 600		5 060	6 660

根据上述费用分配表，编制会计分录如下。

借：基本生产成本——甲产品　　　3 850
　　　　　　　　——乙产品　　　1 210
　　辅助生产成本——运输车间　　1 600
　贷：燃料——×燃料　　　　　　6 660

五、周转材料的归集与分配

企业的周转材料包括包装物和低值易耗品等，其核算的原理和方法与原材料基本一致，即根据领用周转材料的用途和部门的不同分别记入各有关账户。

低值易耗品是指单位价值低，使用年限短，不能作为固定资产核算的各种用具物品。低值易耗品包括工具、管理用具、玻璃器皿以及在经营过程中周转使用的包装容器等。低值易耗品收入、发出、结存和摊销的核算，是通过设立"周转材料——低值易耗品"二级账及按类别、品种、规格、使用单位设置三级明细账进行的。低值易耗品日常按实际成本进行核算，也可以按计划成本进行核算，如果按计划成本进行核算则需要设置"材料成本差异——低值易耗品差异"二级科目。

低值易耗品摊销按谁使用谁负担的原则分别记入"制造费用""管理费用""销售费用"等账户。在计划成本法下，结转发出低值易耗品摊销也应分配"材料成本差异"，比照原材料核算方法进行。

低值易耗品摊销方法有一次摊销法、分次摊销法和五五摊销法。

(一)领用一次摊销法

领用时将低值易耗品全部价值计入有关账户。

【例 2-3】 榕辉公司低值易耗品采用一次摊销法,基本生产车间本月领用生产工具一批,实际成本 1 000 元。本月报废以前月份领用的生产工具一批,残料入库作价 80 元。

1. 生产车间领用

借:制造费用　　　　　　　1 000
　　贷:周转材料——低值易耗品　 1 000

用计划成本核算如下。

借或贷:材料成本差异——低值易耗品差异

2. 残料入库

借:原材料　　　　　　　　80
　　贷:制造费用　　　　　　　　80

一次摊销法核算简单,适用于单位价值低、使用期限较短、一次领用数量不多以及容易破损的低值易耗品。其缺点是低值易耗品使用不止一个月,所以使领用当月费用负担增加,还产生了账外资产。

(二)领用分次摊销法

领用时将低值易耗品全部价值根据其使用期限的长短,分月平均摊销的方法。

【例 2-4】榕辉公司低值易耗品采用分次摊销法,铸造生产车间 1 月份领用生产专用模具一批,实际成本 36 000 元。在一年内按月平均分摊。该专用模具本年 12 月份报废,残料入库作价 980 元。

1. 领用时

借:周转材料——低值易耗品——在用　36 000
　　贷:周转材料——低值易耗品——在库　　36 000

2. 各月分次摊销时

借:制造费用　　　　　　　　　　　　3 000
　　贷:周转材料——低值易耗品——摊销　 3 000

3. 报废时,残料冲减有关的成本费用

借:原材料　　　　　　　　　　　　　980
　　贷:制造费用　　　　　　　　　　　　980
借:周转材料——低值易耗品——摊销　36 000
　　贷:周转材料——低值易耗品——在用　36 000

(三)领用五五摊销法

领用低值易耗品的当月摊成本的 50%，报废时再摊成本的 50%。账户设置为"周转材料——低值易耗品——在用""周转材料——低值易耗品——在库""周转材料——低值易耗品——摊销"。

【例 2-5】榕辉公司低值易耗品采用五五摊销法，企业管理部门 1 月份领用管理办公柜一批，实际成本 12 000 元，在一年内按五五摊销法分摊。假如该办公柜本年 12 月份报废，残料入库作价 200 元。

1. 领用时

借：周转材料——低值易耗品——在用　　12 000
　　贷：周转材料——低值易耗品——在库　　　12 000

2. 领用当月摊成本的 50%

借：管理费用　　6 000
　　贷：周转材料——低值易耗品——摊销　　6 000

3. 报废时，再摊成本的 50%

借：管理费用　　5 800
　　原材料　　　 200
　　贷：周转材料——低值易耗品——摊销　　6 000

4. 报废同时冲在用

借：周转材料——低值易耗品——摊销　　12 000
　　贷：周转材料——低值易耗品——在用　　12 000

(四)包装物的核算

包装物是包装本企业产品，并随同产品出售、出租、出借的包装容器。其核算内容有：①生产过程包装产品，作为产品成本组成部分；②包装销售产品，不单独计价；③包装销售产品，单独计价；④出租、出借的包装物。

账户设置为："周转材料——包装物""基本生产成本""制造费用""管理费用"。摊销方法有一次摊销法、分次摊销法等。

1. 生产过程领用包装产品，作为产品成本的组成部分

借：生产成本——基本生产成本
　　贷：周转材料——包装物

2. 随同产品销售，不单独计价的包装物

借：销售费用
　　贷：周转材料——包装物

3. 随同产品销售，单独计价的包装物

借：银行存款
    贷：其他业务收入
        应交税费——应交增值税
借：其他业务成本
    贷：周转材料——包装物

4. 出租收取租金用"其他业务收入"账户

结转包装物摊销用"其他业务成本"账户，出借收取押金用"其他应付款"账户。

任务二　职工薪酬费用的归集与分配

一、职工薪酬的内容

职工薪酬是指企业为获得职工提供的服务而给予各种形式的报酬以及其他相关支出。从薪酬涵盖的时间和支付形式来看，职工薪酬包括企业职工在职期间和离职后给予的所有货币性薪酬和非货币性福利；从薪酬支付的对象来看，职工薪酬包括提供给职工本人及其配偶、子女或其他被赡养人的福利。

职工是指与企业订立劳动合同的所有人员，含全职、兼职和临时职工，也包括虽未与企业订立劳动合同，但由企业正式任命的企业治理层和管理层人员，如董事会成员、监事会成员等，同时还包括在企业的计划和控制下，虽未与企业订立劳动合同或未由企业正式任命，但为企业提供与职工类似服务的人员，如劳务用工合同人员。

职工薪酬包括以下几种。

① 职工工资、奖金、津贴和补贴。
② 职工福利费。
③ 医疗保险费、养老保险费、失业保险费、工伤保险费和生育保险费等社会保险费。
④ 住房公积金。
⑤ 工会经费和职工教育经费。
⑥ 非货币性福利。
⑦ 因解除与职工的劳动关系而给予的补偿。
⑧ 其他与获得职工提供的服务相关的支出。

二、工资薪金的组成

工资薪金是职工薪酬的主要构成内容，是各单位在一定时期内直接支付给本单位全部职工的劳动报酬的总额。其组成如下。

1. 计时工资

计时工资是指按计时工资标准和工作时间支付给职工个人的劳动报酬。工资标准是指

每一职工在单位时间内应得的工资额。

2. 计件工资

计件工资是指对已做工作按计件单价支付给职工个人的劳动报酬。

3. 奖金

奖金是指支付给职工个人的超额劳动报酬和增收节支的劳动报酬。它包括生产奖、节约奖、劳动竞赛奖等。

4. 津贴和补贴

津贴和补贴是指为补偿职工特殊或额外的劳动消耗和其他特殊原因而支付给职工的津贴,以及为保证职工工资水平不受物价影响而支付给职工个人的物价补贴。

5. 加班加点工资

加班加点工资是指按规定支付给职工个人的加班工资和加点工资。

现行《劳动法》第四十四条规定如下。

(1) 安排劳动者延长工作时间的,支付不低于工资的百分之一百五十的工资报酬。

(2) 休息日安排劳动者工作又不能安排补休的,支付不低于工资的百分之二百的工资报酬。

(3) 法定休假日安排劳动者工作的,支付不低于工资的百分之三百的工资报酬。

例如,某企业职工春节长假七天都加班,那么前三天是法定节假日(即除夕、春节、初二)拿三薪(即300%日工资),后四天是双休日调休(即初三至初六)拿双薪(即200%日工资)。

6. 特殊情况下支付的工资

特殊情况下支付的工资是指根据国家法律、法规和政策的规定,由于疾病、工伤、产假、计划生育假、婚丧假、探亲假、定期休假、停工学习、执行国家或社会义务等原因按计时工资标准或这一指标的一定比例支付的工资,以及附加工资和保留工资等。

三、工资薪金的原始记录

考勤记录、产量和工时记录等是人工费用核算的最基本的原始记录。

(一)考勤记录

考勤记录是反映企业职工出勤和缺勤的记录。它是计算职工工资和分配工资费用的依据。

考勤记录的形式有考勤簿和考勤卡两种。考勤簿是按车间、部门设置,根据各单位在册人员的编号、性质逐日登记,月末对该月个人出勤情况进行归类汇总登记。考勤卡是按人设置,每年一张,在每年年初或职工调入时开设。采用这种考勤形式时,月终由考勤人员负责汇总统计出每位职工全月的出勤情况。

除上述两种考勤形式外,有些单位根据企业的具体情况,采用翻牌法或移牌法和打卡机打卡计时法等。

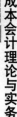

(二)产量和工时记录

产量和工时记录是登记每一位工人或生产小组在出勤时间内完成产品的数量、质量和单位产品耗用工时数量的原始记录。它为计算计件工资和在各产品间按工时分配费用提供依据,也是考核工时定额、明确生产工人的责任、考核劳动生产率水平的依据。产量和工时记录一般有工作通知单、工序进程单和工作班产量和工时记录。

1. 工作通知单

工作通知单也称派工单、工票,是根据生产作业计划的安排,以每个工人或每个生产小组的工作为对象设置,以此来分配生产任务,是记录产量和工时的原始凭证。

2. 工序进程单

工序进程单也称加工路线单,是记录投入生产的每一批产品的整个工艺过程情况的原始凭证。

3. 工作班产量和工时记录

工作班产量和工时记录简称生产班报告,是记录一个班组在工作班(一般为 8 小时)内生产产品的数量和所用工时数量的原始凭证。

四、工资薪金的计算方法

(一)计时工资薪金的计算

实行计时工资制的企业,每月应付给职工的工资数是根据每一位职工的工资等级、工资标准、出勤情况和其他有关规定进行计算的。但由于当月职工的出勤情况要到月底才能统计出来,因此在实际工作中计算本月应付工资时,往往是根据上个月考勤记录确定应扣缺勤和应增加班工资等。

计时工资薪金的计算有月薪制和日薪制两种计算方法。

1. 月薪制

月薪制是指按职工的月标准薪金,扣除缺勤薪金,计算其应付工资薪金的一种方法。采用月薪制,不论该月是多少天,只要职工出满勤,就可以得到全勤工资薪金。如有缺勤,则应从月标准工资薪金中扣除缺勤薪金。因此,这种方法又称为"扣缺勤法"。其计算公式如下。

应付计时工资薪金=月标准工资+奖金+各种工资性津贴-(事假日数×日工资标准)-(病假日数×日工资标准×病假应扣工资比例)

上列公式中的日工资标准的计算如下。

日工资标准=月标准工资÷平均每月工作日数

上列公式中日工资标准有如下两种计算方法。

(1) 按全年平均月计薪天数计算。

日工资薪金按月计薪天数 21.75[月计薪天数=(365 天-52×2 天)÷12 月]折算。即用月工资薪金收入除以全年平均月计薪天数计算。其计算公式如下。

$$日工资薪金 = 月工资薪金 \div 21.75$$

采用这种方法计算日工资薪金，双休日不付工资薪金，缺勤期间是双休日的，不扣工资薪金。

根据现行《劳动法》第五十一条规定，每周两天双休不计入薪酬计算天数，法定节假日可计入薪酬计算天数，用人单位应当依法支付工资，即折算日工资、小时工资时不剔除国家规定的 11 天法定节假日。因此，月制度计薪日为 21.75[(365-52×2)÷12]天，月制度工作日为 20.83[(365-52×2-11)÷12]天。"制度计薪日"直接用于日工资、加班工资计算等方面；"制度工作日"则主要用于工时管理，是判断超时加班的标准。

(2) 按全年平均每月日历日数计算。

按全年平均每月日历日数计算日工资薪酬，是根据月工资薪酬收入除以全年平均每月日历日数计算的。其计算公式如下。

$$日工资薪金 = 月工资薪金 \div 30$$

采用这种方法计算时，日工资薪金包括双休日的工资薪金，缺勤期间若是双休日，照扣工资薪金。

2. 日薪制

日薪制也称日工资薪金率或工资标准，是指按职工实际出勤日数和日工资薪金率计算其应付工资薪金的一种方法。其计算公式如下。

$$应付计时工资薪金 = (出勤日数 \times 日工资标准) + 奖金 + 各种工资性津贴 + (病假日数 \times 日工资标准 \times 病假应发工资比例)$$

上列公式中的日工资标准的计算如下。

$$日工资标准 = 月标准工资 \div 平均每月工作日数$$

根据《全国年节及纪念日放假办法》的规定，现行法定节假日全年共 11 天。

元旦：放假 1 天(1 月 1 日)。

春节：放假 3 天(农历除夕、正月初一、初二)。

清明节：放假 1 天(农历清明当日)。

劳动节：放假 1 天(5 月 1 日)。

端午节：放假 1 天(农历端午当日)。

中秋节：放假 1 天(农历中秋当日)。

国庆节：放假 3 天(10 月 1 日、2 日、3 日)。

【例 2-6】假设某企业职工张云月标准工资为 2 400 元，张云 7 月份出勤情况如下：病假 2 天，事假 1 天，星期休假 8 天，实际出勤 20 天。按工龄，张云病假工资按标准工资的 90%计算，且该职工缺勤期间没有双休日。则张云 7 月份计时工资如下。

(1) 按 30 天计算日工资率，按缺勤日数扣月标准工资。

日工资率=2 400÷30=80(元/天)

应扣病假工资=80×2×(1-90%)=16(元)

应扣事假工资=80×1=80(元)

应付计时工资=2 400-16-80=2 304(元)

(2) 按30天计算日工资率，按出勤日数计算月工资。

应付出勤工资=80×(20+8)=2 240(元)

应付病假工资=80×2×90%=144(元)

应付计时工资=2 240+144=2 384(元)

这两种方法下计算的应付工资并不相同，相差80元，即一天的工资，这是因为日工资率按30天计算，而7月份实际天数为31天。

(3) 按21.75天计算日工资率，按缺勤天数扣月标准工资。

日工资率=2 400÷21.75=110.34(元)

应扣病假工资=110.34×2×(1-90%)=22.07(元)

应扣事假工资=110.34×1=110.34(元)

应付计时工资=2 400-110.34-22.07=2 267.59(元)

(4) 按21.75天计算日工资率，按出勤天数计算月工资。

应付出勤工资=110.34×20=2 206.80(元)

应付病假工资=110.34×2×90%=198.61(元)

应付计时工资=2 206.80+198.61=2 405.41(元)

这两种方法计算的应付工资也不相同，相差137.82元，即1.25天的工资，这是因为日工资率是按21.75天计算，而7月份的计薪天数为23天。

从上述计算中可以看出，同一职工同一月份的计时工资，四种方法计算的结果一般都不相同。因此，单位可自行选择其中一种方法计算计时工资，一旦确定，不应任意变动。

(二)计件工资薪金的计算

实行计件工资制的企业或车间，每月应付给职工的工资是根据产量凭证记录中每一个工人制造完成的合格数量，乘以规定的计件单价计算标准工资。计件工资薪金按照支付对象的不同，可分为个人计件工资薪金和集体计件工资薪金。

1. 个人计件工资薪金的计算

在计算计件工资薪金时，对于由于材料缺陷等客观原因产生的废品，即料废，应照付计件工资薪金；对于由于工人加工过失等原因而产生的废品，即工废，则不应支付计件工资薪金。计件工资薪金一般只适用于生产工人工资薪金的计算。其计算公式如下。

$$应付计件工资薪金=\sum[(合格品数量+料废品数量)\times 计件单价]$$

企业按规定计算出每一职工的应付工资薪金后，应在规定日期发放给职工。若有企业代扣的各种保险、住房公积金等和为职工代缴税金等款项，则实发工资=应发工资-代扣款项，企业为了办理工资结算手续，一般可按车间、部门编制"工资结算单"，并汇总编制"工资薪金结算汇总表"计算对每一职工的应付工资、代扣款项和实发工资。工资结算单格式如表2-6所示，工资薪金结算汇总表格式如表2-7所示。

表 2-6 工资结算单

年   月

单位：××车间

编号	姓名	工资标准	日工资率	工种补贴	物价补贴	……	奖金	缺勤减发工资		应付工资	代扣款项		实发工资	收款人签章
								事假旷工金额	病假金额		保险等	合计		
1														
2														
3														

表 2-7 工资薪金结算汇总表

年   月

单位人员类别	标准工资	加班工资	工种补贴	物价补贴	夜班津贴	奖金		缺勤减发工资		应付工资	代扣款项		实发工资
						综合奖	单项奖	事假旷工	病假		保险等	合计	
××车间													
生产工人													
管理人员													
小计													
企业管理部门													
企业销售部门													
小计													
合计													

【例2-7】某企业李明本月生产甲、乙两种产品：生产甲产品400件，均为合格品；生产乙产品312件，其中合格品300件、料废品10件、工废品2件。两种产品的工时定额分别为0.3小时和0.4小时，该职工的小时工资率为10元/小时。企业本月应付李明的计件工资计算如下。

甲产品的计件单价=0.3×10=3(元/件)
乙产品的计件单价=0.4×10=4(元/件)
甲产品的计件工资=3×400=1 200(元)
乙产品的计件工资=4×(300+10)=1 240(元)
本月企业应付李明的计件工资=1 200+1 240=2 440(元)

2. 集体计件工资薪金的计算

对于个人无法独立完成，必须班组成员协同完成的计件工资，首先按完成的产品数量乘以规定的计件单价计算支付的班组工资额,在班组各成员之间进行分配。其计算公式如下。

工资分配率=班组计件工资总额÷小组计时工资总额

个人应得计件工资=个人应得计时工资×工资分配率

【例2-8】某生产班组3人共同完成某生产任务,按产品定额人工费计算,共得计件工资5 957元,有关资料以及个人应得工资如表2-8所示。

表2-8 班组计件工资分配表

班组:第1生产小组　　　　　　　2018年8月31日　　　　　　　金额单位:元

姓名	小时工资率	实际工作小时	计时工资	计件工资分配率	应得计件工资
张硕	15.00	200	3 000.00		3 450.00
程晨	10.00	130	1 300.00		1 495.00
林希	8.00	110	880.00		1 012.00
合计			5 180.00	1.15	5 957.00

该方法能够充分体现班组内成员的技术水平,小时工资率是通过每人月工资标准分别计算,这种分配方法比较合理。

五、职工薪酬的归集与分配

(一)工资薪金费用的归集与分配

为了如实反映企业与职工之间各项工资薪金费用的结算情况,企业应设置"应付职工薪酬"账户。该账户属于负债类账户,用来核算企业根据有关规定应付给职工的各种薪酬。本账户可设置"工资""职工福利费""社会保险费""住房公积金""工会经费""职工教育经费""非货币性福利""辞退福利"等项目进行明细核算。

企业每月发生的工资薪金费用,应按其发生的地点和用途进行分配。直接生产工人的工资薪金费用应记入"基本生产成本"或"辅助生产成本"账户的借方;车间管理人员的工资薪金费用应记入"制造费用"账户的借方;行政管理人员的工资薪金费用应记入"管理费用"账户的借方;专设销售机构人员的工资薪金费用应记入"销售费用"账户的借方。根据工资薪金费用总额贷记"应付职工薪酬"账户。

需要注意的是,在计时工资薪金制下,对于生产车间发生的工资薪金费用,如果只用于生产一种产品,则直接计入该产品的"直接人工"成本项目中;如果是计时工资、奖金、津贴和补贴以及特殊情况下支付的工资等,在生产多种产品时属于间接计入费用,应按产品的生产工时、机器工时、定额工时比例等分配标准,计算分配计入"基本生产成本"总账及所属相应的产品成本明细账的"直接人工"项目。其计算公式如下。

工资薪金费用分配率=生产工人工资薪金费用总额÷各种产品实际(或定额)工时之和

某种产品应分配工资薪金费用=该种产品生产实际(定额)工时×工资薪金费用分配率

根据以上分配原则和"工资薪金结算汇总表"及其他有关资料,即可编制"工资薪金费用分配表",据以进行总分类核算。

【例2-9】榕辉公司2018年7月生产工人工资180 600元,基本生产车间管理人员工资 20 800 元，运输车间人员工资 18 900 元，厂部管理部门人员工资 35 000 元。生产甲产品耗用实际工时为 3 800 小时，乙产品耗用实际工时为 2 200 小时，生产工人工资按甲、乙产品耗用实际工时比例分配。要求：编制工资费用分配表(分配率保留两位小数)。

(1) 榕辉公司工资薪金费用的归集和分配过程如表 2-9 所示。

表 2-9　工资薪金费用分配表

2018 年 7 月 31 日

应借账户		直接计入/元	分配计入			合计/元
			分配标准/小时	分配率	分配金额/元	
基本生产成本	甲产品		3 800	30.10	114 380	114 380
	乙产品		2 200		66 220	66 220
	小计		6 000		180 600	180 600
制造费用		20 800				20 800
辅助生产成本		18 900				18 900
管理费用		35 000				35 000
合计		74 700			180 600	255 300

(2) 根据工资薪金费用分配表编制会计分录如下。

```
借：基本生产成本——甲产品（直接人工）      114 380
          　　　　——乙产品（直接人工）       66 220
      制造费用——基本生产车间               20 800
      辅助生产成本——工资                  18 900
      管理费用——工资                      35 000
  贷：应付职工薪酬——工资                         255 300
```

(二)其他薪酬费用的归集与分配

计量除工资薪金之外的其他薪酬时，国家规定了计提基础和计提比例的，应当按照国家规定的标准计提，如应向社会保险经办机构等缴纳的医疗保险费、养老保险费、失业保险费、工伤保险费、生育保险费等社会保险费，应向住房公积金管理机构缴存的住房公积金，以及工会经费和职工教育经费等。没有规定计提基础和计提比例的，企业应当根据历史经验数据和实际情况，合理预计当期应付职工薪酬。当期实际发生金额大于预计金额的，应当补提职工薪酬；当期实际发生金额小于预计金额的，应当冲回多提的职工薪酬。

企业以自产产品作为非货币性福利发放给职工的，应当根据受益对象，按照该产品的公允价值计入相关资产成本或当期损益，同时确认应付职工薪酬。

企业将拥有的房屋等资产无偿提供给职工使用的，应当根据受益对象，将该住房每期应计提的折旧计入相关资产成本或当期损益，同时确认应付职工薪酬。企业租赁房屋等资产给职工无偿使用的，应当根据受益对象，将每期应付的租金计入相关资产或当期损益并确认应付职工薪酬。

任务三 外购动力费用的归集与分配

外购动力费用是指从外部购买的各种动力,如电力、蒸气等所支付的费用。按外购动力的受益对象,一般直接借记有关成本、费用账户,贷记"银行存款"账户。但为贯彻权责发生制原则,可将本月所支付的外购动力费用暂借记"应付账款"账户,月末分配动力费用时再贷记"应付账款"。

外购动力有的直接用于产品生产,如生产工艺用电力;有的间接用于产品生产,如生产照明用电力;有的则用于经营管理,如企业行政管理部门照明用电力等。这些动力费用的分配,在有计量仪器记录的情况下,直接根据仪器所示的耗用动力的数量及动力单价计算;在没有仪器记录的情况下,可按生产工时的比例、机器工时的比例或定额消耗量的比例分配。

直接用于产品生产的动力费用,应记入"基本生产成本"总账和所属明细账的"燃料及动力"成本项目;直接用于辅助生产的动力费用,应记入"辅助生产成本"总账和所属明细账的"燃料及动力"成本项目;用于车间管理、厂部管理、销售机构等的动力费用,应分别记入"制造费用""管理费用""销售费用"账户。外购动力费用总额应根据有关凭证记入"应付账款"或"银行存款"账户的贷方。

【例 2-10】外购动力费用的分配如表 2-10 所示。

表 2-10 外购动力费用分配表

车间或部门名称: 2018 年 6 月 30 日

应借科目		成本或费用项目	生产工时 (分配率 0.6)	度数 (分配率 0.4)	合计/元
基本生产成本	甲产品	燃料及动力	45 000 小时		27 000
	乙产品	燃料及动力	30 000 小时		18 000
	小计		75 000 小时		45 000
辅助生产成本	供电车间	动力费用		5 000	2 000
	供水车间	动力费用		3 000	1 200
	小计			8 000	3 200
制造费用		动力费用		7 000	2 800
管理费用		动力费用		5 000	2 000
销售费用		动力费用		4 000	1 600
合计			75 000	24 000	54 600

动力费用分配率:45 000÷(45 000+30 000)=0.6
甲产品动力费用:45 000×0.6=27 000(元)
乙产品动力费用:30 000×0.6=18 000(元)
根据上述费用分配表编制会计分录如下。

借：基本生产成本——甲产品	27 000
——乙产品	18 000
辅助生产成本——供电车间	2 000
——供水车间	1 200
制造费用	2 800
管理费用	2 000
销售费用	1 600
贷：应付账款——×供电局	54 600

待到实际支付电费时，

借：应付账款——×供电局	54 600
贷：银行存款	54 600

任务四　其他要素费用的归集与分配

一、折旧计提的归集与分配

(一)影响折旧计提的因素

折旧费用是指固定资产在生产经营过程中，由于发生损耗而逐渐地、部分地转移到产品成本中去的那一部分价值。影响折旧计提的因素如下。

(1) 固定资产原价。
(2) 固定资产的预计净残值。
(3) 固定资产减值准备。它是指固定资产已计提的固定资产减值准备累计金额。
(4) 固定资产的使用寿命。

企业应当根据固定资产的性质和使用情况，合理确定固定资产的使用寿命和预计净残值。固定资产的使用寿命、预计净残值一经确定，不得随意变更。

(二)固定资产折旧的计提范围

企业应当对所有的固定资产计提折旧。但是，已提足折旧仍继续使用的固定资产和单独计价入账的土地除外。因进行大修理而停用的固定资产，应当计提折旧，计提的折旧计入相关资产成本或当期损益。

(1) 固定资产应当按月计提折旧。当月增加的固定资产，当月不计提折旧，从下月起计提折旧；当月减少的固定资产，当月仍计提折旧，从下月起不计提折旧。

(2) 固定资产提足折旧后，无论能否继续使用，均不再计提折旧，提前报废的固定资产不再补提折旧。

(3) 已达到预定可使用状态但尚未办理竣工决算的固定资产，应当按照估计价值确定其成本，并计提折旧，待办理竣工决算后，再按实际成本调整原来的暂估价值，但不需要调整已计提的折旧额。

(三) 固定资产折旧的方法

企业应当根据与固定资产有关的经济利益的预期实现方式,合理地选择固定资产折旧方法。可选用的折旧方法包括年限平均法、工作量法、双倍余额递减法和年数总和法等。固定资产的折旧方法一经确定,不得随意变更。

(四) 折旧费用的归集与分配

企业对于按规定计提的折旧费用,应当根据固定资产的使用地点和用途进行归集与分配,分别计入相关资产的成本或当期损益。

(1) 企业基本生产车间所使用的固定资产,其计提的折旧应记入"制造费用"科目的借方。

(2) 管理部门所使用的固定资产,其计提的折旧应记入"管理费用"科目的借方。

(3) 销售部门所使用的固定资产,其计提的折旧应记入"销售费用"科目的借方。

(4) 自行建造固定资产过程中使用的固定资产,其计提的折旧应记入"在建工程"科目的借方。

(5) 经营租出的固定资产,其计提的折旧应记入"其他业务成本"科目的借方。

(6) 未使用的固定资产,其计提的折旧应记入"管理费用"科目的借方。

计提的折旧总额记入"累计折旧"科目的贷方。

折旧费用的归集通常是采用"固定资产折旧计算表"进行的,而折旧费用的分配是通过编制"固定资产折旧费用分配表"进行的。

【例 2-11】 固定资产折旧计算表如表 2-11 所示,固定资产折旧费用分配表如表 2-12 所示。

表 2-11 固定资产折旧计算表

甲车间　　　　　　　　　　　　　2018 年 8 月　　　　　　　　　　　　　单位:元

固定资产类别	折旧率	上月计提		上月增加		上月减少		本月应提	
		原价	折旧额	原价	折旧额	原价	折旧额	原价	折旧额
房屋	2.5‰	250 000	625	54 000	135			304 000	760
机器设备	5‰	370 000	1 850	80 000	400	24 000	120	426 000	2 130
合计		620 000	2 475	134 000	535	24 000	120	730 000	2 890

表 2-12 固定资产折旧费用分配表

2018 年 8 月　　　　　　　　　　　　　单位:元

会计科目	明细科目	费用项目	分配金额
制造费用	基本生产车间	折旧费	10 000
辅助生产成本	供电车间	折旧费	2 000
	机修车间	折旧费	4 000
管理费用		折旧费	6 000
合计			22 000

根据固定资产折旧费用分配表编制计提折旧的会计分录如下。

借：制造费用——基本生产车间　　　10 000
　　辅助生产成本——供电车间　　　2 000
　　　　　　　　——机修车间　　　4 000
　　管理费用——折旧费　　　　　　6 000
　　　贷：累计折旧　　　　　　　　　　　22 000

二、利息费用的归集与分配

利息费用属于经营管理费用中的财务费用，一般按季支付季末结算或到期还本付息。企业一般采用预提利息费用的办法分月按计划预提，实际支付时冲减应付利息。

每月预提利息时，应借记"财务费用"总账科目及所属明细账的"利息支出"费用项目，贷记"应付利息"科目；季末实际支付利息费用时，应借记"应付利息"科目，贷记"银行存款"科目。会计处理如下。

(1) 每月预提利息费用时的会计分录
借：财务费用
　　贷：应付利息
(2) 季末实际支付全季利息费用时的会计分录
借：应付利息
　　贷：银行存款

三、其他费用的归集与分配

其他费用是指除前面所述各要素以外的费用，企业应在发生时，按照发生的车间、部门和用途分配。

(1) 属于基本生产车间发生的，如基本生产车间的报刊费、差旅费等，应记入"制造费用"总账及所属明细账的有关项目。
(2) 属于辅助生产车间发生的，应记入"辅助生产成本"总账及所属明细账的有关项目。
(3) 属于行政管理部门发生的，应记入"管理费用"总账及所属明细账的有关项目。
(4) 属于销售部门发生的，应记入"销售费用"总账及所属明细账的有关项目。

◉ 案例解析

甲、乙产品动力费分配率= 32 500÷(6 400+3 600) =3.25(元/小时)
甲产品应分配动力费=3.25×6 400=20 800(元)
乙产品应分配动力费=3.25×3 600=11 700(元)
借：生产成本——基本生产成本——甲产品　　20 800
　　　　　　　　　　　　　——乙产品　　11 700
　　贷：应付账款　　　　　　　　　　　　　32 500

项目小结

制造业企业的产品成本是由材料费用、工资费用、动力费用及其他费用等要素费用构成的,所以进行产品成本的核算必须从材料费用、工资费用、动力费用及其他费用等要素费用分配的核算开始。本项目主要介绍了各项要素费用的横向归集和分配,实质上也就是将生产过程中发生的费用转化为产品成本和期间费用的过程,是成本核算中最基础的内容。本项目重点阐述了直接计入费用和间接计入费用的分配方法,材料费用、外购动力费用的分配和核算方法,计时工资、计件工资的分配和核算方法,以及其他要素费用的分配方法。

项目强化训练

一、单项选择题

1. 下列各项中,不计入直接人工成本项目的有( )。
   A. 产品生产工人工资
   B. 车间管理人员工资
   C. 支付生产工人的职工福利费
   D. 产品生产工人的奖金
2. 分配结转外购动力费用时,会计分录中不可能出现的贷方科目有( )。
   A. 银行存款   B. 应收账款   C. 应付账款   D. 预付账款
3. 下列分配方法中,不宜作为原材料费用分配方法的有( )。
   A. 重量分配法   B. 生产工人工时分配法
   C. 系数分配法   D. 定额消耗量比例分配法
4. 根据"工资结算汇总表"和"直接人工费用分配表"进行分配结转工资账务处理时,会计分录不可能对应的借方科目有( )。
   A. 生产成本   B. 制造费用   C. 管理费用   D. 财务费用
5. 对外购动力的分配,应借记有关的成本费用账户,贷记( )账户。
   A. "应付账款"   B. "制造费用"
   C. "生产成本——基本生产成本"   D. "生产成本——辅助生产成本"
6. 某企业采用平均年限法计提折旧。某项固定资产原值为10 000元,预计净残值率为4%,预计使用年限10年。该固定资产2008年5月份购入并开始使用,2018年报废。报废时已提折旧为( )。
   A. 9 600元   B. 9 700元   C. 9 840元   D. 10 000元
7. 某企业支付水电费35 000元,以转账支票支付,会计记账时应记入的账户是( )。
   A. "管理费用"   B. "制造费用"
   C. "应付职工薪酬"   D. "应付账款"
8. 在企业未设置"燃料及动力"成本项目的情况下,生产车间发生的直接用于产品生产的动力费用,应借记的账户是( )。
　　A. "管理费用"　　　　　　　　B. "基本生产成本"
　　C. "生产费用"　　　　　　　　D. "制造费用"
9. 产品生产领用低值易耗品时,应记入( )账户。
　　A. "制造费用"　　　　　　　　B. "基本生产成本"
　　C. "管理费用"　　　　　　　　D. "辅助生产成本"
10. 企业为筹集资金而发生的手续费,应借记( )。
　　A. "制造费用"科目　　　　　　B. "财务费用"科目
　　C. "管理费用"科目　　　　　　D. "销售费用"科目
11. 下列各项中,属于管理费用的有( )。
　　A. 企业专设销售部门人员的工资　　B. 产品广告费用
　　C. 企业的职工教育经费　　　　　　D. 车间的办公费用
12. 下列各项中,属于直接生产费用的是( )。
　　A. 生产车间厂房的折旧费
　　B. 产品生产用设备的折旧费
　　C. 企业行政管理部门固定资产的折旧费
　　D. 生产车间的办公费用
13. 某企业固定资产采用年限平均法计提折旧,某类固定资产残值率为5%,预计使用15年,则年折旧率为( )。
　　A. 6.67%　　　B. 6.33%　　　C. 5.37%　　　D. 6%
14. 材料费用的分配方法有( )。
　　A. 约当产量法　　　　　　　　B. 定额耗用量比例分配法
　　C. 生产工时比例分配法　　　　D. 直接分配法
15. 在"基本生产成本"账户中归集的材料费用是( )。
　　A. 生产产品领用的原材料　　　B. 行政管理部门领用的原材料
　　C. 生产车间一般消耗的材料　　D. 辅助生产领用的原材料
16. 基本生产车间的一般性消耗材料,应记入( )账户。
　　A. "基本生产成本"　　　　　　B. "管理费用"
　　C. "制造费用"　　　　　　　　D. "销售费用"
17. 因季节性生产和固定资产修理而引起的停工期间发生的一切费用,应记入( )账户。
　　A. "基本生产成本"　　　　　　B. "辅助生产成本"
　　C. "制造费用"　　　　　　　　D. "停工损失"
18. 月末结转财务费用时,应从"财务费用"的贷方转入( )账户的借方,结转后"财务费用"账户无余额。
　　A. "基本生产成本"　　　　　　B. "辅助生产成本"
　　C. "制造费用"　　　　　　　　D. "本年利润"
19. 企业分配薪酬费用时,基本生产车间管理人员的薪酬,应借记( )账户。
　　A. "基本生产成本"　　　　　　B. "制造费用"

C. "辅助生产成本" D. "管理费用"
20. 生产费用要素的职工薪酬费用，支付时应借记( )账户。
   A. "生产成本" B. "应付职工薪酬"
   C. "制造费用" D. "银行存款"

二、多项选择题
1. 对于几种产品共同耗用的原材料，常用的分配方法有( )。
   A. 定额消耗量比例法 B. 定额成本比例法
   C. 定额工时法 D. 生产工人工资比例法
2. 下列应计入产品成本的"直接材料"成本项目的有( )。
   A. 用于制造产品并构成产品实体的原料及主要材料
   B. 车间设备耗用的机物料
   C. 制造产品耗用的不构成产品实体的辅助材料
   D. 制造产品耗用的燃料
3. 直接人工费用成本项目包括的内容主要有( )。
   A. 产品生产工人的计时工资和计件工资
   B. 产品生产工人的奖金、津贴和补贴
   C. 产品生产工人加班工资
   D. 产品生产工人非工作时间工资
4. 几种产品共同耗用的动力费用，常用的分配标准有( )。
   A. 生产工时 B. 机器工时 C. 马力工时 D. 生产工人工资
5. 几种产品共同发生的工资费用，常用的分配标准有( )。
   A. 实际生产工时 B. 定额生产工时
   C. 机器工时 D. 马力工时
6. 下列固定资产中，不计提折旧的有( )。
   A. 未使用的房屋和建筑物 B. 当月停用的设备
   C. 提前报废的固定资产 D. 以经营租赁方式租入的固定资产
7. 发生下列费用时，可以直接借记"基本生产成本"的是( )。
   A. 车间照明用电费 B. 构成产品实体的原材料费用
   C. 车间管理人员工资 D. 车间生产人员工资
   E. 车间办公费
8. 按照《工业企业会计制度》规定，下列哪些费用发生后计入产品成本?( )
   A. 基本生产车间生产产品领用材料 B. 固定资产扩建领用材料
   C. 基本生产车间一般消耗领用材料 D. 行政管理部门领用材料
9. 工资计算的原始凭证主要有( )。
   A. 产量和工时记录 B. 废品通知单
   C. 领料单 D. 考勤记录
10. 制造费用常用的分配标准有( )。
    A. 生产工时比例 B. 生产工人工资比例

C. 机器工时比例　　　　　　D. 定额成本比例

三、判断题

1. 间接费用的分配标准应按国家的法规制度进行选择。（　）
2. 凡属生产车间领用的原材料费用，最终都必须结转到产品成本的"直接材料"成本项目。（　）
3. 定额消耗量比例法是以定额成本作为分配标准的。（　）
4. 动力费用的归集与分配一般是通过编制"动力费用分配表"进行的。（　）
5. 对于制造业企业来说，产品耗用的动力费用只能在"直接材料"成本项目上反映。（　）
6. 在按30天计算日工资的企业中，节假日算工资，因而缺勤期间的节假日应照扣工资。（　）
7. 职工福利费计入成本费用的方法与工资的计入方法完全相同。（　）
8. 工资费用的原始记录包括考勤记录、产量和工时记录。（　）
9. 月薪制是根据职工的标准工资、出勤日数和日工资计算的。（　）
10. 集体计件工资与个人计件工资的计算方法完全相同。（　）
11. 固定资产折旧费是产品成本的组成部分，应该全部计入产品成本。（　）
12. 基本生产车间的固定资产修理费是产品成本的组成部分，应当直接计入产品成本。（　）
13. 企业发生的其他费用支出，如差旅费、邮电费、保险费等，与产品生产没有直接关系，不应计入产品成本。（　）
14. 在制造成本法下，企业的生产成本包括直接材料费、直接人工费及制造费用，所以凡是企业发生的材料费、人工费以及制造费用，都应全部计入产品生产成本。（　）
15. 企业生产车间的各项制造费用均应通过"制造费用"科目核算。（　）

四、名词解释

要素费用　　材料费用　　定额消耗量　　计时工资

五、思考题

1. 简述定额消耗量比例法和定额成本比例法在进行费用分配时的异同。
2. 简述低值易耗品摊销的三种方法及优缺点。
3. 企业各类人员的工资及福利费应如何计入费用、成本？
4. 工资核算的主要原始记录是什么？
5. 如何进行外购动力费用分配的核算？

六、单项训练

训练2-1

训练内容　直接材料费用的归集和分配。

训练资料

1. 榕辉公司8月份材料耗用汇总表如表2-13所示。

表 2-13 材料耗用汇总表

领用部门	用途	计划成本
基本生产车间	制造甲产品的原料及主要材料	899 100
	制造乙产品的原料及主要材料	320 500
	制造甲和乙产品共同耗用原料及主要材料	907 200
	机物料消耗(辅助材料)	10 000
	修理用材料(辅助材料)	20 000
	劳动保护用材料(辅助材料)	3 000
	车间办公用材料(辅助材料)	4 000
企业管理部门	修理固定资产用辅助材料	2 000
供汽车间	生产用原料及主要材料	24 000
供电车间	生产用原料及主要材料	18 000
合 计		

2. 该公司材料成本差异率为-4%。

3. 基本生产车间甲、乙两种产品共同耗用的原材料按定额耗用量的比例分配,两种产品的产量资料及定额资料如下。

甲产品产量 1 275 件,原材料单位耗用定额 16 千克。

乙产品产量 500 件,原材料单位耗用定额 24 千克。

训练要求

(1) 根据表 2-13,编制原材料耗用分配汇总表(见表 2-14)。

(2) 根据原材料耗用分配汇总表作出相应的会计分录。

表 2-14 原材料耗用分配汇总表

2018 年 8 月

借方账户				产量/件	耗用材料计划成本					计划成本合计	材料成本差异额/%	耗用材料实际成本
总账账户	二级账户	明细账户	成本(费用)项目		直接耗用材料	共同耗用材料						
						单位耗用定额/千克	定额耗用量	分配率	应分配材料费用			

训练 2-2

训练内容 直接材料费用的分配(定额消耗量比例分配法)。

训练资料 某厂生产甲、乙、丙三种产品。本月三种产品共同耗用 B 材料 16 800 千克，每千克 12.5 元，总金额为 210 000 元。三种产品本月投产量分别为 2 000 件、1 600 件和 1 200 件，B 材料消耗定额分别为 3 千克、2.5 千克和 5 千克。

训练要求 采用定额消耗量比例分配法分配 B 材料费用，并将分配结果填入表 2-15。

表 2-15 B 材料费用分配表

2018 年 8 月

产品名称	产品投产量	单位定额	定额消耗总量	分配率	实际消耗总量	分配率	应分配材料费用
甲产品							
乙产品							
丙产品							
合 计							

训练 2-3

训练内容 分配结转直接材料费用的账务处理。

训练资料 根据某厂本月耗用材料汇总表记录的资料，该厂本月消耗 B 材料 219 000 元，其中产品生产直接消耗 210 000 元，车间一般消耗 3 000 元，厂部管理部门消耗 6 000 元。产品生产耗用的材料在甲、乙、丙三种产品之间的分配见训练 2-2，即表 2-15 的分配结果。

训练要求 根据资料编制分配结转本月耗用 B 材料的会计分录。

训练 2-4

训练内容 直接材料费用的分配(定额消耗量比例分配法)。

训练资料 某企业本月生产 A 产品 25 台，B 产品 40 台，C 产品 50 台。共同耗用甲材料 3 672 千克，甲材料单价 5 元。三种产品单位材料消耗量分别是 60 千克、40 千克和 10 千克。

训练要求 根据以上材料，采用"材料定额消耗量比例法"分配甲材料费用，并编制相应的会计分录。

训练 2-5

训练内容 月薪制下日工资薪酬的计算。

训练资料 某工厂工人小李的月工资标准为 2 400 元，5 月份 31 天，事假 5 天，病假 3 天，星期休假 9 天，出勤 14 天。根据该工人的工龄，其病假工资按工资标准的 80% 计算。该工人病假期间没有节假日。

训练要求 按照下述两种方法，分别计算该工人 5 月份的标准工资。

(1) 按 30 天计算日工资薪酬，按出勤天数计算工资。

(2) 按 21.75 天计算日工资薪酬，按出勤天数计算工资。

训练 2-6

训练内容 集体计件工资薪金的计算。

训练资料 假定某生产小组月计件工资为9 515元。该小组由3名不同等级的工人组成。姓名、等级、日工资率、出勤日数，计算工资如表2-16所示。

表2-16 小组计件工资分配表

工人姓名	等级	工资标准/日工资率	出勤日数	按日工资率计算的工资额
陈平	六	150	21	3 150
黄杰	五	130	22	2 860
卢瑞	四	120	22	2 640
合计			65	8 650

训练要求 分别计算以上3名工人的应得工资。

训练2-7

训练内容 直接人工费用的分配(生产工时分配法)。

训练资料 某厂本月应付工资100 000元，其中产品生产工人82 500元，车间管理人员4 500元，厂部管理人员13 000元；本月生产的甲、乙、丙三种产品，实际生产工时分别为8 000、4 000和3 000小时，如表2-17所示。

训练要求 采用生产工时分配法分配生产工人工资；编制分配结转工资的会计分录。

表2-17 工资费用分配表

2018年8月　　　　　　　　　　　　　　　　　　　　　　　　单位：元

产品名称	实际生产工时	分配率	分配金额
甲产品			
乙产品			
丙产品			
合　计			

训练2-8

训练目的 练习外购动力费用的分配(生产工时分配法)。

训练资料 某厂本月应付外购电费36 000元，其中产品生产用电30 000元，车间管理部门用电2 000元，厂部管理部门用电4 000元。本月该厂生产的甲、乙、丙三种产品的实际生产工时分别为8 000、4 000和3 000小时，如表2-18所示。

训练要求 采用生产工时分配法分配外购电费；编制分配结转应付电费的会计分录。

表2-18 外购电费分配表

2018年8月　　　　　　　　　　　　　　　　　　　　　　　　单位：元

产　品	实际生产工时	分配率	分配金额
甲产品			
乙产品			
丙产品			
合　计			

项目二　要素费用的核算

训练 2-9

训练目的　练习外购动力费用的分配(生产工时分配法)。

训练资料　某制造业企业某月发生动力费用 7 600 元,通过银行支付,月末查明各车间、部门耗电度数为:基本生产车间耗电 5 000 度,其中车间照明用电 500 度;辅助生产车间耗电 2 000 度,其中车间照明用电 300 度;企业管理部门耗电 600 度。

训练要求

(1) 按所耗电度数分配电力费用,A、B 产品按生产工时分配电费。A 产品生产工时为 3000 小时,B 产品生产工时为 2 000 小时。

(2) 编制该月支付与分配外购电费的会计分录。(注:该企业基本生产车间明细账不设"燃料及动力费"成本项目;辅助生产车间不设"制造费用"明细账;所编会计分录列示到成本项目)。

项目三 综合生产费用的核算

【知识目标】

- 掌握辅助生产费用分配的方法。
- 清楚辅助生产费用分配方法的特点及适用范围,并能合理选择。
- 掌握制造费用的归集与分配方法,并能合理选择。
- 明确废品损失与停工损失的含义,并掌握它们的核算方法。

【技能目标】

- 能分清辅助生产费用分配方法的特点及适用范围。
- 能正确运用辅助生产费用的分配方法。
- 能合理选择制造费用分配的合适方法。

🔘 **案例引导**

基本生产车间全年制造费用计划发生额为400 000元；全年各种产品的计划产量为：甲产品2 500件，乙产品1 000件。单件产品定额工时为：甲产品6小时，乙产品5小时。本月实际产量为：甲产品200件，乙产品80件；本月实际发生制造费用为33 000元，"制造费用"账户本月期初余额为借方1 000元。计算：本月甲、乙产品各应分配的制造费用及"制造费用"的期末余额为多少？并思考：针对年度计划分配率比例法的计算特征，考虑哪些类型的企业适合使用该方法？

🔘 **理论认知**

任务一　辅助生产费用的归集与分配

一、辅助生产费用的归集

辅助生产是指为基本生产、行政管理部门服务而进行的产品生产和劳务供应。辅助生产所进行的产品生产主要包括工具、模具、零件制造等；辅助生产所进行的劳务供应主要包括运输、供水、供电、供气、供风等服务。辅助生产部门在进行产品生产和劳务供应时所发生的各种费用就是辅助生产费用。

为了归集所发生的辅助生产费用，应设置"辅助生产成本"总账账户，按辅助生产车间及其生产的产品、劳务的种类进行明细核算。"辅助生产成本"明细账的设置与"基本生产成本"明细账相似，一般应分车间、按新产品或劳务设置，明细账内再按规定的成本项目设置专栏。对于规模较小、发生的制造费用不多、也不对外销售产品或劳务的车间，为了简化核算工作，辅助生产车间的制造费用可以不单独设置"制造费用——辅助生产车间"明细账，而直接记入"辅助生产成本"账户及其明细账。这时"辅助生产成本"明细账应按成本项目与费用项目相结合的方式设置专栏。日常发生的各种辅助生产费用分配表登记，待分配费用小计就是这些费用之和，是有待分配转出的辅助生产费用。

二、辅助生产费用的分配

辅助生产车间所生产产品和提供劳务的种类不同，其转出分配的程序也不同。辅助生产车间所生产产品应在完工入库时，从"辅助生产成本"账户的贷方转入"周转材料"或"原材料"等账户的借方；提供劳务的辅助生产部门所发生的费用，要在各受益单位之间按照所耗数量或其他比例进行分配。分配时，应从"辅助生产成本"账户的贷方转入"基本生产成本""制造费用""销售费用""管理费用"和"在建工程"等账户的借方。

辅助生产费用的分配，应通过辅助生产费用分配表进行。分配辅助生产费用的方法很多，主要有直接分配法、交互分配法、代数分配法、计划成本分配法和顺序分配法。

1. 直接分配法

直接分配法是指不计算辅助生产车间相互提供产品和劳务的费用，直接将辅助生产车间发生的实际费用分配给辅助生产车间以外的各受益对象。其计算公式如下。

某辅助生产车间费用分配率＝某辅助生产车间待分配费用总额÷辅助生产车间对外提供劳务数量之和

某受益对象应负担的劳务费用＝某受益对象耗用的劳务数量×辅助生产费用分配率

【例 3-1】某企业有供电和机修两个辅助生产车间，主要为本企业基本生产车间和行政管理部门等服务，供电车间本月发生费用 67 200 元，机修车间本月发生费用 68 040 元。各辅助生产车间供应劳务数量情况如表 3-1 所示。

表 3-1 辅助生产车间供应劳务数量情况表

2018 年 6 月

受益单位	供电度数	机修小时
供电车间		1 600
机修车间	24 000	
基本生产车间——甲产品	60 000	
基本生产车间——乙产品	100 000	
基本生产车间(一般耗用)	24 000	12 000
行政管理部门	16 000	8 000
合计	224 000	21 600

(1) 分配供电车间的费用。

电费分配率＝67 200÷(224 000－24 000)＝0.336(元/度)

应计入甲产品成本的电费＝60 000×0.336＝20 160(元)

应计入乙产品成本的电费＝100 000×0.336＝33 600(元)

应计入制造费用的电费＝24 000×0.336＝8 064(元)

应计入管理费用的电费＝16 000×0.336＝5 376(元)

(2) 分配修理车间的费用。

机修费分配率＝68 040÷(21 600－1 600)＝3.402(元/小时)

应计入制造费用的修理费＝12 000×3.402＝40 824(元)

应计入管理费用的修理费＝8 000×3.402＝27 216(元)

根据直接分配法的分配结果编制以下会计分录：

供电车间费用分配的会计分录如下。

借：基本生产成本——甲产品　　20 160
　　　　　　　　　——乙产品　　33 600
　　制造费用　　　　　　　　　 8 064
　　管理费用　　　　　　　　　 5 376
　　贷：辅助生产成本——供电车间　　67 200

机修车间费用分配的会计分录如下。

借:制造费用　　　　　　　　　　　　　　40 824
　　管理费用　　　　　　　　　　　　　　27 216
　　贷:辅助生产成本——修理车间　　　　　　68 040

采用直接分配法编制辅助生产费用分配表如表3-2所示。

表3-2　辅助生产费用分配表(直接分配法)

2018年6月　　　　　　　　　　　　　　　　　　　　　　　单位:元

辅助生产车间名称			供电车间	机修车间	金额合计
待分配费用			67 200	68 040	20 811
对外提供劳务数量			200 000	20 000	
费用分配率			0.336	3.402	
甲产品耗用	应借"基本生产成本"账户	数量	60 000		
		金额	20 160		20 160
乙产品耗用	应借"基本生产成本"账户	数量	100 000		
		金额	33 600		33 600
一车间一般耗用	应借"制造费用"账户	数量	24 000	12 000	
		金额	8 064	40 824	48 888
管理部门	应借"管理费用"账户	数量	16 000	8 000	
		金额	5 376	27 216	32 592
分配费用小计			67 200	68 040	135 240

采用直接分配法,由于各辅助生产费用不在辅助生产车间之间分配,只是对外分配,计算简便。但当辅助生产车间相互提供产品或劳务量差异较大时,分配结果往往与实际不符。因此,这种方法只适用于辅助生产车间内部相互提供产品或劳务不多,不进行辅助费用的交互分配对产品成本影响不大的情况。

2. 交互分配法

采用交互分配法,应先根据各辅助生产车间、部门相互提供劳务的数量和交互分配前的费用分配率(单位成本),进行一次交互分配;然后将各辅助生产车间、部门交互分配后的实际费用(交互分配前的费用加上交互分配转入的费用,减去交互分配转出的费用)按对外提供劳务的数量,在辅助生产车间、部门以外的各受益单位之间进行分配。其有关计算公式如下。

$$\text{辅助生产车间交互分配率} = \frac{\text{待分配费用总额}}{\text{提供劳务总量}}$$

某辅助生产车间应负担其他辅助生产费用=该辅助生产车间耗用其他辅助生产车间劳务量×交互分配率

$$\text{辅助生产车间对外分配率} = \frac{(\text{待分配费用} + \text{交互分配转入的费用} - \text{交互分配转出的费用})}{\text{对外提供的劳务总量}}$$

某受益对象应负担的辅助生产费用=该受益对象耗用的劳务数量×对外费用分配率

【例3-2】 根据例3-1的资料计算如下。

交互分配：

电费分配率=67 200÷224 000=0.3(元/度)

修理费分配率=68 040÷21 600=3.15(元/小时)

供电车间应负担的机修费=1 600×3.15=5 040(元)

机修车间应负担的电费=24 000×0.3=7 200(元)

对外分配：

电费分配率=(67 200+5 040-7 200)÷(224 000-24 000)=0.325 2(元/度)

机修费分配率=(68 040+7 200-5 040)÷(21 600-1 600)=3.51(元/小时)

采用交互分配法编制辅助生产费用分配表如表3-3所示。

表3-3 辅助生产费用分配表(交互分配法)

2018年6月　　　　　　　　　　　　　　　　　　　　　　单位：元

项目			交互分配		对外分配	
辅助生产车间			供电车间	机修车间	供电车间	机修车间
待分配费用			67 200	68 040	65 040	70 200
劳务数量			224 000	21 600	200 000	20 000
费用分配率			0.30	3.15	0.325 2	3.51
辅助生产车间耗用	供电车间	数量		1 600		
		金额		5 040		
	机修车间	数量	24 000			
		金额	7 200			
甲产品耗用		数量			60 000	
		金额			19 512	
乙产品耗用		数量			100 000	
		金额			32 520	
车间一般耗用		数量			24 000	12 000
		金额			7 804.80	42 120
管理部门一般耗用		数量			16 000	8 000
		金额			5 203.20	28 080
分配金额合计			7 200	5 040	65 040	70 200

根据交互分配法的分配结果编制会计分录如下。

(1) 交互分配。

借：辅助生产成本——供电车间　　　　　5 040
　　　　　　　　　——机修车间　　　　　7 200
　　贷：辅助生产成本——供电车间　　　　　7 200
　　　　　　　　　——机修车间　　　　　5 040

(2) 对外分配。

借：基本生产成本——甲产品　　　　19 512
　　　　　　　　　——乙产品　　　　32 520
　　　制造费用　　　　　　　　　　　7 804.80
　　　管理费用　　　　　　　　　　　5 203.20
　　贷：辅助生产成本——供电车间　　65 040
借：制造费用　　　　　　　　　　　　42 120
　　管理费用　　　　　　　　　　　　28 080
　　贷：辅助生产成本——机修车间　　70 200

采用交互分配法，辅助生产车间内部相互提供产品或劳务全部进行交互分配，从而提高了分配结果的正确性，但计算工作量较大，适用于各辅助生产车间之间相互提供劳务数量较大、又有必要全面反映各辅助生产费用的企业。

3. 代数分配法

代数分配法是指根据代数中建立多元一次方程组的方法，计算出各辅助生产车间提供产品或劳务的单位成本，然后按各车间、部门(包括辅助生产内部和外部单位)耗用量计算应分配的辅助生产费用的一种方法。其基本计算步骤如下。

(1) 设未知数，并根据辅助生产车间之间交互服务关系建立方程组。
(2) 解方程组，算出各种产品或劳务的单位成本。
(3) 用各单位成本乘以各受益部门的耗用量，求出各受益部门应分配计入的辅助生产费用。

【例3-3】 根据例3-1的资料，假设供电车间电费的单位成本为 x 元/度，机修车间机修费的单位成本为 y 元/小时，则列联立方程式如下。

$$\begin{cases} 224\,000x = 67\,200 + 1\,600y \\ 21\,600y = 68\,040 + 35\,000x \end{cases}$$

解得 $x=0.325\,08$，$y=3.511\,2$

用代数分配法编制辅助生产费用分配表如表3-4所示。

表3-4　辅助生产费用分配表(代数分配法)

2018年6月　　　　　　　　　　　　　　　　　　　　　　　　　单位：元

辅助生产车间名称			供电车间	机修车间
待分配费用			67 200	68 040
劳务数量			224 000	21 600
用代数分配法算出的实际单位成本			0.325 08	3.511 2
辅助生产车间耗用	供电车间	数量		1 600
		金额		5 617.92
	机修车间	数量	24 000	
		金额	7 801.92	

续表

金额小计			
甲产品耗用	数量	60 000	
	金额	19 504.80	
乙产品耗用	数量	100 000	
	金额	32 508	
车间一般耗用	数量	24 000	12 000
	金额	7 801.92	42 134.40
管理部门耗用	数量	16 000	8 000
	金额	5 201.28	28 089.60
分配金额小计		72 817.92	75 841.92

根据代数分配法的分配结果编制会计分录如下。

借：辅助生产成本——机修车间　　　7 801.92
　　基本生产成本——甲产品　　　　19 504.80
　　　　　　　　——乙产品　　　　32 508.00
　　制造费用　　　　　　　　　　　7 801.92
　　管理费用　　　　　　　　　　　5 201.28
　　贷：辅助生产成本——供电车间　　　　　72 817.92
借：辅助生产成本——供电车间　　　5 617.92
　　制造费用　　　　　　　　　　　42 134.40
　　管理费用　　　　　　　　　　　28 089.60
　　贷：辅助生产成本——机修车间　　　　　75841.92

采用代数分配法，辅助生产费用分配结果最正确，但在辅助生产车间较多的情况下，计算非常复杂，因而这种方法适用于已经实现会计电算化的企业。

4．计划成本分配法

计划成本分配法是指在分配辅助生产费用时，根据事先确定的产品、劳务的计划单位成本和各车间、部门实际耗用的数量，计算各车间、部门应分配的辅助生产费用的一种方法。

按计划成本分配法分配辅助生产费用的步骤如下。

(1) 按预先制定的辅助生产劳务的计划单位成本计算各受益对象(包括辅助生产车间、部门)应分担的辅助生产费用。

(2) 计算各辅助生产车间实际发生的费用(辅助生产车间直接发生的费用+分配转入的费用)。

(3) 计算各辅助生产车间的成本差异(实际发生的费用-按计划成本分配的费用)并进行处理。这种成本差异从理论上来讲应在各受益部门之间进行分配，为了简化分配工作，可直接列入"管理费用"科目。如果是超支差异，应增加管理费用；如果是节约差异，则应冲减管理费用。

其具体的计算公式如下。

某项辅助生产费用分配的差异额=该辅助生产车间直接发生的实际费用+分配转入的费用-按计划成本分配转出的金额

【例3-4】根据例3-1的资料,假设供电车间电费的计划单位成本为0.33元/度,机修车间机修费的计划单位成本为3.5元/小时,按计划成本分配法编制辅助生产费用分配表如表3-5所示。

表3-5 辅助生产费用分配表(计划成本分配法)

2018年6月　　　　　　　　　　　　　　　　　　　　　单位：元

辅助生产车间名称			供电车间	机修车间
待分配费用			67 200	68 040
劳务数量			224 000	21 600
计划单位成本			0.33	3.5
辅助生产车间耗用	供电车间	数量		1 600
		金额		5 600
	机修车间	数量	24 000	
		金额	7 920	
甲产品耗用		数量	60 000	
		金额	19 800	
乙产品耗用		数量	100 000	
		金额	33 000	
车间一般耗用		数量	24 000	12 000
		金额	7 920	42 000
管理部门耗用		数量	16 000	8 000
		金额	5 280	28 000
按计划成本分配合计			73 920	75 600
实际成本合计			72 800	75 960
辅助生产成本差异			-1 120	360

表3-5中,辅助生产部门的成本差异可计算如下。

电费差异=(67 200+5 600)-73 920=-1 120(元)

机修费差异=(68 040+7 920)-75 600=360(元)

电费差异为负数,表示节约差异,冲减管理费用;机修费差异为正数,表示超支差异,增加管理费用。

根据计划成本分配法的分配结果编制会计分录如下。

(1) 按计划成本分配费用。

　　借：辅助生产成本——机修车间　　　　　7 920
　　　　基本生产成本——甲产品　　　　　 19 800
　　　　　　　　　　——乙产品　　　　　 33 000
　　　　制造费用　　　　　　　　　　　　　7 920

```
        管理费用                           5 280
            贷：辅助生产成本——供电车间       73 920
    借：辅助生产成本——供电车间            5 600
        制造费用                          42 000
        管理费用                          28 000
            贷：辅助生产成本——机修车间       75 600
```
(2) 成本差异分配。
```
    借：管理费用                            760
            贷：辅助生产成本——供电车间        1 120
                        ——机修车间          360
```

采用计划成本分配法，各种辅助生产费用只分配一次，而且劳务的计划单位成本是早已确定的，不必单独计算费用分配率，因而简化了计算工作；通过辅助生产成本差异的计算，还能反映和考核辅助生产成本计划的执行情况；由于辅助生产的成本差异全部计入管理费用，各受益单位所负担的劳务费用都不包括辅助生产差异的因素，因而还便于分析和考核各受益单位的成本，有利于分清企业内部各单位的经济责任。只是采用这种分配方法时，辅助生产劳务的计划单位成本应比较准确、基础工作应做得较好。

5. 顺序分配法

顺序分配法是指根据辅助生产车间受益多少的顺序，将辅助生产车间、部门进行排列。受益少的排在前面，先分配费用；受益多的排在后面，后分配费用。在分配费用时，先将排在前面的辅助生产车间发生的费用分配给排在后面的辅助生产车间和其他受益单位，由于它受益最少，即耗用其他辅助生产车间的劳务费用最少，因此忽略不计。后续辅助生产部门在分配费用时，只依次分配给排列在其后的辅助生产车间和其他受益部门，而不再分配给排列在其前的辅助生产车间。其计算公式如下。

$$某辅助生产车间分配率 = \frac{(直接发生费用额 + 耗用前序辅助生产费用额)}{(提供劳务总量 - 前序辅助生产耗用量)}$$

某受益部门应负担的费用额 = 该部门受益劳务量 × 辅助生产费用分配率

【例 3-5】 根据例 3-1 的资料，按照顺序分配法计算过程如下。

(1) 确定分配顺序。

由表 3-3 可以看出，两个辅助生产部门中，供电车间受益少(5 040 元)，机修车间受益多(7 200 元)。因此，应先分配供电车间的电费。

(2) 有关费用的分配。

电费分配率 = 67 200 ÷ 224 000 = 0.3

机修车间负担的电费 = 24 000 × 0.3 = 7 200(元)

机修车间的机修费后分配，分配率计算如下。

机修费分配率 = (68 040 + 7 200) ÷ (21 600 - 1 600) = 3.762(元)

按顺序分配法编制辅助生产费用分配表如表 3-6 所示。

表 3-6　辅助生产费用分配表(顺序分配法)

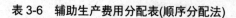

辅助生产车间名称			供电车间	机修车间
待分配费用			67 200	75 240
劳务数量			224 000	20 000
费用分配率			0.3	3.762
受益部门	机修车间	数量	24 000	
		金额	7 200	
	甲产品	数量	60 000	
		金额	18 000	
	乙产品	数量	100 000	
		金额	30 000	
	车间一般消耗	数量	24 000	12 000
		金额	7 200	45 144
	管理部门耗用	数量	16 000	8 000
		金额	4 800	30 096
金额合计			67 200	75 240

供电车间分配电费的会计分录如下。
　借：辅助生产成本——机修车间　　　　7 200
　　　基本生产成本——甲产品　　　　　18 000
　　　　　　　　　——乙产品　　　　　30 000
　　　制造费用　　　　　　　　　　　　7 200
　　　管理费用　　　　　　　　　　　　4 800
　　贷：辅助生产成本——供电车间　　　67 200
机修车间分配修理费的会计分录如下。
　借：制造费用　　　　　　　　　　　　45 144
　　　管理费用　　　　　　　　　　　　30 096
　　贷：辅助生产成本——机修车间　　　75 240

采用顺序分配法分配辅助生产费用的优点是计算简便，各种辅助生产费用只分配一次。但是，由于排列在前的辅助生产车间不负担排列在后的辅助生产车间的费用，分配结果的准确性受到一定的影响。因此，这种方法一般适用于辅助生产车间相互提供产品和劳务有明显顺序，并且排列在前的辅助生产车间耗用排列在后的辅助生产车间的费用较少的情况。

任务二 制造费用的归集与分配

一、制造费用的归集

制造费用是指企业为生产产品(或提供劳务)而发生的、应该计入产品成本,但没有专设成本项目的各项生产费用。制造费用的费用项目一般包括工资及福利费、折旧费、租赁费用(不包括融资租赁费)、保险费、机物消耗、周转材料摊销、运输费、取暖费、水电费、劳动保护费、办公费、差旅费、设计制图费、试验检验费、在产品盘亏、毁损和报废(减盘盈)、季节性及修理期间的停工损失等。

制造费用的归集应通过"制造费用"总账账户的借方进行,该账户应按不同的生产部门设置明细账,按具体的制造费用项目设置专栏。发生制造费用时,借记"制造费用——××费用项目"账户,贷记"银行存款""原材料""应付职工薪酬""累计折旧""辅助生产成本"账户,辅助生产车间若间接费用较少,为了减少转账手续,也可以不通过"制造费用"账户,而直接在"辅助生产成本"账户的借方进行归集。现列示榕辉公司基本生产一车间的制造费用明细账,格式如表3-7 所示。

表3-7 制造费用明细账

榕辉公司　　　　　　　　基本生产一车间　　　　　　　　单位:元

年		摘要	工资费用	折旧费	租赁费	水电费	保险费	机物料	办公费	取暖费	其他	小计
月	日											
×	31	原材料费用分配表						6 480				6 480
	31	燃料费用分配表								880		880
	31	外购动力费用分配表				900						900
	31	职工薪酬计算表(合计数)	35 049.35									35 049.35
	31	固定资产折旧计算表		6 020								6 020
	31	其他费用汇总表				240			580			820
	31	保险及报刊费用分配表					850				140	990
	31	固定资产租赁费用分配表			6 800							6 800

续表

年		摘要	工资费用	折旧费	租赁费	水电费	保险费	机物料	办公费	取暖费	其他	小计
月	日											
	31	辅助生产费用分配表				35 128.69						35 128.69
	31	本月转出	35 049.35	6 020	6 800	36 268.69	850	6 480	580	880	140	93 068.04
	31	本月合计	35 049.35	6 020	6 800	36 268.69	850	6 480	580	880	140	93 068.04

二、制造费用的分配

如果一个车间只生产一种产品，所发生的制造费用直接计入该种产品的成本；如果一个车间生产多种产品，所发生的制造费用，应采用适当的分配方法分配计入各种产品的成本。在企业的组织机构分为车间、分厂和总厂等若干层次的情况下，分厂发生的制造费用，也应比照车间发生的制造费用进行分配。

制造费用分配的方法很多，通常采用的有生产工人工时比例分配法、生产工人工资比例分配法、机器工时比例分配法和年度计划分配率分配法等。

1. 生产工人工时比例分配法

生产工人工时比例分配法是指按照各种产品所用生产工人实际工时的比例分配制造费用的一种方法。按照生产工人工时比例分配制造费用，与按生产工人工时分配工资费用一样，也能将劳动生产率与产品负担的费用水平联系起来，使分配结果比较合理。其计算公式如下：

$$制造费用分配率 = \frac{该车间制造费用总额}{该车间生产工时总数}$$

某产品应负担的制造费用＝该产品生产工时数×制造费用分配率

【例 3-6】 假定某公司基本生产车间为生产甲乙两种产品共发生制造费用 60 462.50 元，甲产品生产工时为 4 100 小时，乙产品生产工时为 2 050 小时。要求：采用生产工人工时比例分配法计算甲、乙两种产品应承担的制造费用，并编制相应的会计分录。

制造费用分配率＝60 462.50÷(4 100+2 050)＝9.831 3(元/小时)

甲产品应分配制造费用＝4 100×9.831 3＝40 308.33(元)

乙产品应分配制造费用＝60 462.50－40 308.33＝20 154.17(元)

在实际工作中，制造费用分配一般是通过编制制造费用分配表进行的。制造费用分配表的格式如表 3-8 所示。

表 3-8 制造费用分配表

2018 年 8 月　　　　　　　　　　　　　　　　　　　　金额单位：元

产品名称	生产工时/小时	分配率/(元/小时)	分配额
甲产品	4 100		40 308.33
乙产品	2 050		20 154.17
合　计	6 150	9.831 3	60 462.50

根据上述制造费用分配表,编制会计分录如下。
借:基本生产成本——甲产品   40 308.33
          ——乙产品   20 154.17
  贷:制造费用   60 462.50

如果产品的工时定额比较准确,制造费用也可按生产定额工时的比例分配。

2. 生产工人工资比例分配法

生产工人工资比例分配法是指按照各种产品成本的生产工人实际工资的比例分配制造费用的一种方法。由于生产工人工资的资料比较容易取得,因而采用这一分配方法核算工作很简便。但是,采用这种方法时,各种产品的机械化程度应该相差不多,否则会影响费用分配的合理性。其计算公式如下。

$$制造费用分配率 = \frac{该车间制造费用总额}{该车间生产工人工资总数}$$

某产品应分配的制造费用=该产品生产工人工资数×制造费用分配率

如果生产工人工资是按照生产工时比例分配计入各种产品成本的,那么按照生产工人工资比例分配制造费用,实际上也就是按照生产工时比例分配制造费用。

3. 机器工时比例分配法

机器工时比例分配法是指按照各种产品生产时所用机器设备运转时间的比例分配制造费用的一种方法。这种方法用于产品生产的机械化程度较高的车间。因为在这种车间的制造费用中,与机器设备使用有关的费用比重较大,而这一部分费用与机器设备运转的时间有着密切的联系。因此,采用这种方法,必须具备各种产品所用机器工时的原始记录。其计算公式如下。

$$制造费用分配率 = \frac{该车间制造费用总额}{该车间机器工时总数}$$

某种产品应分配的制造费用=该种产品机器工时数×制造费用分配率

4. 年度计划分配率分配法

年度计划分配率分配法是指按年度开始前预先制定的年度计划分配率分配以后各月制造费用的一种方法。假定以定额工时为分配标准,则其计算公式如下。

$$制造费用分配率 = \frac{年度制造费用计划总额}{年度各种产品计划产量的定额工时总数}$$

某种产品某月应分配的制造费用=该产品该月实际产量的定额工时×年度计划分配率

这一分配方法的产量之所以要以定额工时为标准,即分配率计算公式的分母要按定额工时计算,是因为各种产品的产量不能直接相加。

采用这种分配方法,不管各月实际发生的制造费用是多少,每月各种产品中的制造费用都按年度计划分配率分配。但在年度内如果发现全年的制造费用实际数和产量实际数与计划数发生较大差额时,应及时调整计划分配率。

【例 3-7】假定榕辉公司全年制造费用计划为 62 000 元,全年甲、乙两种产品的计划产量分别为 600 件和 400 件，单位产品的工时定额甲产品为 7 小时，乙产品为 5 小时。

假定该公司 8 月份的实际产量为甲产品 50 件、乙产品 30 件，该月实际制造费用为 5 200 元。

假定榕辉公司到年底实际发生的制造费用是 60 462.50 元，且已按照计划分配率分配其制造费用 60 100 元，其中甲产品为 41 000 元，乙产品为 19 100 元，那么本年度共少分配制造费用为 362.50 元(60 462.50－60 100)。

制造费用年度计划分配率＝62 000÷(600×7＋400×5)
$$=62\ 000÷(4\ 200+2\ 000)$$
$$=10(元/小时)$$

甲产品应分配制造费用＝50×7×10＝3 500(元)

乙产品应分配制造费用＝30×5×10＝1 500(元)

差异额分配率＝362.5÷60 100＝0.006 0

甲产品再分配数＝41 000×0.006 0＝246(元)

乙产品应再分配数＝362.50－246＝116.5(元)

采用年度计划分配率分配法，可随时结算已完工产品应负担的制造费用，简化分配手续，最适用于季节性生产的企业车间，可以使企业旺季与淡季的制造费用比较均衡地计入产品生产成本。但是，采用这种分配方法，制定的计划成本应尽可能接近实际；否则，若年度制造费用的计划数脱离实际太大，就会影响成本计算的正确性。

任务三　损失性费用的归集和分配

企业在生产经营过程中发生一定的损失性费用是不可避免的。损失性费用是指企业在生产过程中由于生产工艺、生产的外部条件、原材料质量、生产工人的技术水平、生产组织和管理等各种原因的影响而造成的人力、物力上的损耗，绝大多数构成生产性支出，并由产品成本负担。损失性费用按其发生的原因可分为废品损失、停工损失以及在产品盘亏损失和毁损损失等。本任务仅介绍废品损失和停工损失的核算。

一、废品损失的归集和分配

(一)废品损失概述

废品是指生产过程中发生的、质量不符合规定的技术标准、不能按照原定用途使用或者需要加工修理后才能使用的在产品、半成品和产成品。

根据是否可以修复，可将废品分为可修复废品与不可修复废品两种。其中，可修复废品是指技术上可以修复，而且所用的修复费用在经济上合算的废品；不可修复废品则是指技术上不能修复，或者技术上可以修复但所花费的修复费用在经济上不合算的废品。

根据废品产生的原因，按生产要素可将废品分为工废品和料废品。工废品是指由于加工原因(如人工操作等)造成的废品，过失人对此承担责任，不仅不计发工资，还应视情况进行赔偿；料废品是指由于原材料或半成品的质量不符合要求而造成的废品，工人对此不承担责任。

废品损失是指生产过程中以及入库后发现的,由于生产原因造成的废品修复费用和报废损失。废品损失包括可修复废品的修复费用和不可修复废品的报废损失(生产成本减去废品残值后的净损失)。造成废品的过失人的赔偿,应冲减废品损失。

在实际工作中应注意,下列情况不属于废品损失。

1. 不合格品降价损失

经过质量检验部门鉴定不需要返修、可以降价出售的不合格品的成本,应与合格品同样计算成本。其售价低于合格品所发生的损失,在计算销售损益时体现,不作为废品损失处理。

2. 库存产品保管损失

产成品入库后,由于保管不善等原因而损坏变质的损失,属于管理上的问题,应作为管理费用处理,不作为废品损失处理。

3. "三包"产品售后损失

实行包退、包修、包换"三包"的企业,在产品出售以后发现的废品所发生的一切损失,应计入管理费用,不作为废品损失处理。

为了单独核算废品损失,应设置"废品损失"账户。"废品损失"账户一般按车间设立明细账并按产品品种分设专户,该账户借方登记可修复废品的修复费用和不可修复废品的生产成本;贷方反映废品材料回收的价值和应向责任人索赔的金额。"废品损失"账户上述借方发生额大于贷方发生额的差额,就是废品损失,应由本月同种产品的成本负担,借记"基本生产成本"账户,贷记"废品损失"账户,月末该账户无余额。

基本生产车间可以单独核算废品损失,也可以不单独核算废品损失;由于辅助生产车间规模一般不大,为了简化核算工作,都不单独核算废品损失。

(二)可修复废品的归集和分配

可修复废品的损失是指在修复过程中支付的各项修复费用,包括材料费用、工资费用和制造费用。可修复废品的损失归集的时间是指在废品修复发生时,而不是在修复之前。如果当月发生废品,下月进行修复,废品损失就应该在下月的成本计算单上进行归集,而不能在当月的成本计算单上归集。

可修复废品的损失计算公式如下。

可修复废品的损失=全部修复费用-责任人赔偿

【例3-8】 榕辉公司一车间在产品质量检验中发现未入库的甲产品中有8件可修复废品,在9月份进行修复。修复过程中实际耗用材料费用300元,实际耗用工时20小时,每小时工资8元,每小时制造费用5元,应由责任人赔偿80元。要求:计算9月份一车间的废品损失并编制相应的会计分录。

(1) 根据上述资料,编制废品损失计算表,如表3-9所示。

表 3-9 废品损失计算表

车间：一车间　　　　　　　　　　　　　　　　　　　　　　　　　　　　　单位：元
产品名称：甲产品　　　　　　　　　　2018 年 9 月

项目	修复费用			
	直接材料	直接人工	制造费用	合计
废品修复所耗实际费用	300	160	100	560
减：责任人赔偿		80		
废品净损失	300	80	100	480

(2) 编制会计分录如下。

① 发生修复费用。

借：废品损失——甲产品　　　　560
　　贷：原材料　　　　　　　　　300
　　　　应付职工薪酬　　　　　　160
　　　　制造费用　　　　　　　　100

② 责任人赔偿。

借：其他应收款——××责任人　 80
　　贷：废品损失——甲产品　　　 80

③ 修复完工，符合规定的技术标准，结转废品损失。

借：基本生产成本——甲产品　　480
　　贷：废品损失——甲产品　　　480

(三) 不可修复废品的归集和分配

不可修复废品的损失是指截至报废时，废品已经发生的生产成本扣除残值和应收的赔偿后的净损失。不可修复废品在报废前，其所耗成本是与合格品混在一起的，因此要采用适当的分配方法，将费用在合格品与废品之间进行分配，计算出不可修复废品所耗的生产成本。计算时应根据企业成本计算的方法进行，如果企业成本计算是按实际成本计算的，则不可修复废品的损失也按实际成本计算；如果企业成本计算是按定额成本计算的，则不可修复废品的损失也按定额成本计算。

不可修复废品的损失计算公式如下。

$$\text{不可修复废品的损失}=\text{废品生产成本}-\text{残值}-\text{过失人赔款}$$

1. 按废品所耗实际费用计算

如果废品是完工后被发现的，不论是否入库，单位废品负担的各项生产费用应与单位合格品完全相同，均可按合格品与废品数量比例进行分配，计算出不可修复废品的生产成本；如果废品是完工前被发现的，应先根据废品的已加工程度将其折算为完工产品，再进行分配，计算出不可修复废品的生产成本。其具体计算公式如下。

$$\text{废品应负担的材料费用}=\frac{\text{某产品材料费用总额}}{\text{(合格品数量}+\text{废品约当数量)}}\times\text{废品约当产量}$$

项目三 综合生产费用的核算

$$废品应负担的工资费用 = \frac{某产品工资费用总额}{(合格品数量 + 废品约当数量)} \times 废品约当产量$$

$$废品应负担的制造费用 = \frac{某产品制造费用总额}{(合格品数量 + 废品约当数量)} \times 废品约当产量$$

【例 3-9】榕辉公司一车间 9 月份共生产甲产品 600 件,完工后发现不可修复废品 10 件,已知 600 件甲产品的总成本是 60 000 元,其中直接材料成本 50 000 元,直接人工成本 5 000 元,制造费用 5 000 元,废品残值 50 元,假定材料在生产开工时一次全部投入。要求:计算 10 件不可修复废品的损失(结果保留两位小数),并编制相应的会计分录。

(1) 根据上述资料,废品是在完工后被发现的,各项费用可按合格品与废品的数量比例进行分配。编制不可修复废品损失计算表,如表 3-10 所示。

表 3-10 废品损失计算表(按废品所耗实际费用计算)

车间:一车间
产品名称:甲产品　　　　　　　　　　2018 年 9 月　　　　　　　　　　　　单位:元

项目	直接材料	直接人工	制造费用	合计
废品所耗实际费用	833.33	83.33	83.33	999.99
减:残值	50			50
废品净损失	783.33	83.33	83.33	949.99

其中:
废品的直接材料费用=50 000÷(590+10)×10=833.33(元)
废品的直接人工费用=50 00÷(590+10)×10=83.33(元)
废品的制造费用=5 000÷(590+10)×10=83.33(元)
10 件不可修复废品的净损失=833.33+83.33+83.33−50=949.99(元)

(2) 根据表 3-10,编制会计分录如下。
① 不可修复废品确认后,结转不可修复废品成本。
借:废品损失——甲产品　　　999.99
　　贷:基本生产成本——甲产品　　　999.99
② 残料入库。
借:原材料　　　　　　　　　50
　　贷:废品损失——甲产品　　　　　50
③ 废品损失确认后,结转不可修复废品的净损失。
借:基本生产成本——甲产品　　　949.99
　　贷:废品损失——甲产品　　　　　949.99

2. 按废品所耗定额费用计算

按废品所耗定额费用计算是指按废品的数量和废品的各项费用定额计算废品的定额成本,废品的定额成本扣除废品残料的回收价值即为废品损失。

【例 3-10】榕辉公司一车间 9 月份共生产甲产品 600 件,完工后发现不可修复废品 10 件,已知甲产品每件材料费用定额 82 元,工时定额 6 小时,计划小时工资率 5 元,计划小时制造费用率 3 元,废品残值 50 元,假定材料在生产开工时一次全部投入。要求:计算

10件不可修复废品的损失。

根据上述资料，编制不可修复废品损失计算表，如表3-11所示。

表3-11 废品损失计算表(按废品所耗定额费用计算)

车间：一车间
产品名称：甲产品　　　　　　　　　　2018年9月

项目	直接材料/元	定额工时/小时	直接人工/元	制造费用/元	合计/元
费用定额	82	6	5	3	
废品所耗定额费用	820		300	180	1 300
减：残值	50				
废品净损失	770		300	180	1 250

其中：
废品应负担的定额材料费用=82×10=820(元)
废品应负担的定额人工费用=6×5×10=300(元)
废品应负担的定额制造费用=6×3×10=180(元)
10件不可修复废品的净损失=820+300+180-50=1 250(元)

按废品的实际数量和定额费用计算废品的定额成本，由于费用定额事先规定，计入产品成本的废品损失数额仅受废品数量多少的影响，不受废品实际费用水平高低的影响。这样不仅计算比较简便，而且有利于分析和考核生产过程中的废品损失，便于产品成本的分析和考核。但是，采用这一方法计算和分配废品损失的，必须具备比较准确的消耗定额资料。

(四)废品损失综合举例说明

企业可修复废品和不可修复废品往往是同时发生的，但不管是否同时发生，除费用归集内容有所不同外，废品损失分配是完全相同的，下面将两者结合起来综合举例说明。

【例3-11】 榕辉公司一车间9月份共生产甲产品600件，已知总成本60 000元，其中，直接材料成本50 000元，直接人工成本5 000元，制造费用5 000元。继例3-8资料，完工后发现8件可修复废品，9月份全部修复完工，符合规定的技术标准，共发生修复费用560元，责任人赔偿80元。继例3-9资料，发现不可修复废品10件，废品残值50元。要求：结转废品损失。

(1) 废品损失计算表如表3-12所示。

表3-12 废品损失计算表

车间：一车间
产品名称：甲产品　　　　　2018年9月　　　　　单位：元

摘要	直接材料	直接人工	制造费用	合计
可修复废品的修复费用	300	160	100	560
减：责任人赔偿		80		
转入不可修复废品成本	833.33	83.33	83.33	999.99
减：残值	50			
废品净损失合计	1 083.33	163.33	183.33	1 429.99

① 发生修复费用时,编制会计分录如下。

借:废品损失——甲产品　　　　　560
　　贷:原材料　　　　　　　　　　　　300
　　　　应付职工薪酬　　　　　　　　　160
　　　　制造费用　　　　　　　　　　　100

② 责任人赔偿时,编制会计分录如下。

借:其他应收款——××责任人　　80
　　贷:废品损失——甲产品　　　　　　80

③ 结转不可修复废品成本时,编制会计分录如下。

借:废品损失——甲产品　　　　999.99
　　贷:基本生产成本——甲产品　　　999.99

④ 残料入库时,编制会计分录如下。

借:原材料　　　　　　　　　　50
　　贷:废品损失——甲产品　　　　　　50

⑤ 结转废品净损失时,编制会计分录如下。

借:基本生产成本——甲产品　　1 429.99
　　贷:废品损失——甲产品　　　　　1 429.99

(2) 登记"生产成本——甲产品"明细账,如表3-13所示。

表3-13　"生产成本"明细账

产品名称:甲产品　　　　　　2018年9月　　　　　　　　　　　单位:元

摘要	借方	成本项目			
		直接材料	直接人工	制造费用	废品损失
生产费用小计	60 000	50 000	5 000	5 000	
转出不可修复废品成本	-999.99	-833.33	-83.33	-83.33	
转入废品净损失	1 429.99				1 429.99
本月生产费用合计	60 430	49 166.67	4 916.67	4 916.67	1 429.99

二、停工损失的归集和分配

(一)停工损失概述

停工损失是指企业生产单位在停工期间发生的各项费用,包括停工期内支付的直接人工费用和应负担的制造费用。

造成企业生产单位停工的原因多种多样,按照停工原因可以分为季节性生产停工和非季节性生产停工。其中,非季节性生产停工包括机械设备大修理停工、原材料和半成品供应不及时停工、生产任务下达不及时停工、工具缺乏停工、设计图纸和工艺文件缺乏或错误停工、意外事故停工、自然灾害停工以及减产停工等。企业停工的时间有长有短,范围有大有小。为了简化计算,停工不满一个工作日的,可以不计算停工损失。

由于停工损失产生的原因不同,其分配结转的方法也不同。

(1) 由于自然灾害引起的停工损失,应按照规定计入营业外支出。

(2) 停工损失应向过失单位或保险公司索赔的,应将款项转入其他应收款。

(3) 对于其他停工损失,如季节性和固定资产修理期间的停工损失,应计入产品成本,由该车间所生产的产品负担。

(二)停工损失的核算

1. 核算依据

停工损失的核算依据是停工报告单。企业发生停工时,由车间填制停工单,并在考勤记录中登记。在停工单中,应详细列明停工的范围、起止时间、原因、过失单位等内容。停工单经会计部门审核后,作为停工损失核算的原始凭证。

2. 账户设置

(1) 单独核算停工损失。在停工损失较多需要单独核算停工损失的企业,可单设"停工损失"账户对停工损失进行核算,也可根据重要性原则,在"基本生产成本"账户下设置"停工损失"二级账户,在产品"生产成本"明细账中增设"停工损失"成本项目,用以归集和分配所发生的停工损失。

"停工损失"账户是为了归集和分配停工损失而设立的。该账户借方归集本月发生的停工损失,贷方分配结转停工损失。应由过失单位或过失人赔款的款项,应从"停工损失"账户的贷方转入"其他应收款"账户。其余的停工净损失在月末分不同情况进行结转,月末一般无余额。该账户应按车间分别设置明细账,账内按成本项目分设专栏或专行进行明细分类核算。

(2) 不单独核算停工损失。在停工损失较少的企业,为了简化核算,可以不设"停工损失"账户和"停工损失"成本项目。其停工期间发生的停工损失,直接记入"制造费用""其他应收款""营业外支出"等账户。

【例 3-12】榕辉公司一车间生产甲产品,由于设备大修停工 5 天,停工期间应支付工人工资 7 856 元,应负担制造费用 1 230 元;二车间生产乙产品,由于外部供电线路原因停工 2 天,停工期间应支付工人工资 2 548 元,应负担制造费用 640 元,请根据以上资料编制会计分录。

```
借:停工损失——一车间          9 086
        ——二车间          3 188
  贷:应付职工薪酬           10 404
      制造费用——一车间       1 230
            ——二车间         640
```

【例 3-13】一车间设备大修为正常停工,停工损失 9 086 元应计入成本;二车间停工为非正常停工,停工损失 3 188 元应计入营业外支出。假设供电局同意赔偿由于停工给企业造成的损失 2 500 元,请根据以上资料编制会计分录。

```
借:基本生产成本——甲产品      9 086
    其他应收款——供电局       2 500
```

```
    营业外支出——停工损失         688
      贷：停工损失——一车间              9 086
              ——二车间              3 188
```

● 案例解析

(1) 各种产品年度计划产量的定额工时如下。
甲产品年度计划产量的定额工时=2 500×6＝15 000(小时)
乙产品年度计划产量的定额工时=1 000×5＝5 000(小时)
(2) 制造费用年度计划分配率=400 000÷(15 000+5 000)=20
(3) 各种产品实际产量的定额工时如下。
本月甲产品实际产量的定额工时=200×6=1 200(小时)
本月乙产品实际产量的定额工时=80×5=400(小时)
(4) 产品应分配的制造费用如下。
本月甲产品应分配的制造费用=1 200×20=24 000(元)
本月乙产品应分配的制造费用=400×20=8 000(元)
该车间按计划分配率分配转出的制造费用为：24000+8000=32000(元)
"制造费用"的期末余额为借方2 000元。
(5) 年度计划分配率比例法的计算特征是：可随时结算已完工产品应负担的制造费用，简化分配手续。因此，该方法最适用于季节性生产的企业车间，可以使企业旺季与淡季的制造费用比较均衡地计入产品生产成本。但是，采用这种分配方法，制定的计划成本应尽可能接近实际；否则，若年度制造费用的计划数脱离实际太大，就会影响成本计算的正确性。

项 目 小 结

本项目主要介绍了辅助生产费用的归集和分配方法，辅助生产费用分配方法的特点及适用范围，制造费用的归集与分配方法，废品损失与停工损失的核算方法。重点内容是辅助生产费用的分配方法、制造费用的归集和分配、废品损失的核算；难点内容是交互分配法、不可修复废品损失的核算。

项目强化训练

一、单项选择题

1. 用于基本生产车间照明用电，应计入(　　)。
   A. 基本生产成本　B. 辅助生产成本　C. 管理费用　　D. 制造费用
2. 在"废品损失"账户核算的内容是(　　)。
   A. 出售不合格产品的降价损失
   B. 生产过程中发生的修复费用

C. 实行"三包"的企业发生的三包损失
D. 产品入库后因保管不善而损坏变质的损失

3. 下列费用中，属于制造费用项目的有( )。
   A. 生产车间(或生产单位)管理人员的工资及福利费
   B. 生产车间(或生产单位)全体人员的工资及福利费
   C. 生产车间(或生产单位)固定资产的折旧费和修理费
   D. 企业行政管理部门固定资产的折旧费和修理费

4. 提供水、电、气的辅助生产单位，在各受益对象之间分配的辅助生产费用，是指该生产单位( )。
   A. 本期发生的费用   B. 期初在产品成本
   C. 期末在产品成本   D. 生产费用合计数

5. 下列辅助生产费用分配方法中，分配结果最为准确的是( )。
   A. 直接分配法   B. 一次交互分配法
   C. 代数分配法   D. 计划成本分配法

6. 将辅助生产车间发生的各项费用直接分配给辅助生产车间以外各受益单位，这种分配方法为( )。
   A. 计划成本分配法   B. 直接分配法
   C. 顺序分配法   D. 代数分配法

7. 按照生产工时比例法分配制造费用，要求( )。
   A. 各种产品的机械化程度较高   B. 各种产品的机械化程度较低
   C. 各种产品的机械化程度相差不大 D. 不考虑各种产品的机械化程度差异

8. 不可修复废品的成本，应借记"废品损失"账户，贷记( )账户。
   A. "产成品"   B. "生产成本"   C. "制造费用"   D. "原材料"

9. 废品残料价值和应收赔偿款，应从"废品损失"账户( )转出。
   A. 借方   B. 贷方   C. 余额   D. 视情况而定

10. 采用辅助生产费用的交互分配法，对外分配的费用总额是( )。
    A. 交互分配前的费用
    B. 交互分配前的费用加上交互分配转入的费用
    C. 交互分配前的费用减去交互分配转出的费用
    D. 交互分配前的费用加上交互分配转入的费用，再减去交互分配转出的费用

11. 辅助生产各种分配方法中，能分清内部经济责任、有利于实行内部经济核算的是( )。
    A. 直接分配法   B. 交互分配法   C. 代数分配法   D. 计划成本分配法

12. 辅助生产车间发生的制造费用( )。
    A. 必须通过"制造费用"总账账户核算
    B. 不必通过"制造费用"总账账户核算
    C. 根据具体情况，可以记入"制造费用"总账账户，也可以直接记入"辅助生产成本"账户
    D. 首先记入"辅助生产成本"账户

13. 按年度计划分配率分配制造费用的方法适用于(　　)。
    A. 制造费用数额较大的企业   B. 季节性生产的企业
    C. 基本生产车间规模较小的企业   D. 制造费用数额较小的企业
14. 能够将劳动生产率和产品负担的费用水平联系起来,使分配结果比较合理的制造费用分配方法是(　　)。
    A. 生产工人工时比例分配法   B. 按年度计划分配法
    C. 生产工人工资比例分配法   D. 机器工时比例分配法
15. 机器工时比例分配法适用于(　　)。
    A. 季节性生产的车间   B. 制造费用较多的车间
    C. 机械化程度大致相同的各种产品   D. 机械化程度较高的车间
16. 除了按年度计划分配率分配制造费用以外,"制造费用"账户月末(　　)。
    A. 没有余额   B. 一定有借方余额
    C. 一定有贷方余额   D. 有借方或贷方余额
17. 在各辅助生产车间相互提供劳务很少的情况下,适宜采用辅助生产费用分配方法的是(　　)。
    A. 直接分配法   B. 交互分配法   C. 计划成本分配法   D. 代数分配法
18. 辅助生产交互分配后的实际费用,应再在(　　)进行分配。
    A. 各基本生产车间   B. 各受益单位之间
    C. 辅助生产以外的受益单位之间   D. 各辅助生产车间
19. 动力费用可以计入的成本项目是(　　)。
    A. 直接材料   B. 直接人工   C. 制造费用   D. 废品损失
20. 燃料费用不多的企业可以将燃料费用计入的成本项目是(　　)。
    A. 直接人工   B. 直接材料   C. 制造费用   D. 辅助生产成本

二、多项选择题

1. 辅助生产费用的分配方法主要有(　　)。
    A. 直接分配法   B. 生产工人工资比例分配法
    C. 交互分配法   D. 计划成本分配法
2. 不可修复废品是指(　　)。
    A. 在技术上不可修
    B. 在技术上可修,在经济上修复合算的废品
    C. 在技术上可修
    D. 在技术上可修,在经济上修复不合算的废品
3. 下列不属于废品损失核算范围的内容有(　　)。
    A. 可以降价出售的不合格产品的损失
    B. 企业的"三包"损失
    C. 不可修复废品的净损失
    D. 可修复废品的修复费用
4. 采用代数分配法分配辅助生产费用时,分配结转辅助生产费用的会计分录中对应的

借方科目主要有(　　　)等。
　A. "生产成本——辅助生产成本"　　B. "生产成本——基本生产成本"
　C. 制造费用　　　　　　　　　　D. 管理费用

5. 制造费用分配常用的方法有(　　　)。
　A. 产品售价比例法　　　　　　　B. 定额比例法
　C. 直接成本比例法　　　　　　　D. 生产工时比例法
　E. 计划分配率法

6. 成本核算中的损失性费用是指产品生产过程中所发生的各种损失费用,包括(　　　)。
　A. 停工损失　　B. 非常损失　　C. 坏账损失
　D. 废品损失　　E. 在产品盘亏损失

7. 可修复废品必须具备的条件有(　　　)。
　A. 在技术上可以修复　　　　　　B. 在经济上合算
　C. 不管修复费用多少　　　　　　D. 只要修复后可以使用

8. 计算不可修复废品的净损失,应考虑的因素有(　　　)。
　A. 不可修复废品的成本　　　　　B. 不可修复废品的修复费用
　C. 回收废料价值　　　　　　　　D. 过失人赔偿款

9. 下列属于应计入产品成本的废品损失的有(　　　)。
　A. 加工原因造成的废品损失　　　B. 原材料原因造成的废品损失
　C. 入库后保管不善造成的废品损失　D. 降价出售的损失
　E. "三包"损失

10. 属于应计入产品成本的停工损失的有(　　　)。
　A. 季节性停产损失
　B. 修理期间停产损失
　C. 非常灾害的停产损失
　D. 计划减产造成全厂连续停产十天以上的停产损失

11. 辅助生产车间不设"制造费用"账户核算是因为(　　　)。
　A. 辅助生产车间数量较少　　　　B. 制造费用较少
　C. 辅助生产车间不对外提供商品　D. 辅助生产车间规模较小
　E. 为了简化核算工作

12. 制造费用的分配方法有(　　　)。
　A. 生产工人工时比例分配法　　　B. 机器工时比例分配法
　C. 直接分配法　　　　　　　　　D. 计划成本分配法
　E. 生产工人工资比例分配法

13. 采用代数分配法分配辅助生产费用的特点有(　　　)。
　A. 能够提供正确的分配计算结果　B. 能够简化费用的分配计算工作
　C. 适用于实现会计电算化的企业　D. 便于分析考核各受益单位的成本
　E. 核算结果不是很正确

14. 辅助生产车间发生的固定资产折旧费,可能借记的账户有(　　　)。
　A. "制造费用"　　　　　　　　　B. "辅助生产成本"

C. "基本生产成本" D. "管理费用"
E. "在建工程"

15. 下列项目中,属于制造费用所属项目的有(　　　)。
    A. 生产车间的保险费 B. 厂部办公楼折旧
    C. 在产品盘亏和毁损 D. 低值易耗品摊销
    E. 季节性停工损失

三、判断题

1. 采用交互分配法,交互分配后的各辅助生产单位的待分配费用,应分配给全部受益对象。（　）
2. 不可修复废品是指技术上不能修复的废品。（　）
3. "三包"损失属于废品损失。（　）
4. 季节性生产企业在停工期间发生的费用,不作为停工损失。（　）
5. 辅助生产车间发生的制造费用,都应通过制造费用账户进行核算。（　）
6. 用交互分配法分配辅助生产费用,只在辅助生产车间之间分配,不对外分配。（　）
7. 辅助生产车间的实际费用和按计划成本计算的分配额之间的差额,可列入"管理费用"账户,超支用蓝字,节约用红字。（　）
8. 季节性生产企业在停工期间所发生的费用,应全部在"制造费用"账户加以归集,并由全年所生产的产品成本负担。（　）
9. "制造费用"账户归集的制造费用应在每月月末,采取适当的分配方法分配计入各种产品成本。（　）
10. 采用一次交互分配法,交互分配后各辅助生产单位的待分配费用,应全部分配给各受益对象。（　）
11. 辅助生产车间产品或劳务的成本计算方法,与基本生产车间一样,应按生产的特点和管理的要求加以确定。（　）
12. 辅助生产费用按代数分配法分配,其分配结果最为准确。（　）
13. 直接成本比例法适用于直接成本与制造费用之间存在一定的比例关系的生产车间采用。（　）
14. 采用计划分配率法分配制造费用,实际与预定计划分配额的差异,可在年终调整时记入"管理费用"账户。（　）
15. 不单独核算废品损失的企业,可修复废品的损失应直接计入有关的成本项目。（　）
16. 只有在生产过程中发现的废品,其废品损失才能计入产品成本。（　）
17. 大修理期间的停工损失应记入"营业外支出"账户。（　）
18. 不单独设置停工损失账户的企业,其停工损失可直接记入"生产成本"账户。（　）
19. 产品入库以后由于保管不善等原因而损坏变质的损失,应作为管理费用处理。（　）
20. 直接用于产品生产的电力费用,应记入"基本生产成本"账户。（　）

四、名词解释

综合费用　直接分配法　交互分配法　制造费用　可修复废品　不可修复的废品　废品损失　停工损失

五、思考题

1. 如何进行辅助生产费用的归集？
2. 辅助生产费用分配的方法有哪些？各适用于哪些情况？
3. 试比较直接分配法、交互分配法和计划成本分配法的特点和主要优缺点。
4. 什么是制造费用？它包括哪些费用项目？
5. 常用的制造费用的分配方法有哪几种？
6. 什么是废品损失？如何进行不可修复废品损失和可修复废品损失的核算？
7. 什么是停工损失？哪些情况下的停工损失不能计入成本？

六、单项训练

训练 3-1

训练目的　训练制造费用分配。

训练资料

1. 榕辉公司一个基本生产车间生产 A、B、C 三种产品，2018 年 9 月份制造费用明细分类账如表 3-14 所示。
2. A、B、C 三种产品直接生产工人工资、直接材料费用、实际耗用生产工时已知，具体如表 3-15 所示。

训练要求　分别采用直接工资比例法、直接成本比例法和生产工时比例法，编制相应的制造费用分配表（见表 3-16、表 3-17、表 3-18），并编制制造费用分配的会计分录（只需编制一种方法的会计分录）。

表 3-14　制造费用明细分类账

车间：一车间　　　　　　　　2018 年 9 月

年		凭证号码	摘要	明细项目								小计
月	日			工资及福利费	办公费	水电费	差旅费	机物料消耗	折旧费	劳动保护费	其他	
略	略	略	分配工资及福利费	600								600
			支付办公费		200							200
			支付水电费			800						800
			支付差旅费				2 400					2 400
			分配材料费					1 320				1 320
			计提折旧						4 680			4 680
			支付劳动保护费							560		560
			支付保险费等								1 440	1 440
			合　计	600	200	800	2 400	1 320	4 680	560	1 440	12 000
			月末转出	-600	-200	-800	-2 400	-1 320	-4 680	-560	-1 440	-12 000

项目三 综合生产费用的核算

表 3-15 直接人工费、材料费及工时资料

产品品种	直接生产工人工资/元	直接材料费用/元	实际耗用生产工时/小时
A	2 700	5 600	480
B	1 200	4 500	180
C	3 600	6 400	540
合 计	7 500	16 500	1 200

表 3-16 制造费用分配表(直接工资比例法)

2018 年 9 月

成本计算对象	直接人工	分配率	分配金额
合 计			

表 3-17 制造费用分配表(直接成本比例法)

2018 年 9 月

成本计算对象	直接材料	直接人工	合 计	分配率	分配金额
合 计					

表 3-18 制造费用分配表(生产工时比例法)

2018 年 9 月

成本计算对象	实际耗用生产工时	分配率	分配金额
合 计			

训练 3-2

训练目的 训练辅助生产费用分配的直接分配法。

训练资料 某企业设有供水和供电两个辅助生产车间,各辅助生产车间之间相互提供的劳务不多,本月发生的生产费用和劳务供应量如下。

1. 本月劳务供应量及各受益对象的耗用量如表 3-19、表 3-20 所示。

表 3-19 劳务供应通知单(供水车间)

辅助车间:供水车间　　　　　　　2018 年 9 月

劳务种类	单位	各受益对象耗用量				供水车间	供电车间	厂部	合计
		一车间		二车间					
		A 产品	管理用	B 产品	管理用				
供水	吨	7 000	1 000	5 500	500		500	1 000	15 500

表 3-20 劳务供应通知单(供电车间)

辅助车间：供电车间　　　　　　　　　　2018年9月

劳务种类	单位	各受益对象耗用量						合计
		一车间		二车间		供水车间	供电车间	厂部	
		A产品	管理用	B产品	管理用				
供电	度	5 500	500	9 000	1 000	500		2 000	18 500

2. 辅助生产费用明细账上归集的辅助生产费用总额为：供水车间 6 000 元；供电车间 4 500 元。

训练要求　采用直接分配法编制辅助生产费用分配表(见表 3-21)，并根据分配结果编制记账凭证(以会计分录代替)。

表 3-21 辅助生产费用分配表(直接分配法)

2018年9月　　　　　　　　　　　　　　　　　　单位：元

辅助生产车间	应分配费用	提供劳务总量	单位成本	各受益对象的受益数量和应分配费用									
				A产品		B产品		一车间		二车间		厂部	
				数量	金额	数量	金额	数量	金额	数量	金额	数量	金额
供水													
供电													
合计													

训练 3-3

训练目的　训练辅助生产费用分配的一次交互分配法。

训练资料　某企业设有车队、机修两个辅助生产车间，本月份提供的劳务量和发生的费用总额如下。

劳务供应量及各受益对象的耗用量如表 3-22 所示。

辅助生产费用明细账上归集的辅助生产费用总额为：车队 4 950 元；机修车间 17 000 元。

表 3-22 劳务供应通知单

2018年9月

辅助车间	劳务数量		各受益对象耗用量						
	单位	数量	A产品	B产品	一车间	二车间	厂部	车队	机修
车队	吨公里	16 500	7 000	5 200	2 000	800	1 000		500
机修车间	工时	8 500	4 000	2 500	400	600	500	500	

训练要求　采用一次交互分配法编制辅助生产费用分配表(见表 3-23)，并根据分配结果编制会计分录。

表 3-23 辅助生产费用分配表(一次交互分配法)

2018 年 9 月   单位：元

项　目		交互分配			直接分配		
辅助生产车间		车队	机修	合计	车队	机修	合计
待分配费用							
供应数量							
分配率							
车队	耗用数量						
	分配金额						
机修车间	耗用数量						
	分配金额						
A 产品	耗用数量						
	分配金额						
B 产品	耗用数量						
	分配金额						
一车间	耗用数量						
	分配金额						
二车间	耗用数量						
	分配金额						
厂部	耗用数量						
	分配金额						

训练 3-4

训练目的　训练辅助生产费用分配的计划成本分配法。

训练资料　见训练 3-3。假定车队每吨公里的计划单位成本为 0.25 元，机修车间每小时的计划单位成本为 1.80 元。

训练要求

1. 编制辅助生产费用分配表(见表 3-24)。
2. 编制辅助生产费用差异计算表(见表 3-25)。
3. 编制辅助生产费用差异分配表(见表 3-26)。
4. 编制辅助生产费用分配的记账凭证(以会计分录代替)。

表 3-24　辅助生产费用分配表(计划成本法)

2018 年 9 月　　　　　　　　　　　　　　　　　　　　　　单位：元

分配对象	分配数量		分配金额		合计
	车队	机修车间	车队	机修车间	
	吨公里	小时	0.25元/吨公里	1.80元/工时	
车队					
机修车间					
A产品					
B产品					
一车间					
二车间					
厂部					
合计					

表 3-25　辅助生产费用差异计算表

2018 年 9 月　　　　　　　　　　　　　　　　　　　　　　单位：元

部门	应分配额			按计划成本的分配额	差异额
	直接发生	转入	合计		
车队					
机修车间					
合计					

表 3-26　辅助生产费用差异分配表

2018 年 9 月　　　　　　　　　　　　　　　　　　　　　　单位：元

分配对象	分配标准(计划分配额)	分配率	分配额
一车间			
二车间			
合计			

(注：以计入各种产品的辅助生产费用的计划成本为分配标准，一车间生产A产品，二车间生产B产品。分配率保留至小数位5位，余下四舍五入。)

训练 3-5

训练目的　训练辅助生产费用分配的代数分配法。

训练资料　见训练 3-3。

训练要求

1. 计算辅助生产费用分配率。
2. 编制辅助生产费用分配表(见表 3-27)。

3. 编制辅助生产费用分配的记账凭证(以会计分录代替)。

表 3-27 辅助生产费用分配表(代数分配法)

2018 年 9 月

辅助生产车间	待分配费用	分配数量	分配率	分配额									
				A 产品		B 产品		一车间		二车间		厂部	
				数量	金额	数量	金额	数量	金额	数量	金额	数量	金额
机修车间													
车队													
合计													

训练 3-6

训练目的 训练不可修复废品损失核算的实际成本法。

训练资料 某企业第一生产车间系生产甲产品,原材料在生产开始时一次投入。本月份完工合格品 580 件,生产过程中发现不可修复废品 20 件,合格品和废品的全部生产工时为 29 500 工时,其中废品生产工时为 500 小时。甲产品生产成本明细账上列示的合格品和废品的全部生产费用为:直接材料 90 000 元,直接人工 16 225 元,制造费用 13 275 元,废品残料回收价值为 500 元。

训练要求

1. 根据资料编制废品损失计算表(见表 3-28)。直接材料费用按合格品产量和废品数量的比例分配,其他费用按生产工时比例分配。

2. 根据废品损失计算表编制记账凭证(以会计分录代替)。

表 3-28 废品损失计算表(实际成本法)

车间:一车间

产品名称:甲产品　　　　　　　　2018 年 9 月　　　　　　　　　　　　单位:元

项　目	数量/件	直接材料	生产工时/小时	直接人工	制造费用	合　计
费用总额						
分配率						
废品成本						
减:残值						
减:赔款						
废品损失						

训练 3-7

训练目的 训练不可修复废品损失核算的定额成本法。

训练资料

1. 参见训练 3-6 的有关资料。

2. 甲产品的单位废品定额成本为：直接材料 160 元，每工时直接人工 0.58 元，制造费用 0.40 元。

训练要求

1. 按定额成本法填制废品损失计算表(见表 3-29)。
2. 根据废品损失计算表编制记账凭证(以会计分录代替)。

表 3-29　废品损失计算表(定额成本法)

车间：一车间

产品名称：甲产品　　　　　2018 年 9 月　　　　　　　　　　单位：元

项　目	直接材料	直接人工	制造费用	成本合计
费用定额				
废品数量/工时				
废品定额成本				
减：残值				
废品损失				

训练 3-8

训练目的　训练可修复废品修复费用和不可修复废品损失的核算。

训练资料　某企业第一生产车间在生产甲产品时，有 20 件不可修复废品(按定额成本计算废品损失)和 10 件可修复废品。

1. 该企业本月份甲产品生产成本明细账上归集的全部生产费用(不包括返修费用)参见训练 3-7 的有关资料。
2. 对 20 件不可修复废品的废品损失按训练 3-7 的资料计算。
3. 10 件可修复废品的修复费用为：直接材料 500 元，直接人工 100 元，制造费用 50 元。

训练要求

1. 根据上述资料登记生产成本明细账(见表 3-30)和废品损失明细账(见表 3-31)。
2. 编制有关的记账凭证(以会计分录代替)。

表 3-30　生产成本明细账

产品名称：甲产品　　产量：610 件　　2018 年 9 月　　　　　单位：元

2018 年		摘　要	直接材料	直接人工	制造费用	废品损失	合　计
月	日						
略	略	根据各分配表	90 000	16 225	13 275		119 500

表 3-31　废品损失明细账

产品名称：甲产品　　　　　　　　　　　　2018 年 9 月　　　　　　　　　　　　　　单位：元

2018 年		摘　要	直接材料	直接人工	制造费用	合　计
月	日					
略	略	返修费用	500	100	50	650

训练 3-9

训练目的　训练停工损失的计算。

训练资料　某企业第一生产车间 9 月份停工 5 天，停工期间发生的费用为：工人工资 1 140 元，应分配的制造费用 360 元。经查明，停工系责任事故造成，应由事故责任人张三赔偿 500 元，其余由该车间两种产品按生产工时比例分配负担。甲产品的生产工时为 16 000 小时，乙产品的生产工时为 24 000 小时。

训练要求

1. 计算该车间的停工净损失。
2. 在甲、乙两种产品之间分配停工净损失。
3. 编制有关的会计分录。

项目四 生产费用的分配

【知识目标】

- 掌握在产品数量的核算。
- 掌握生产费用在完工产品与在产品之间的分配方法。

【技术目标】

- 能够计算在产品数量。
- 能够计算生产费用在完工产品与在产品之间的分配。

案例引导

某企业生产两种不同型号的机床,金装车间9月末在产品5台,完工半成品25台;组装车间9月末在产品4台,完工产成品24台,本月每个车间的生产费用如何在完工产品与在产品之间分配。

要求分析:

(1) 如何界定在产品与完工产品,案例中涉及哪些在产品,哪些完工产品?

(2) 生产费用如何在完工产品与在产品之间分配,是以车间为单位分配,还是以整个企业为单位分配?

理论认知

任务一 在产品数量的核算

一、在产品与产成品的概念

(一)在产品的概念

企业中的在产品,简单地说,就是尚未达到可售状态的产品,是指企业已经投入生产,但尚未最后完工,不能作为商品销售的产品。

在产品有广义和狭义之分。广义的在产品是就整个企业而言的,是指产品生产从投料开始,到最终制成产成品,交付验收入库前的一切产品,包括正在加工中的在制品、已经完成一个或几个生产步骤,但还需要继续加工的半成品、尚未验收入库的产成品、正在返修和等待返修的废品等。需要注意的是,对外销售的自制半成品属于商品,还有不可修复的废品,都不包括在在产品之内。狭义的在产品,是就某一生产单位或某一生产步骤来说的,仅指本生产单位或本生产步骤正在加工中的那部分在制品。

在成本会计中,广义在产品和狭义在产品的概念都会用到,本任务中所指的在产品是狭义的在产品。你是否可以举例,计算机生产企业中,哪些属于广义在产品?哪些属于狭义在产品?

(二)产成品的概念

产成品也称为完工产品,是指完成全部生产过程,符合技术与质量要求,验收入库,具备对外销售条件的产品。制造业企业的本期完工产品,一般是指最终完工的产成品。由于期末在产品有广义和狭义之分,在将生产费用在本期完工产品和期末在产品之间进行分配时,已经完成本步骤生产过程,交给下一步骤继续加工或交给半成品仓库的半成品,也称为本生产单位的完工产品。

二、在产品与产成品的关系

在产品与产成品的关系,是指期末在产品与本期完工产品在承担费用方面的关系,企业通常需要按月计算产品成本,期末在产品与本期完工产品一般也就是指,月末在产品与本月完工产品,经过前面各项要素费用的归集与分配后,应计入本期各种产品的费用,均已集中反映到各成本核算对象的基本生产成本明细账中,此时登记在各个基本生产成本明细账中的累计生产费用,就是本期所生产的该产品的总成本。

企业产品的生产情况一般有三种:一是在某种产品没有在产品的情况下,计入该种产品成本的全部生产费用,就是本期完工产品的总成本;二如果本月没有完工产品,则计入该种产品成本的全部生产费用,就是期末在产品的总成本;三如果本期产品生产,既有完工产品又有在产品,就需要采用适当的方法,将本月累计发生的生产费用在完工产品和月末在产品之间进行分配,分别计算出完工产品成本和期末在产品成本。前两种属于比较特殊的情况,不存在累计生产费用在完工产品和在产品之间进行分配的问题,在实际工作中,通常期末既有完工产品又有部分未完工产品,因而将一定时期的累计生产费用在完工产品和在产品之间进行分配,也就成为成本核算的重要环节。月初在产品成本、月末在产品成本、本月生产费用和本月完工产品成本四者之间的关系,可以用下列公式表示。

月初在产品成本+本月生产费用=本月完工产品成本+月末在产品成本

等式左边两项是已知的,月初在产品成本就是上期的月末在产品成本;本期生产费用,是本月产品生产所汇集的生产费用,可以从其基本生产成本明细账中直接获得。在完工产品和月末在产品之间分配费用的方法通常有两种:一是先确定月末在产品费用,再计算完工产品费用;二是将前两项之和在后两项之间按照一定的分配比例进行分配,同时计算出完工产品费用和月末在产品费用。无论采用哪一种分配方法,都必须正确组织在产品数量核算,取得在产品收入、发出和结存的数量资料,上述公式可转化如下。

本月完工产品成本=月初在产品成本+本月生产费用-月末在产品成本

三、在产品的数量核算

要计算在产品的成本,首先要准确计算在产品的数量。在产品数量的计算,应该做好以下两个方面的工作。

1. 在产品收发结存的日常核算

车间在产品的收发结存的日常核算,可以通过在产品收发结存账(格式见表 4-1)进行实物数量的核算。该账簿应在车间,按产品品种和在产品的名称设置,以便反映车间各种在产品的收入发出和结存的数量。在产品发出结存账,一般由车间核算员进行登记,也可由各班组核算员进行登记,然后由车间核算员进行汇总。

表 4-1　在产品收发结存账

产品名称：××产品　　　　　　　车间名称：××车间　　　　　　　　　　单位：××

2018 年		摘要	收入		发出			结存	
月	日		凭证号	数量	凭证号	合格品	废品	完工	未完工
		合计							

2. 在产品的财产清查

在产品的管理，应该与固定资产及其他存货一样，定期或不定期地进行清查，保证在产品的安全完整，以准确计算产品成本，达到在产品账实相符的目的。在产品的清查，一般于月末结账前进行，采用实地盘点法进行清查，盘点的结果应填制在产品盘存表，与在产品收发结存账核对，并列明在产品的账面数、实存数、盘亏数、盘盈数以及盘亏的原因及处理意见等，对于报废和毁损的在产品还要登记残值，成本核算人员应对在产品盘存表进行认真审核，并按规定程序报请有关部门审批后，进行在产品盘盈、盘亏和毁损的账务处理。

同学们回忆一下在《会计实务》中学到的产品盘盈盘亏的账务处理吧。

任务二　生产费用在完工产品与在产品之间的分配

企业可以根据在产品数量的多少、各月在产品数量变化的大小、各项费用比重的大小以及定额管理基础的好坏等具体条件，并考虑企业管理层的管理要求，选择合适而又简便的方法。生产费用在在产品与完工产品之间分配的常用方法有：不计算在产品成本法、在产品按年初固定数计算法、在产品按原材料费用计算法、在产品按完工产品成本计算法、在产品按定额成本计算法、定额比例计算法和约当产量比例计算法等。

一、不计算在产品成本法

不计算在产品成本法，是指某种产品本月归集的生产费用全部由该种产品的完工产品负担，在产品不负担。有些企业所生产的产品，月末虽然有在产品，但由于数量很少，价值较低，且各月变化不大，当月发生的生产费用全部由当月完工产品来进行成本负担，对本月完工产品成本影响很小，管理上也不要求计算在产品成本，因此根据成本核算的重要性原则及成本效益原则，为了简化成本计算工作，可以不计算在产品成本，即某种产品本月归集的全部生产费用，就是该种产品完工产品成本。

使用该方法的常见企业有：自来水生产企业、发电企业、采掘企业、面粉加工厂、熟食生产企业等。

分配公式如下。

$$月末在产品成本=0$$

$$本月完工产品成本=本月累计生产费用总和$$

【例 4-1】某企业 10 月份生产甲产品 200 件，月末完工产品 192 件、在产品 8 件。发生生产费用如下：直接材料费用 65 472 元，直接人工费用 26 112 元，制造费用 19 776 元。企业要求使用不计算在产品成本法计算产品成本。其产品成本计算单如表 4-2 所示。

表 4-2 产品成本计算单(不计算在产品成本法)

产品名称：甲产品

项目	原材料	职工薪酬	制造费用	合计
月初在产品成本	0	0	0	0
本月发生生产费用	65 472	26 112	19 776	111 360
生产费用合计	65 472	26 112	19 776	111 360
本月完工产品成本	65 472	26 112	19 776	111 360
单位产品成本	341	136	103	580
月末在产品成本	0	0	0	0

二、在产品按年初固定数计算法

在产品按年初固定数计算法，是指对各月在产品成本，按年初在产品成本固定数计算成本的方法。有些企业所生产的产品，在产品数量较少，或在产品数量虽多、但各月之间的在产品数量变化不大，也就是说各月在产品数量较稳定，或者各月在产品成本的差额对完工产品成本的影响不大，这种情况下，为了简化核算工作，各月末在产品成本可以按年初在产品固定成本数计算。为了保证会计信息的账实相符，每年初我们利用实地盘点法重新核定在产品的年初固定数。

使用这种方法的常见企业有：炼钢厂、化工厂，或其他有固定容器装置在产品的企业，由于高炉和化学反应装置的容积固定，在产品数量较稳定，因此都可以采用这种方法。

分配公式如下。

$$月末在产品成本=月初在产品成本=××元(固定数)$$

$$本月完工产品成本=本月累计生产费用总和-××元=本月投入生产费用$$

【例 4-2】某企业 10 月份生产乙产品 500 吨，已完工产品 400 吨、未完工产品 100 吨。月初在产品成本为：直接材料费用 164 000 元，直接人工费用 57 000 元，制造费用 35 000 元。本月生产费用为：直接材料 636 000 元，直接人工费用 273 000 元，制造费用 165 000 元，合计 1 074 000 元。本企业要求用在产品按年初固定数计算法，其产品成本计算单如表 4-3 所示。

表4-3 产品成本计算单(在产品按年初固定数计算法)

产品名称：乙产品　　　　　　　　　　　　　　　　　　　　　　　　　单位：元

项 目	原材料	职工薪酬	制造费用	合 计
月初在产品成本	164 000	57 000	35 000	256 000
本月发生生产费用	636 000	273 000	165 000	1 074 000
生产费用合计	800 000	330 000	200 000	1 330 000
本月完工产品成本	636 000	273 000	165 000	1 074 000
月末在产品成本	164 000	57 000	35 000	256 000

三、在产品按原材料费用计算法

在产品按原材料费用计算法，是指月末在产品只计算其所耗用的原材料费用，不计算直接人工及制造费用等加工费用，产品的加工费用全部计入完工产品成本。有些企业所生产的产品，各月末在产品数量较多、变化也较大，同时原材料费用在成本中所占比重也较大，这种情况下，为了简化核算工作，在产品成本可以只计算原材料费用，不计算其他费用，其他费用全部由完工产品成本负担，这是因为企业各月末在产品数量较大、在产品数量变化也较大的，不能采用前述两种分配方法，必须具体计算每月的在产品成本，以有利于对在产品资金进行控制，同时由于该种产品原材料费用在产成品成本中的比重较大，而直接人工等加工费用在产成品成本中的比重较小，在产品成本中的加工费用及月初、月末在产品加工费用的差别不大，因此为了简化成本核算，在产品可以不计算加工费用，只考虑其原材料费用，这时该产品的全部生产费用减其在产品所耗用原材料费用就是该完工产品总成本。原材料费用占完工产品成本70%以上的，均可以用这种方法。

常见使用该方法的企业，如纺织厂、造纸厂、酿酒厂等。

【例4-3】某制造业企业丙产品的月末在产品采用按原材料费用计算法，丙产品月初原材料费用为5 000元，本月发生原材料费用35 000元，本月发生职工薪酬3 300元和制造费用3 600元，本月完工丙产品3 000件，月末在产品1 000件，材料在生产开始时一次投入，材料费用按完工产品和月末在产品数量比例分配。

计算过程如下：

原材料费用分配率=(5 000+35 000)÷(3 000+1 000)=10

月末在产品原材料费用=1 000×10=10 000(元)

本月完工产品成本=(5 000+3 500+6 900)-10 000=36 900(元)

其产品成本计算单如表4-4 所示。

表4-4 产品成本计算单(在产品按原材料费用计算法)

产品名称：丙产品　　　　　　　　　　　　　　　　　　　　　　　　　单位：元

项 目	原材料	职工薪酬	制造费用	合 计
月初在产品成本	5 000			5 000
本月发生生产费用	35 000	3 300	3 600	41 900

续表

项　　目	原材料	职工薪酬	制造费用	合　　计
生产费用合计	40 000	3 300	3 600	46 900
本月完工产品成本	30 000	3 300	3 600	36 900
月末在产品成本	10 000			10 000

四、在产品按完工产品成本计算法

在产品按完工产品成本计算法，是指将月末在产品视同已经完工的产品，按照月末在产品数量与本月完工产品数量的比例来分配生产费用，以确定月末在产品成本和本月完工产品成本的方法。这种方法适用于月末在产品已经接近完工，或者产品已经加工完毕，但尚未验收或包装入库的产品，为了简化核算工作，将月末在产品视同完工产品分配费用。

分配公式如下。

在产品成本=总成本÷总产量×在产品数量
完工产品成本=总成本÷总产量×完工产品数量

【例4-4】某企业10月份生产丁产品500件，已完工产品450件、未完工产品50件。月末生产费用合计为：直接材料636 000元，直接人工费用273 000元，制造费用165 000元，合计1 074 000元。本企业要求用在产品按完工产品计算法。

计算过程如下。

单件产品成本=1 074 000÷500=2 148(元)

在产品成本=2 148×50=107 400(元)

完工产品成本=2 148×450=966 600(元)

其产品成本计算单如表4-5所示。

表4-5 产品成本计算单(在产品按完工产品成本计算法)

产品名称：丁产品　　　　　　　　　　　　　　　　　　　　　　　　　　　单位：元

项　　目	原材料	职工薪酬	制造费用	合　　计
生产费用合计	636 000	273 000	165 000	1 074 000
本月完工产品成本	572 400	245 700	148 500	966 600
月末在产品成本	63 600	27 300	16 500	17 400

五、在产品按定额成本计算法

在产品按定额成本计算法，是指月末在产品按照预先制定的标准定额成本计算实际生产费用，脱离定额的差异，全部由本月完工产品成本负担。采用这种方法，按月末在产品数量和在产品单位定额成本计算月末在产品的成本，然后从本月该种产品的全部生产费用中减去月末在产品的成本，余额为本月完工产品生产成本。

这种方法适用于定额管理基础较好，各项消耗定额或费用定额比较准确稳定，而且各月末在产品数量变化不大的企业。运用这种方法,关键在于计算确定月末在产品的定额成本,月末在产品定额成本的计算,一般是分成本项目计算的。其中,原材料费用可根据在产品数量和单位、在产品原材料消耗定额计算,其他成本项目可根据在产品工时定额和每一个工时的费用定额来计算。

具体计算公式如下。

月末在产品直接材料成本=月末在产品实际数量×单位在产品材料定额成本。

月末在产品直接人工成本=月末在产品完成定额工时×单位工时定额工资

=月末在产品实际数量×单位在产品定额工资

月末在产品制造费用=月末在产品完成定额工时×单位工时定额制造费用

=月末在产品实际数量×单位在产品定额制造费用

本月完工产品成本=月初在产品成本+本月生产费用-月末在产品成本

【例 4-5】某企业戊产品单件原材料费用定额为 40 元(原材料在生产开始时一次投入),在产品工时定额为 30 小时;己产品单件原材料费用定额为 32 元,在产品工时定额为 20 小时。该企业在产品采用定额成本计算法。

计算过程如下。

戊产品原材料费用=12×40=480(元)

戊产品动力费用=30×1.1=33(元)

戊产品工资及福利费=30×0.9=27(元)

戊产品制造费用=30×1=30(元)

己产品原材料费用=14×32=448(元)

己产品动力费用=20×1.1=22(元)

己产品工资及福利费=20×0.9=18(元)

己产品制造费用=20×1=20(元)

其月末在产品定额成本计算表如表 4-6 所示。

表 4-6 月末在产品定额成本计算表

产品名称	在产品数量/件	原材料定额费用/元	定额工时	动力(单位工时定额 1.1)/元	工资及福利费(单位工时定额 0.9)/元	制造费用(单位工时定额 1.00)/元	定额成本合计/元
戊产品	12	480	30	33	27	30	570
己产品	14	448	20	22	18	20	508
合 计	—	928		55	45	50	1 078

六、定额比例计算法

定额比例计算法,是指产品的生产费用按完工产品与月末在产品的定额消耗量或定额费用比例分配计算完工产品和月末在产品成本的一种方法。其中,原材料费用按原材料的定额消耗量或定额费用比例分配;工资及福利费、制造费用等各项加工费用,按定额费用或定额工时的比例分配。这种方法适用于定额管理基础较好,各项消耗定额或费用定额比例准确稳定,而且各月末在产品数量变化较大的企业。优点是以产品的定额消耗量为分配标准,有利于分析和考核各项消耗定额的执行情况,同时避免了在产品按定额成本计算成本时在产品不负担实际成本、脱离定额差异的缺陷;缺点是如果在产品的种类和生产工序繁多,这种方法计算工作量相当繁重,若消耗定额不稳定,经常修订调整消耗定额,则必然会加大成本核算的工作量。

分配公式如下。

分配率=(月初在产品费用+本月生产费用)×(本月完工产品定额耗用量或定额成本
+月末在产品定额耗用量或定额成本)

完工产品原材料实际成本=原材料费用分配率×完工产品原材料定额消耗量或定额成本
完工产品职工薪酬实际成本=职工薪酬费用分配率×完工产品职工薪酬定额消耗量或定额成本
完工产品制造费用实际成本=制造费用分配率×完工产品制造费用定额消耗量或定额成本
在产品原材料实际成本=原材料费用分配率×在产品原材料定额消耗量或定额成本
在产品职工薪酬实际成本=职工薪酬费用分配率×在产品职工薪酬定额消耗量或定额成本
在产品制造费用实际成本=制造费用分配率×在产品制造费用定额消耗量或定额成本

【例 4-6】某企业生产庚产品,10 月份生产情况如下。月初在产品成本的直接材料成本为 18 000 元,直接人工为 12 800 元,制造费用为 8 000 元;本月发生费用为直接材料费 150 000 元,直接人工费 42 000 元,制造费用 20 500 元;本月完工产品共 1 500 件,月末在产品 100 件;单位完工产品材料费用定额为 50 元,单位完工产品工时定额为 30 小时,单位在产品材料费用定额为 40 元,单位在产品定额工时为 12 小时。该企业采用定额比例计算法分配生产费用。

计算过程如下。

直接材料分配率=168 000÷(1 500×50+100×40)=2.126 6
直接人工费分配率=54 800÷(1 500×30+100×12)=1.186 1
制造费用分配率=28 500÷(1 500×30+100×12)=0.616 9
完工产品的直接材料费=2.126 6×1 500×50=159 495(元)
在产品的直接材料费=168 000−159 495=8 505(元)
完工产品的直接人工费=1.186 1×1 500×30=53 374.5(元)
在产品的直接人工费=54 800−53 374.5=1 425.5(元)
完工产品的制造费用=0.616 9×1 500×30=27 760.5(元)
在产品的制造费用=28 500−27 760.5=739.5(元)

其产品成本计算单如表 4-7 所示。

表 4-7　产品成本计算单(定额比例计算法)

产品名称：庚产品

摘　要	直接材料	直接人工	制造费用	合　计
月初在产品成本	18 000	12 800	8 000	38 800
本月发生生产费用	150 000	42 000	20 500	212 500
生产费用合计	168 000	54 800	28 500	251 300
本月完工产品数量	1 500	1 500	1 500	1 500

续表

摘　要	直接材料	直接人工	制造费用	合　计
完工产品定额	50	30	30	
月末在产品数量	100	100	100	100
在产品定额	40	12	12	
分配率	2.126 6	1.186 1	0.616 9	
本月完工产品成本	159 495	53 374.5	27 760.5	240 630
在产品成本	8 505	1 425.5	739.5	10 670

注意：在所有涉及分配率不能整除的情况下，根据单位要求先用乘法计算前面几种产品的费用，最后一种产品的费用用倒挤的方法获得。

七、约当产量比例计算法

在产品的约当产量是指将企业或车间月末在产品的实际数量，按照完工程度折算为相当于完工产品的产量。约当产量比例计算法，是指按照本月完工产品的数量和月末在产品的约当产量分配生产费用，以确定本月完工产品和月末在产品实际成本的方法。这种方法适用于期末在产品数量较多，各月末的在产品数量变化较大，产品中各个成本项目所占比重相差不大的产品。采用这种方法时，在产品既要计算原材料费用，又要计算工资和制造费用等其他费用。首先将月末在产品完工程度折算为相当于完工产品的产量，即约当产量，然后按照完工产品的数量和在产品的约当产量比例分配各种费用，同时计算出月末在产品成本和完工产品成本。

产品成本构成中直接材料与直接人工和制造费用有着本质的不同，但直接人工和制造费用的形成形式比较相似，我们将约当产量的计算方法按照成本项目的不同分成以下两部分。

(一)直接材料费用项目约当产量的计算

月末在产品成本中的原材料费用，与在产品的投料程度密切相关，因此在分配原材料费用时，在产品约当产量一般是按照投料程度计算的。在产品的投料程度，是指产品已投材料，占完工产品应投材料的百分比。在生产过程中，原材料的投料方式通常有三种：一是原材料在生产开始时一次性投入；二是原材料在生产过程中按工序分阶段投入，并且在每道工序开始时一次性投入；三是原材料在生产过程中按生产进度陆续投入。投料方式不同，在产品的投料程度就不同，在产品约当产量的计算也就不同。

1. 原材料在生产开始时一次性投入

在产品生产开始时，一次性投入生产该产品所需的全部材料，则在产品和完工产品所耗材料数量相同，在产品的投料程度是100%，这样在产品的约当产量就等于在产品的实际产量，在分配原材料费用时，直接按完工产品和在产品数量比例进行分配。月末在产品约当产量公式如下、

月末在产品约当产量=月末在产品实际数量×月末在产品投料程度=月末在产品实际数量

【例 4-7】某企业生产辛产品，材料在生产开始时一次性投入，10 月末材料费用共计

投入 50 000 元；月末完工产品 460 台、在产品 40 台。采用约当产量计算法分配材料费用。

计算过程如下。

在产品约当产量=40×100%=40(台)

总产量=460+40=500(台)

完工产品分配率=50 000÷500=100

完工产品的材料费=460×100=46 000(元)

在产品的材料费=40×100=4000(元)

2. 原材料按工序分阶段投入，在每道工序开始时一次性投入

在每道工序开始时一次性投料，是指在产品生产的每道工序开始时，投入本工序所需的全部材料，使每道工序的月末在产品应负担的材料费为截止该工序的累计投料额。月末在产品可按投料程度折合为完工产品。先计算出各工序的在产品投料程度后，再根据各工序的月末在产品数量和各工序投料程度，计算出月末各工序在产品的约当产量，然后汇总完工产品得到约当总产量，来分配原材料费用。

具体公式如下。

某工序期末在产品投料程度=截至该工序累计材料消耗定额÷完工产品材料消耗定额

某工序上的在产品约当产量=该工序在产品数量×该工序期末在产品投料程度

总产量=完工产品数量+在产品约当产量

【例 4-8】某企业生产的壬产品依次经过两道工序加工，原材料在各工序开始时一次投入，产品原材料消耗定额为 1 000 元/件，第一道工序定额材料费用 400 元/件、第二道工序定额材料费用 600 元/件；月末第一道工序在产品 10 件，第二道工序在产品 10 件，当月完工产品 50 件；本月末原材料累计投入 160 000 元。计算完工产品与在产品的材料费用。

计算过程如下。

第一道工序期末在产品投料程度=400÷1 000=40%

第一道工序在产品的约当产量=10×40%=4(件)

第二道工序期末在产品投料程度=(400+600)÷1 000=100%

第二道工序在产品的约当产量=10×100%=10(件)

约当总产量=4+10+50=64(件)

完工产品材料费用分配率=160 000÷64=2 500(元)

在产品材料费用=2 500×(4+10)=35 000(元)

完工产品材料费用=2 500×50=125 000(元)

3. 原材料在生产过程中按生产进度陆续投入

如果原材料在生产过程中按生产进度陆续投入，其投料程度可以按已完成各工序累计原材料费用定额占完工产品原材料费用定额的比例计算。

月末在产品约当产量计算公式如下。

某工序在产品投料程度=(前面各工序累计原材料费用定额+本月原材料费用定额×50%)÷完工产品原材料费用定额

月末在产品约当产量=该工序在产品数量×该工序在产品投料程度

公式中本工序原材料费用定额乘以 50%,是因为该工序中各件在产品的投料程度不同,进度不一,为了简化计算,在本工序一律折中按投料程度 50%计算,而在产品从上一道工序转入下一道工序,前面的工序已经完成,因此前面工序的投料程度按 100%计算。

【例 4-9】某企业生产的壬产品依次经过两道工序加工,原材料在各工序陆续投入,产品原材料消耗定额为 1 000 元/件,第一道工序定额材料费用 400 元/件、第二道工序定额材料费用 600 元/件;月末第一道工序在产品 10 件,第二道工序在产品 10 件,当月完工产品 50 件;本月末原材料累计投入 118 000 元。计算完工产品与在产品的材料费用。

计算过程如下。

第一道工序期末在产品投料程度=400×50%÷1 000=20%

第一道工序在产品的约当产量=10×20%=2(件)

第二道工序期末在产品投料程度=(400+600×50%)÷1 000=70%

第二道工序在产品的约当产量=10×70%=7(件)

约当总产量=2+7+50=59(件)

完工产品材料费用分配率=118 000÷59=2 000(元)

在产品材料费用=2 000×(2+7)=18 000(元)

完工产品材料费用=2 000×50=100 000(元)

(二)直接人工与制造费用项目约当产量的计算

对于原材料费用以外的其他费用,如直接人工制造费用等,在分配时在产品约当产量通常按在产品的完工程度进行计算,因为这些费用的发生与完工程度关系密切,它们随生产进度而逐渐投入消耗,产品的完工程度越高,在产品应负担的此类费用也应越多。

1. 平均计算在产品完工程度

月末在产品与完工产品所耗用的人工和制造费用等其他费用是不相等的,其发生的费用取决于其加工程度,在产品的约当产量,应按完工程度折算,然后再进行分配。采用这种方法,对各工序在产品确定一个平均完工程度,一般为 50%,作为各工序在产品的完工程度,适用于各工序在产品数量和单位产品在各工序的加工量都差不多的情况,这是由于后面各工序在产品,多加工的程度可以弥补前面各工序少加工的程度,全部在产品完工程度按 50%平均计算,可简化成本计算。但这种方法不能用于各工序在产品数量和单位在产品在各工序加工量相差很大的产品,否则计算的约当产量与实际情况相差很大。

【例 4-10】某企业生产辛产品,10 月末人工费用和制造费用共计投入 44 000 元,月末完工产品 420 台、在产品 40 台。采用约当产量计算法分配人工费用和制造费用。

计算过程如下。

在产品约当产量=40×50%=20(台)

总产量=420+20=440(台)

完工产品直接人工和制造费用分配率=44 000÷440=100

完工产品的直接人工和制造费用=420×100=42 000(元)

在产品的直接人工和制造费用=20×100=2 000(元)

2. 分工序计算在产品完工程度

采用这种方法，根据各工序累计的实际工时或定额工时占完工产品的实耗工时或定额工时的比例，来确定各工序在产品的完工程度。

计算公式如下。

某工序在产品完工程度=(前面各工序工时定额之和+本工序工时定额×50%)÷完工产品工时定额

本公式中，本工序工时定额乘以50%，是因为该工序中，各件在产品的完工程度不同，为了简化计算，在本工序一律按完工50%计算。而在产品从上一道工序转入下一道工序，前面的工序是已经完成的，因此前面工序的完工程度按100%计算。计算出各工序的在产品完工程度后，再根据各工序的月末在产品数量和各工序完工程度，计算出月末各工序在产品的约当产量总数，据以分配各项费用。

【例 4-11】某企业生产的壬产品依次经过两道工序加工，产品工时消耗定额为 1 000 小时/件，第一道工序定额工时 400 小时/件、第二道工序定额工时 600 小时/件；月末第一道工序在产品 10 件，第二道工序在产品 10 件，当月完工产品 50 件；本月末人工费用和制造费用累计投入 118 000 元。计算完工产品与在产品的人工费用和制造费用。

计算过程如下。

第一道工序期末在产品完工程度=400×50%÷1 000=20%
第一道工序在产品的约当产量=10×20%=2(件)
第二道工序期末在产品完工程度=(400+600×50%)÷1 000=70%
第二道工序在产品的约当产量=10×70%=7(件)
约当总产量=2+7+50=59(件)
完工产品人工费用和制造费用分配率=118 000÷59=2 000(元)
在产品直接人工和制造费用=2 000×(2+7)=18 000(元)
完工产品直接人工和制造费用=2 000×50=100 000(元)

企业产品的生产费用经过归集和分配，分别计入本月各种产品的成本，又经过完工产品和月末在产品之间的分配，从而得到月末在产品的成本和完工产品的成本。为了反映完工产品入库的情况，需要设置库存商品账户进行核算，其账务处理如下。

借：库存商品——××产品
　　贷：基本生产成本——××产品

月末基本生产成本账户若有余额，说明基本生产车间有尚未加工完成的各种在产品，余额即为在产品的成本，月末编制资产负债表时，应列入存货项目。

案例解析

案例引导中提到的如何区分在产品和完工产品，在本项目任务一中可得到答案。尚未达到可售状态的产品，是指企业已经投入生产，但尚未最后完工，不能作为商品销售的产品都可以称为在产品。在产品有广义和狭义之分，也就是从哪个角度分析的问题。案例中的半成品，以车间为单位就是狭义的完工产品，以企业为单位就是广义的在产品。案例中在产品与完工产品分配生产费用的方法讲到了 7 种，你还能想到其他的方法吗？只要是符合会计信息质量原则的重要性原则、真实性原则,并考虑到成本效益原则,方法一般都是可行的。再有,全部的生产费用是以车间分配还是站在企业角度分配,要看企业选择什么成本核算方法,这个问题将在下一项目中涉及。

项 目 小 结

本项目介绍了企业在产品与完工产品的概念,强调了广义在产品与狭义在产品,本项目均为狭义在产品。本项目重点介绍了 7 种生产费用在在产品与完工产品之间分配的常用方法:不计算在产品成本法、在产品按年初固定数计算法、在产品按原材料费用计算法、在产品按完工产品成本计算法、在产品按定额成本计算法、定额比例计算法和约当产量比例计算法等。要求同学们不仅会计算每种分配方法,还要熟悉每种方法的适用条件,企业应当根据在产品数量的多少、各月在产品数量变化的大小、各项成本比重的大小,以及定额管理基础的好坏及管理层的管理需要等方面,综合确定企业采取什么样的分配方法较为合理。

项目强化训练

一、单项选择题

1. 各步骤狭义在产品是指( )。
   A. 正在生产线上加工的产品　　B. 未完工的全部在产品和半成品
   C. 各步骤完工入库的半成品　　D. 尚未形成最终完工产品之前的所有产品
2. 在产品只计算材料费用方法,适用的情况是( )。
   A. 各月月末完工产品数量变化很小　　B. 各月月末在产品数量变化很大
   C. 各月月末在产品数量很大　　D. 材料费用占整个成本比重非常大
3. 下列方法中,不是在产品成本计算法的是( )。
   A. 交互分配法　　B. 约当产量比例法
   C. 定额比例法　　D. 定额成本法
4. 下列哪项费用不适用约当产量法?( )
   A. 直接材料　　B. 直接人工　　C. 制造费用　　D. 辅助生产成本
5. 企业经过三道工序生产产品,各工序定额工时为 30、40、30 小时,求第三工序的完工程度( )。
   A. 30%　　B. 60%　　C. 85%　　D. 90%

二、多项选择题

1. 采用约当产量比例法分配生产费用时,在产品约当产量根据( )计算。
   A. 投料程度　　B. 代数分配法　　C. 完工程度　　D. 交互分配法
2. 不计算在产品成本法的适用条件是( )。

A. 管理上不要求计算在产品成本　　B. 月末在产品数量少、价值低
C. 月末在产品数量稳定　　　　　　D. 月末在产品数量多、金额大

3. 期末在产品成本的计算，比较常用的方法是(　　　)。
A. 交互分配法　　　　　　　　　　B. 约当产量比例法
C. 定额成本法　　　　　　　　　　D. 定额比例法

4. 在产品成本按年初固定数计算法适用于(　　　)的情况。
A. 各月末在产品数量较少　　　　　B. 各月末在产品数量较大
C. 各月末在产品数量变化较大　　　D. 各月末在产品数量变化较小

5. 生产费用在完工产品和在产品之间的分配方法，应考虑(　　　)。
A. 在产品的产量　　　　　　　　　B. 在产品的种类
C. 各月在产品数量变化趋势　　　　D. 各种费用比重大小

三、判断题

1. 从车间角度来看，在产品是指正在某车间或某生产步骤中加工的在产品。（　　）
2. 月初在产品定额费用加上本月定额费用等于完工产品定额费用加上月末在产品定额费用。（　　）
3. 约当产量比例法适用于月末在产品数量大，各月末在产品数量变化也较大，其原材料费用在成本中所占比重较大的产品。（　　）
4. 企业产品完工入库，应借记"基本生产成本"科目。（　　）
5. 采用不同的分配方法，计算出来的完工产品与在产品金额一样。（　　）

四、思考题

生产费用在完工产品与在产品之间分配的方法的适用条件都是什么？你能否根据每种方法的适用条件分析一下你身边的企业选择的方法是否合适？

五、业务题

1. 某企业生产的甲产品的原材料在生产开始时一次投入，产品中的原材料费用所占比重很大，月末在产品按其所耗原材料费用计价。该产品月初原材料费用 2 000 元，本月原材料费用 15 000 元，人工费用 1 500 元，制造费用 1 000 元；本月完工产品 150 件，月末在产品 50 件。要求：在产品按所耗原材料费用计算法分配计算甲产品完工产品成本和月末在产品成本。

2. 某企业产品由两道工序制成，原材料随着生产进度分工序投入，在每道工序中则是开始时一次投入。第一道工序投入原材料定额为 280 千克，月末在产品数量 3 200 件；第二道工序投入原材料定额为 220 千克，月末在产品数量 2 400 件；完工产品为 8 400 件，月初在产品和本月发生的原材料费用累计 503 680 元。

要求：
(1) 分别计算两道工序按原材料消耗程度表示的投料程度。
(2) 分别计算两道工序按原材料消耗程度表示的在产品约当产量。
(3) 按约当产量比例计算法分配计算完工产品和月末在产品原材料费用。

3. 某企业月初在产品成本和本月投入生产费用共计 71 020 元,其中直接材料为 51 860 元,直接人工为 12 200 元,制造费用为 6 960 元。该月共生产完工产品 1 000 件,月末在产品 300 件。这种产品所耗直接材料是在生产开始时一次投入的,月末在产品累计耗用工时 500 小时。定额资料为:单位产品直接材料消耗定额为 40 元,每定额工时的直接人工为 1.2 元,每定额工时的制造费用为 2 元。请根据资料填表 4-8,并写出完工产品入库会计分录。

表 4-8 月末在产品和完工产品的分配表

单位:元

成本项目	生产费用累计	月末在产品成本(定额成本)	完工产品成本
原材料			
工资及福利费			
制造费用			
合 计			

项目五 产品成本计算的品种法

【知识目标】

- 了解制造业企业的生产类型,以及选择成本计算方法应遵循的要求。
- 了解品种法的含义和适用范围。
- 熟悉品种法的特点和成本计算程序。
- 掌握品种法的运用。

【技能目标】

- 能够结合制造业企业的生产类型和管理要求选择适当的成本计算方法。
- 能够运用品种法计算产品成本。

案例引导

小林毕业于某高校会计专业，任职于某会计咨询公司。最近，公司总经理派小林去新成立的某可乐饮料公司帮助设计产品成本核算制度。该公司的生产工艺流程是：罐装可乐产品所需的直接材料是糖浆、碳酸水和易拉罐。公司从可口可乐公司购买糖浆或加工成糖浆的浓缩液，生产过程的第一步骤是将糖浆与碳酸水混合制成可装罐的液体。在这一步骤，材料成本是碳酸水和糖浆的成本；第二步骤是空罐被送往工厂，在那里它们被检测及清洗，在这一步骤被装入可乐，这仅需要加工成本；第三步骤是在罐上加盖，然后将已装罐的可乐包装成箱。至此整个生产流程全部结束。

根据公司管理要求，小林应建议公司采用何种成本计算方法？

(1) 若该公司生产的罐装液体及被检测、清洗的空罐不对外销售，且公司不需要罐装液体和空罐的成本资料，则该公司宜采用分步法中的哪一种方法？

(2) 若该公司生产的罐装液体及被检测、清洗的空罐可能对外销售，且公司需要罐装液体和空罐的成本资料，则该公司宜采用分步法中的哪一种方法？

(3) 该公司能否采用分批法计算产品成本？

(4) 该公司能否采用品种法与分步法结合的办法？

理论认知

任务一　产品成本计算方法概述

一、生产类型特点和管理要求对产品成本计算方法的影响

制造业企业有多种计算产品成本的方法，不同生产类型的企业，以及管理要求不同的企业所采用的成本计算方法不同。为了正确计算产品成本，提供准确可靠的成本信息，企业应在考虑企业生产类型及成本管理要求的基础上，选择适当的成本计算方法计算产品成本。

(一)企业的生产类型

1. 按生产工艺过程分类

生产工艺过程是指通过一定的生产设备或管道，从原材料投入到成品产出，按顺序连续进行加工的全过程。按生产工艺过程的特点分类，企业生产分为简单生产和复杂生产。

简单生产又称为单步骤生产，是指生产工艺过程不能中断，不可能或不需要划分为几个生产步骤的生产。其特点是：生产地点一般比较集中，产品品种比较单一，产品生产周期较短，通常没有在产品、自制半成品或其他中间产品，只能由一个企业独立完成，如发电业、采掘业、玻璃制品的熔制、供水业。

复杂生产又称为多步骤生产，是指生产工艺过程由若干个可以间断的生产步骤所组成的生产。其特点是：产品生产周期一般较长，工艺技术较复杂，通常有自制半成品或其他中间产品，可以由一个企业独立完成，也可以由多个企业分工协作完成。多步骤生产按其

加工方式，又分为连续加工式生产和装配式生产。连线续加工式生产，是指从原材料投入生产到产品完工，要依次经过若干个生产步骤的连续加工的生产，如纺织、冶金等生产。装配式生产又称平行加工式生产，是指原材料投入生产后，平行加工成各种零件、部件，再将零件、部件装配成产成品的生产，如机械、仪表、船舶等生产，飞机制造。

2. 按生产组织方式分类

生产组织是指为了确保生产的顺利进行所进行的各种人力、设备、材料等生产资源的配置。生产按生产组织方式分类，分为大量生产、成批生产和单件生产。

大量生产是指不断地大量重复生产相同产品的生产。其特点是：产品品种少、产量较大，通常采用专业设备重复进行生产，专业化水平也较高。例如，纺织、面粉、冶金、化肥的生产为大量生产方式。

成批生产是指按照事先规定的产品批别和数量进行生产。其特点是：产品品种较多、生产具有重复性、专业化程度较高，如服装，机械的生产。成批生产又按批量大小分为大批生产和小批生产。大批生产产品批量较大，往往几个月内重复生产，性质上接近大量生产，因而将二者划分为大量大批生产；小批生产产品批量较小，一批产品一般可同时完工，性质上接近单件生产，因此将二者划分为单件小批生产。

单件生产是指根据订货单位的要求，生产个别的、性质特殊的产品。其特点是：产品的品种多、产量少，一般不重复或不定期重复生产，如船舶、飞机、新产品试制等的生产。

(二)管理要求对产品成本计算方法的影响

一个企业究竟采用什么方法计算产品成本，除了受生产类型特点的影响外，还必须根据企业成本管理的要求来选择成本计算方法。

在成本计算中，一般将企业的生产类型分为大量大批单步骤生产、大量大批多步骤生产、单件小批多步骤生产。大量大批单步骤生产的特点是产品品种少、产量大，生产连续、稳定，具有较强的重复性，因此管理上一般按产品品种提供成本信息；大量大批多步骤生产的特点是产品品种较少、生产步骤复杂，一般有半成品等中间产品，因此管理上一般分产品品种按步骤提供成本信息；单件小批多步骤生产的特点是产品产量少、品种多，产品基本能同时完工，因此管理上一般按生产批次或订单提供成本信息。

二、产品成本计算方法的确定

企业在选择产品成本计算方法时，应考虑企业生产类型特点及成本管理要求对成本计算方法的影响。构成成本计算方法的主要因素有三个：成本计算对象、成本计算期、生产费用在完工产品与在产品之间的分配。这三个因素有机结合构成了特定成本计算方法的主要特点。

(一)对成本计算对象的影响

成本计算对象就是生产费用归集的对象，也就是生产费用的承担者。生产特点和管理要求对成本计算的影响主要表现在对成本计算对象的确定。确定成本计算对象是正确计算产品成本的前提，是设置"生产成本——基本生产成本明细账"的依据，也是区别各种成本计算方法的主要标志。

成本计算对象应根据企业的生产类型特点结合管理要求来确定。根据企业的三种综合生产类型，主要确定以下三种成本计算对象：大量大批简单生产以及管理上不要求分步骤计算成本的大量大批多步骤生产企业，具有产品品种少、产量大的特点，因此，以产品品种作为成本计算对象是适当的；大量大批多步骤生产且管理上要求分步提供产品成本信息的企业，一般以各产品品种及其生产步骤作为成本计算对象；单件小批多步骤生产企业，具有产品品种多、产品基本同时完工的特点，因此以产品的生产批别或订单作为成本计算对象。

(二)对成本计算期的影响

成本计算期是指每次计算产品成本的期间，即多长时间计算一次完工产品成本。不同生产类型的企业，确定的成本计算期不同。一般分为两种情况：第一，大量大批简单生产及大量大批复杂生产企业，具有重复性生产、不间断生产的特点，因而，产品成本计算要定期在月末进行，成本计算期与会计核算期相同，按月进行，却不一定与生产周期一致；第二，单件小批复杂生产企业，生产周期一般较长，并具有同批产品基本同时完工的特点，因而，成本计算往往是在产品完工时进行，成本计算期与生产周期一致，与会计核算期不一致，是不定期进行的。

(三)对生产费用在完工产品与在产品之间分配的影响

生产费用在完工产品与在产品之间的分配，同样取决于企业的生产类型。大量大批简单生产企业，期末在产品很少或没有，为了简化核算，一般不需要将生产费用在完工产品和在产品之间进行分配，生产费用全部计入完工产品成本；大量大批复杂生产企业，生产步骤多，期末在产品一般也较多，则需要将生产费用在完工产品和在产品之间进行分配，从而计算出完工产品和在产品成本；单件小批复杂生产企业一般在该批产品完工后计算其成本，不存在在产品，因而一般不存在分配问题，但是在跨月陆续完工或分次交货的情况下，需要将生产费用在完工产品和在产品之间进行分配。

三、产品成本计算的方法

产品成本计算的方法有基本方法和辅助方法两大类。

(一)产品成本计算的基本方法

制造业企业根据不同的生产类型，确定有产品品种、产品批别、生产步骤三种成本计算对象。成本计算对象是区分不同成本计算方法的主要标志，根据不同的成本计算对象产生了品种法、分批法、分步法三种成本计算方法。

1. 品种法

品种法是指以产品品种为成本计算对象，归集生产费用计算产品成本的方法。品种法是基本方法中最基本的成本计算方法。一般适用于大量大批单步骤生产，如发电、供水、采掘等；也可用于管理上不要求分步骤计算成本的大量大批多步骤生产的企业，如小型水泥厂。

大量大批生产企业产品品种少、生产连续稳定，以产品品种为成本计算对象有利于减少成本核算工作量。

2. 分批法

分批法是指以产品的生产批次(或订单)作为成本计算对象，归集生产费用计算产品成本的方法。分批法适用于单件小批多步骤生产企业，如重型机械制造、船舶制造、飞机制造、修理作业等。该类型企业产品品种较多，生产重复性低，同批产品基本同时完工，以产品生产批别作为成本计算对象，能加强产品批别的成本管理，有利于节约工作量。

3. 分步法

分步法是指以产品品种及其生产步骤为成本计算对象，归集生产费用计算产品成本的方法。分步法主要适用于管理上要求分步骤提供成本信息的大量大批多步骤生产企业，如机械、纺织、冶金等。该类型企业有半成品等中间产品，而且中间产品可能会对外出售，因此，提供中间产品的成本信息也是必要的，而且多步骤生产工艺过程是间断的，能够满足分步骤计算产品成本的需要。

以上三种成本计算基本方法在成本计算对象、成本计算期、生产费用在完工产品与月末在产品之间的分配及适用范围的区别如表 5-1 所示。

表 5-1　成本计算基本方法的区别

成本计算方法	成本计算对象	成本计算期	生产费用在完工产品与月末在产品之间分配	适用范围	
				生产特点	成本管理要求
品种法	产品品种	按月，与会计核算期一致	一般不分配；有在产品时，需要分配	大量大批单步骤或多步骤	管理上不要求分步
分批法	产品批别	不定期，与生产周期一致	可同时完工，一般不分配；跨月陆续完工时要分配	单件小批单步骤或多步骤	管理上不要求分步
分步法	各种产品及其经过的生产步骤	按月，与会计核算期一致	通常有在产品，需要分配	大量大批多步骤	管理上要求分步

(二)产品成本计算的辅助方法

企业在采用产品成本计算的基本方法的同时，还可以采用辅助方法，辅助方法不能单独使用，辅助方法与企业的生产类型及管理要求没有直接的联系，采用辅助方法往往是为了简化成本计算工作或加强对成本的控制。

1. 分类法

分类法是指以产品类别为成本计算对象归集分配生产费用，计算出各类产品的成本，再在类别内各产品之间进行成本分配，最终计算出类内各产品成本的方法。这种方法适用于产品品种繁多、生产工艺基本相同,并且可以按照一定标准对产品进行分类的企业或生产单位,如鞋厂、石油冶炼、原油提炼、食用油厂的主副产品。

2. 定额法

定额法是指以产品的定额成本为基础,加减脱离定额差异、材料成本差异和定额变动差异,进而计算出产品实际成本的方法。它主要适用于定额管理制度比较健全、定额基础工作较好、生产比较稳定的企业。它是为了配合和加强生产费用和产品成本的定额管理,较好地利用定额管理的条件,所采用的一种将符合定额的费用和脱离定额的差异分别核算的产品成本计算方法。

四、各种成本计算方法的实际应用

品种法、分批法、分步法是产品成本计算的基本方法,分类法、定额法是辅助计算方法,不能单独使用,必须结合其他的基本方法使用。在实际工作中,一个企业往往将几种方法同时应用或一种产品的成本计算往往结合应用几种方法。

(一)几种成本计算方法同时应用

在一个企业各个生产车间,如果生产类型不一样,可以同时使用不同的成本计算方法计算产品成本。如果有的产品已基本定型,可以大量大批地投入生产,则根据具体要求可以采用品种法或分步法进行成本计算;而有的产品则还属于中间试制阶段,不可能大批投产,可以采用分批法计算产品成本。例如,家具厂所产各种家具有的已经定型,属于大量大批生产,可以采用分步法计算成本;而有的产品正在试制,只能单件、小批生产,应采用分批法计算产品成本。工业企业一般都设置基本生产部门和辅助生产部门,由于不同生产部门的生产类型的要求各不相同,可根据不同要求,同时使用几种成本计算方法。例如,纺织企业的纺纱和织布等基本生产车间,一般属于大量大批多步骤生产,且管理上要求计算各生产步骤半成品纱和产成品布的成本,应当采用分步法计算产品成本;但企业内部供水、供电等辅助生产部门,属于大量大批单步骤生产,应当采用品种法计算成本。

(二)几种成本计算方法结合使用

在实际工作中,即使是一种产品,由于其在各个生产步骤的生产特点和管理要求不同,也有可能把几种成本计算方法结合起来应用。例如,机械制造企业,铸造车间可以采用品种法计算铸件的成本;机械加工车间则可以采用分批法计算各批产品的成本;在铸造车间和机械加工车间之间可以采用逐步结转分步法结转铸件的成本;在机械加工车间和装配车间之间则可能采用平行结转分步法结转各零部件成本。这样,该机械厂的某一产品的生产实际上就结合使用了品种法、分批法和分步法。如果该机械厂的零部件规格很多,定额资料比较准确稳定,还可以结合使用分类法和定额法计算成本。

任务二　品种法的核算

一、品种法的含义、适用范围及特点

(一)品种法的含义

品种法是指以产品品种为成本计算对象，归集生产费用计算产品成本的方法。采用品种法，需要按产品品种开设产品成本明细账，归集和分配直接材料费用、直接人工和制造费用等，最终计算出产成品的总成本和单位成本。品种法是最基本的成本计算方法。

(二)品种法的适用范围

它适用于大量大批单步骤生产，如发电、采掘等，企业辅助生产的供水、供电、供气等部门提供的水、电、气等产品或劳务，由于其是大量单步骤生产，因而也应当采用品种法计算成本；也可用于管理上不需分步骤计算成本的大量大批多步骤生产，如小型水泥、制砖厂等。

(三)品种法的特点

1. 成本计算对象

成本计算对象是产品品种，并按此设置产品成本明细账。采用品种法计算成本时，如果企业(或生产单位)只生产一种产品，成本计算对象就是该种产品的产成品，只需开设一个产品成本明细账，发生的全部生产费用都是为了生产该产品而发生的，可以直接根据有关凭证和费用分配表，分成本项目全部列入该种产品的成本计算单中。如果企业生产多种产品，则需要按照产品品种分别开设产品成本明细账，发生的生产费用要区分直接费用和间接费用，凡能分清应由某种产品负担的直接费用，应直接计入该种产品的成本计算单中；凡是几种产品共同耗用而又分不清应由哪种产品负担多少数额的间接费用，应采用适当的分配方法，在各种产品之间直接进行分配，或者先行归集，再分配计入各成本计算单中的有关成本项目中。

2. 成本计算期

成本计算期按月进行，与会计核算期一致，与生产周期不一致。由于采用品种法计算产品成本的企业是大量大批连续不断进行生产的，不可能在产品完工时就计算其产品成本，只能定期在月末计算当月产出的完工产品成本。

3. 生产费用在完工产品与在产品之间的分配

大量大批单步骤生产，产品品种单一，月末一般没有在产品，不需要将生产费用在完工产品与在产品之间进行分配；而大量大批多步骤生产管理上不要求分步的企业，月末一般有在产品，就需要将生产费用在完工产品与在产品之间进行分配，从而确定完工产品成本和月末在产品成本。

二、品种法的程序

(一)按照产品品种设置成本明细账

在成本明细账内按照成本项目设置专栏,如"直接材料""直接人工""燃料及动力""制造费用"等。如月初有在产品,还应将月初在产品成本登记到成本明细账中。

(二)核算要素费用,编制各种费用分配表,据以登记生产成本明细账

根据各种原始凭证编制各种费用分配表,分配各种要素费用,登记各种明细账。

(三)分配辅助生产费用

根据辅助生产车间对外提供的劳务数量,按受益单位受益情况编制"辅助生产费用分配表",将辅助生产成本明细账中所归集的生产费用,采用适当的方法分配给各受益对象,并据以登记有关成本费用明细账。

(四)分配基本生产车间的制造费用

将基本生产车间"制造费用明细账"归集的费用进行汇总,采用一定的方法,在生产的各产品之间进行分配,编制"制造费用分配表",登记到各产品成本明细账的"制造费用"成本项目。

(五)核算废品损失及停工损失

在单独核算废品损失及停工损失的企业,需要将归集的废品损失计入相应产品的成本,即成本明细账的"废品损失"成本项目;停工损失根据实际情况计入成本明细账的"停工损失"成本项目,非正常原因计入"营业外支出"账户。

不单独核算的企业,将废品损失及停工损失在发生时,与成本有关的计入"制造费用"账户核算。

(六)分配计算各种完工产品成本与月末在产品成本

月末,将计入产品成本明细账中的各种生产费用汇总,计算累计生产费用。如果企业没有在产品,则不需要分配,累计生产费用即为完工产品总成本;如果企业有在产品,则需要采用适当的方法,将累计生产费用在完工产品与月末在产品之间进行分配,计算出完工产品成本与月末在产品成本。

(七)结转本月完工产品成本

根据产品成本计算结果,编制"完工产品成本汇总表",据以编制完工产品成本会计分录,分别登记产品成本明细账和库存商品明细账。品种法成本核算程序如图5-1所示。

项目五 产品成本计算的品种法

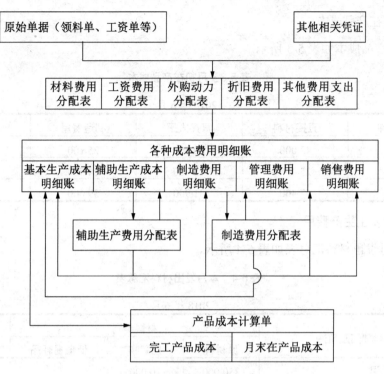

图 5-1 品种法成本核算程序

三、品种法的应用

(一)成本计算相关资料

【例 5-1】新威公司为大量大批单步骤生产的企业,主要生产 C101、C102 两种产品,设有一个基本生产车间,机修和锅炉两个辅助生产车间,为生产提供劳务。根据生产特点和管理要求采用品种法计算产品成本。企业开设"基本生产成本"和"辅助生产成本"两个总账,"基本生产成本"总账分别按 C101、C102 产品设置基本生产成本明细账,"辅助生产成本"总账分别按机修车间和锅炉车间开设辅助生产成本明细账。"制造费用"核算基本生产车间发生的间接费用,机修和锅炉两个辅助生产车间发生的制造费用不通过"制造费用"账户核算,直接计入"辅助生产成本"明细账的相应项目。2018 年 6 月有关产品成本核算资料如下。

1. 生产产量情况

生产产量情况如表 5-2 所示。

表 5-2 生产产量情况

2018 年 6 月　　　　　　　　　　　　　　　　　　　　　　　单位:件

产品品种	月初在产品	本月投产	完工产品	月末在产品	完工率
C101	800	5 700	5 500	1 000	50%
C102	600	3 800	3 600	800	50%

2. 月初在产品成本

月初在产品成本如表 5-3 所示。

表 5-3 月初在产品成本

2018 年 6 月　　　　　　　　　　　　　　　　　　　　单位：元

产品品种	直接材料	直接人工	制造费用	合　计
C101	42 000	20 500	25 100	87 600
C102	25 400	11 400	14 500	51 300
合计	67 400	31 900	39 600	138 900

3. 本月发生生产费用

(1) 本月发出材料汇总表如表 5-4 所示。

表 5-4 本月发出材料汇总表

2018 年 6 月　　　　　　　　　　　　　　　　　　　　单位：元

领料部门及用途	材料类别			合　计
	原材料	包装物	低值易耗品	
C101 产品耗用	350 000	10 000		360 000
C102 产品耗用	208 000	6 000		214 000
C101、C102 产品共同耗用	80 000			80 000
基本生产车间一般耗用	10 000		2 000	12 000
机修车间耗用	2 500			2 500
锅炉车间耗用	1 600		1 000	2 600
厂部管理部门耗用	1 500			1 500
合　计	653 600	16 000	3 000	672 700

(2) 本月职工薪酬及各项费用汇总表如表 5-5 所示。

表 5-5 职工薪酬费用汇总表

2018 年 6 月　　　　　　　　　　　　　　　　　　　　单位：元

人员类别	应付工资	职工福利费(10%)	养老保险(8%)	医疗保险(8%)	工会经费(2%)	职工教育经费(2.5%)	合计
产品生产工人	200 000	20 000	16 000	16 000	4 000	5 000	261 000
基本车间管理人员	30 000	3 000	2 400	2 400	600	750	39 150
机修车间	10 000	1 000	800	800	200	250	13 050
锅炉车间	8 000	800	640	640	160	200	10 440
厂部管理人员	50 000	5 000	4 000	4 000	1 000	1 250	65 250
合　计	298 000	29 800	23 840	23 840	5 960	7 450	388 890

(3) 部门用电情况如表 5-6 所示。

表 5-6 部门用电情况

2018 年 6 月

部门及用途	用电量/千瓦时	单价/(元/千瓦时)	金额/元
生产产品动力用	150 000	0.8	120 000
基本生产车间照明及办公用	2 000	0.8	1 600
机修车间	2 500	0.8	2 000
锅炉车间	10 000	0.8	8 000
厂部办公用	4 000	0.8	3 200
合计	168 500	0.8	134 800

(4) 本月计提固定资产折旧费如表 5-7 所示。

表 5-7 固定资产折旧费

2018 年 6 月　　　　　　　　　　　　　　　　　　　　　　　　单位：元

部门名称	金额
基本生产车间	35 000
机修车间	4 000
锅炉车间	8 000
厂部管理部门	15 000
合计	62 000

(5) 本月以银行存款支付的其他费用情况如表 5-8 所示。

表 5-8 其他费用情况

2018 年 6 月　　　　　　　　　　　　　　　　　　　　　　　　单位：元

部门	办公费	劳保费	财产保险费	差旅费	合计
基本生产车间	1 200	10 000	4 000	9 000	24 200
机修车间	400	1 250	3 000	350	5 000
锅炉车间	3 000	1 500	2 500	3 000	10 000
厂部管理部门	500	2 000	1 600	5 000	9 100
合计	5 100	14 750	11 100	17 350	48 300

(6) 有关费用分配方法如下。

① 共同耗用材料按材料定额消耗量比例分配。

② 动力用电按实际生产工时比例分配，计入成本明细账的"制造费用"成本项目。

③ 生产工人工资按两种产品实际生产工时比例分配。

④ 辅助生产费用采用直接分配法分配。

⑤ 制造费用按两种产品实际生产工时比例分配，C102 产品 12 000 小时，C102 产品

8 000小时。

⑥ 采用约当产量比例法计算完工产品与月末在产品成本,原材料都是在生产开始时一次投入。

(二)要求

(1) 分配各项要素费用(见表5-9至表5-13)并编制会计分录,登记相关明细账。

表5-9 材料费用分配表

2018年6月　　　　　　　　　　　　　　　　　　　　　　　单位:元

应借账户		直接计入	共同耗用			合计
			定额消耗量	分配率	金额	
基本生产成本	C101	360 000	30 000		48 000	408 000
	C102	214 000	20 000		32 000	246 000
	小计	574 000	50 000	1.6	80 000	654 000
制造费用	材料费	12 000				12 000
辅助生产成本	机修车间	2 500				2 500
	锅炉车间	2 600				2 600
管理费用	材料费	1 500				1 500
合 计		592 600			80 000	672 600

凭证编号:记字1号　　日期:2018年6月30日　　摘要:材料费用分配

借:基本生产成本——C101产品(直接材料)　　408 000
　　　　　　　　——C102产品(直接材料)　　246 000
　　制造费用——材料费　　　　　　　　　　　12 000
　　辅助生产成本——机修车间　　　　　　　　2 500
　　　　　　　　——锅炉车间　　　　　　　　2 600
　　管理费用——材料费　　　　　　　　　　　1 500
　　贷:原材料　　　　　　　　　　　　　　653 600
　　　　周转材料——包装物　　　　　　　　16 000
　　　　　　　　——低值易耗品　　　　　　3 000

表5-10 职工薪酬分配表

2018年6月

应借账户		实际生产工时/小时	分配率/(元/小时)	应分配职工薪酬/元
基本生产成本	C101	12 000	13.05	156 600
	C102	8 000		104 400
	小计	20 000	13.05	261 000
制造费用	职工薪酬	—	—	39 150

续表

应借账户		实际生产工时/小时	分配率/(元/小时)	应分配职工薪酬/元
辅助生产成本	机修车间	—	—	13 050
	锅炉车间	—	—	10 440
管理费用	职工薪酬	—	—	65 250
合　计	合计			388 890

凭证编号：记字2号　　日期：2018年6月30日　　摘要：职工薪酬分配

借：基本生产成本——C101产品(直接人工)　　156 600
　　　　　　　　——C102产品(直接人工)　　104 400
　　制造费用——职工薪酬　　39 150
　　辅助生产成本——机修车间　　13 050
　　　　　　　　——锅炉车间　　10 440
　　管理费用——职工薪酬　　65 250
　　贷：应付职工薪酬——短期薪酬(工资)　　298 000
　　　　　　　　　　——短期薪酬(职工福利费)　　29 800
　　　　　　　　　　——离职后福利(养老保险费)　　23 840
　　　　　　　　　　——短期薪酬(医疗保险费)　　23 840
　　　　　　　　　　——短期薪酬(工会经费)　　5 960
　　　　　　　　　　——短期薪酬(职工教育经费)　　7 450

表5-11　动力费用分配表

2018年6月

应借账户		实际生产工时/小时	分配率/(元/小时)	应分配职工薪酬/元
基本生产成本	C101	12 000	6	72 000
	C102	8 000		48 000
	小计	20 000	6	120 000
制造费用	电费	—	—	1 600
辅助生产成本	机修车间	—	—	2 000
	锅炉车间	—	—	8 000
管理费用	电费	—	—	3 200
合　计	合计	—	—	134 800

凭证编号：记字3号　　日期：2018年6月30日　　摘要：动力费用分配

借：基本生产成本——C101产品(制造费用)　　72 000
　　　　　　　　——C102产品(制造费用)　　48 000
　　制造费用——电费　　1 600
　　辅助生产成本——机修车间　　2 000

　　　　——锅炉车间　　　　　　　　　　　　　　　　8 000
　　管理费用——电费　　　　　　　　　　　　　　　3 200
　　贷：应付账款　　　　　　　　　　　　　　　　134 800

表 5-12　固定资产折旧分配表

2018 年 6 月　　　　　　　　　　　　　　　　　　　　　　单位：元

应借账户		成本或费用项目	金额
制造费用		折旧费	35 000
辅助生产成本	机修车间	折旧费	4 000
	锅炉车间	折旧费	8 000
管理费用		折旧费	15 000
合　计			62 000

凭证编号：记字 4 号　　日期：2018 年 6 月 30 日　　摘要：折旧费用分配
借：制造费用——折旧费　　　　　　　　　　　　　35 000
　　辅助生产成本——机修车间　　　　　　　　　　4 000
　　　　　　　　——锅炉车间　　　　　　　　　　8 000
　　管理费用——其他费用　　　　　　　　　　　　15 000
　　贷：累计折旧　　　　　　　　　　　　　　　　62 000

表 5-13　其他费用分配表

2018 年 6 月　　　　　　　　　　　　　　　　　　　　　　单位：元

应借账户		成本或费用项目	金额
制造费用		其他费用	24 200
辅助生产成本	机修车间	其他费用	5 000
	锅炉车间	其他费用	10 000
管理费用		其他费用	9 100
合　计			48 300

凭证编号：记字 5 号　　日期：2018 年 6 月 30 日　　摘要：其他费用分配
借：制造费用——其他费用　　　　　　　　　　　　24 200
　　辅助生产成本——机修车间　　　　　　　　　　5 000
　　　　　　　　——锅炉车间　　　　　　　　　　10 000
　　管理费用——其他费用　　　　　　　　　　　　9 100
　　贷：银行存款　　　　　　　　　　　　　　　　48 300

　　(2) 根据各种费用分配表编制的记账凭证，登记辅助生产成本明细账，如表 5-14、表 5-15 所示，本月机修和锅炉车间提供劳务数量如表 5-16 所示，采用直接分配法编制辅助生产费用分配表如表 5-17 所示。

表 5-14　辅助生产成本明细账(机修车间)

车间：机修车间　　　　　　　　　　2018 年 6 月　　　　　　　　　　　　　单位：元

2018年		凭证号	摘要	材料费	职工薪酬	电费	折旧费	其他费用	合计
6	30	记1	材料费用分配	2 500					2 500
6	30	记2	职工薪酬分配		13 050				13 050
6	30	记3	动力费用分配			2 000			2 000
6	30	记4	折旧费用分配				4 000		4 000
6	30	记5	其他费用分配					5 000	5 000
6	30		合计	2 500	13 050	2 000	4 000	5 000	26 550
6	30	记6	分配转出	2 500	13 050	2 000	4 000	5 000	26 550

表 5-15　辅助生产成本明细账(锅炉车间)

车间：锅炉车间　　　　　　　　　　2018 年 6 月　　　　　　　　　　　　　单位：元

2018年		凭证号	摘要	材料费	职工薪酬	电费	折旧费	其他费用	合计
6	30	记1	材料费用分配	2 600					2 600
6	30	记2	职工薪酬分配		10 440				10 440
6	30	记3	动力费用分配			8 000			8 000
6	30	记4	折旧费用分配				8 000		8 000
6	30	记5	其他费用分配					10 000	10 000
6	30		合计	2 600	10 440	8 000	8 000	10 000	39 040
6	30	记6	分配转出	2 600	10 440	8 000	8 000	10 000	39 040

表 5-16　辅助生产车间提供的产品及劳务

2018 年 6 月

受益单位	机修工时/小时	供气数量/吨
机修车间		10
锅炉车间	20	
基本生产车间	1 080	305
厂部管理部门	100	15
合　计	1 200	330

表 5-17 辅助生产费用分配表

2018 年 6 月　　　　　　　　　　　　　　　　　　　　　　　　单位：元

辅助生产车间		机修车间	锅炉车间	合计
待分配费用		26 550	39 040	65 590
辅助生产车间以外部门受益劳务量		1 180	320	—
费用分配率		22.50 元/小时	122 元/吨	—
基本生产车间	受益数量	1 080	305	—
	分配金额	24 300	37 210	61 510
厂部管理部门	受益数量	100	15	—
	分配金额	2 250	1 830	4 080
合计		26 550	39 040	65 590

凭证编号：记字 6 号　　　日期：2018 年 6 月 30 日　　　摘要：辅助费用分配

借：制造费用——修理费用　　　　　24 300
　　　　　　——汽费　　　　　　　37 210
　　管理费用——修理费用　　　　　2 250
　　　　　　——汽费　　　　　　　1 830
　　贷：辅助生产成本——机修车间　　　　　　26 550
　　　　　　　　　　——锅炉车间　　　　　　39 040

(3) 分配制造费用(见表 5-18、表 5-19)，并编制会计分录，登记有关明细账。

表 5-18 制造费用明细账

车间：基本生产车间　　　　　　2018 年 6 月　　　　　　　　　单位：元

2018 年		凭证号	摘要	材料费	职工薪酬	电费	折旧费	其他费用	修理费	汽费	合计
6	30	记 1	材料费用分配	12 000							12 000
6	30	记 2	职工薪酬分配		39 150						39 150
6	30	记 3	动力费用分配			1 600					1 600
6	30	记 4	折旧费用分配				35 000				35 000
6	30	记 5	其他费用分配					24 200			24 200
6	30	记 6	辅助费用分配						24 300	37 210	61 510
6	30		合计	12 000	39 150	1 600	35 000	24 200	24 300	37 210	173 460
6	30	记 7	分配转出	12 000	39 150	1 600	35 000	24 200	24 300	37 210	173 460

表 5-19 制造费用分配表

2018 年 6 月　　　　　　　　　　　　　　　　单位：元

产品名称	成本项目	实际生产工时/小时	分配率	分配额
C101 产品	制造费用	12 000		104 076
C102 产品	制造费用	8 000		69 384
合计		20 000	8.673	173 460

凭证编号：记字 7 号　　　日期：2018 年 6 月 30 日　　　摘要：制造费用分配

借：基本生产成本——C101 产品(制造费用)　　　104 076

　　　　　　　　——C102 产品(制造费用)　　　69 384

贷：制造费用　　　　　　　　　　　　　　　　　173 460

(4) 根据上述成本费用的归集和分配资料，采用约当产量比例法计算完工产品成本与月末在产品成本，编制产品成本计算单，如表 5-20、表 5-21 所示，并登记产品成本明细账，如表 5-22、表 5-23 所示。

表 5-20 产品成本计算单

2018 年 6 月　　　　　　　　　　　　　　　　单位：元

产品名称：C101　　　本月完工：5 500 件　　　月末在产品：1 000 件

摘　要	直接材料	直接人工	制造费用	合　计
月初在产品成本	42 000	20 500	25 100	87 600
本月生产费用	408 000	156 600	176 076	740 676
生产费用合计	450 000	177 100	201 176	828 276
完工产品数量	5 500	5 500	5 500	—
月末在产品约当产量	1 000	500	500	—
生产产量合计	6 500	6 000	6 000	—
单位成本	69.23	29.52	33.53	132.28
完工产品成本	380 765	162 360	184 415	727 540
月末在产品成本	69 235	14 740	16 761	100 736

(尾差由月末在产品负担。)

表 5-21 产品成本计算单

2018 年 6 月　　　　　　　　　　　　　　　　单位：元

产品名称：C102　　　本月完工：3 600 件　　　月末在产品：800 件

摘　要	直接材料	直接人工	制造费用	合　计
月初在产品成本	25 400	11 400	14 500	51 300
本月生产费用	246 000	104 400	117 384	467 784
生产费用合计	271 400	115 800	131 884	519 084
完工产品数量	3 600	3 600	3 600	—

续表

摘 要	直接材料	直接人工	制造费用	合 计
月末在产品约当产量	800	400	400	—
生产产量合计	4 400	4 000	4 000	—
单位成本	61.68	28.95	32.97	123.60
完工产品成本	222 048	104 220	118 692	444 960
月末在产品成本	49 352	11 580	13 192	74 124

表 5-22 基本生产成本明细账(C101)

产品名称：C101　　　　　　　　　2018 年 6 月　　　　　　　　　　单位：元

2018 年		凭证号	摘要	借方				贷方	余额
				直接材料	直接人工	制造费用	合计		
			月初在产品成本	42 000	20 500	25 100	87 600		
6	30	记 1	材料费用分配	408 000			408 000		
6	30	记 2	职工薪酬分配		156 600		156 600		
6	30	记 3	动力费用分配			72 000	72 000		
6	30	记 7	制造费用分配			104 076	104 076		
6	30		本月生产费用	408 000	156 600	176 076	740 676		
6	30		生产费用合计	450 000	177 100	201 176	828 276		
6	30	记 8	分配转出	380 765	162 360	184 415	727 540	727 540	
6	30		月末在产品成本	69 235	14 740	16 761	100 736		100 736

表 5-23 基本生产成本明细账(C102)

产品名称：C102　　　　　　　　　2018 年 6 月　　　　　　　　　　单位：元

2018 年		凭证号	摘要	借方				贷方	余额
				直接材料	直接人工	制造费用	合计		
			月初在产品成本	25 400	11 400	14 500	51 300		
6	30	记 1	材料费用分配	246 000			246 000		
6	30	记 2	职工薪酬分配		104 400		104 400		
6	30	记 3	动力费用分配			48 000	48 000		
6	30	记 7	制造费用分配			69 384	69 384		
6	30		本月生产费用	246 000	104 400	117 384	467 784		
6	30		生产费用合计	271 400	115 800	131 884	519 084		
6	30	记 8	分配转出	222 048	104 220	118 692	444 960	444 960	
6	30		月末在产品成本	49 352	11 580	13 192	74 124		74 124

(5) 编制完工产品成本汇总表如表 5-24 所示，并据以结转完工产品成本。

表 5-24 完工产品成本汇总表　　　　　　　　　　　　　单位：元

成本项目	C101 产品(5 500 件)		C102 产品(3 600 件)	
	总成本	单位成本	总成本	单位成本
直接材料	380 765	69.23	222 048	61.98
直接人工	162 360	29.52	104 220	28.95
制造费用	184 415	33.53	118 692	32.97
合计	727 540	132.28	444 960	123.60

凭证编号：记字 8 号　　　日期：2018 年 6 月 30 日　　　摘要：结转完工产品成本

借：库存商品——C101 产品　　　　　　　　727 540
　　　　　　——C102 产品　　　　　　　　444 960
　　贷：基本生产成本——C101 产品　　　　727 540
　　　　　　　　　　——C102 产品　　　　444 960

● 案例解析

(1) 若该公司生产的罐装液体及被检测、清洗的空罐不对外销售，且公司不需要罐装液体和空罐的成本资料，则该公司宜采用分步法中平行结转分步法，只要计算最后可乐产品的成本就可以。

(2) 若该公司生产的罐装液体及被检测、清洗的空罐可能对外销售，且公司需要罐装液体和空罐的成本资料，则该公司宜采用分步法中逐步结转分步法，计算出灌装液体和空罐的半成品资料，逐步计算出最后可乐的成本资料。

(3) 该公司不能采用分批法计算产品成本，因为生产品种单一、大量大批多步骤生产，不是小批单件。

(4) 该公司要采用品种法与分步法结合的办法，因为品种法是最基本的成本计算方法，采用分步法就是分步、分品种的成本计算方法。

项 目 小 结

制造业企业的生产按工艺过程的特点可分为单步骤生产和多步骤生产；按生产组织方式可分为大量生产、成批生产和单件生产。

产品的生产特点和管理要求是决定成本计算方法的主要因素。它主要表现在成本计算对象的确定、成本计算期的确定、生产费用在完工产品与在产品之间的分配上。

以产品成本计算对象为标志的三种成本计算的基本方法是品种法、分批法和分步法，其中品种法是最基本的成本计算方法。产品成本计算的辅助方法有分类法、定额法等。基本方法可以单独使用，是计算产品实际成本必不可少，辅助方法不能单独使用，必须结合基本方法，不是计算产品实际成本必不可少的方法。

品种法是指以产品品种为成本计算对象，归集生产费用计算产品成本的方法，是产品成本计算中最基本的方法。品种法的适用范围：适用于单步骤的大量大批生产，也可用于管理上不需分步骤计算成本的多步骤的大量大批生产。

品种法的特点：以产品品种为成本计算对象，设置产品成本明细账和成本计算单，归集生产费用。成本计算定期按月进行，品种法成本计算期与会计核算期一致，但与产品生产周期不一致。大量大批单步骤生产，产品品种单一，月末一般没有在产品，不需要将生产费用在完工产品与在产品之间进行分配；而大量大批多步骤生产，月末一般有在产品，就需要将生产费用在完工产品与在产品之间进行分配，从而确定完工产品成本和月末在产品成本。

品种法计算产品成本的一般程序是：按照产品品种设置成本明细账，在明细账内按照成本项目设置专栏；编制费用分配汇总表，根据各种原始凭证编制各种费用分配汇总表；分配辅助生产费用，编制"辅助生产费用分配表"，将辅助生产成本明细账中所归集的生产费用，采用适当的方法分配给各受益对象，并据以登记有关成本费用明细账；分配基本生产车间制造费用，编制"制造费用分配表"，登记到各产品的成本项目中；分配计算各种完工产品成本和月末在产品成本；结转产成品成本。

项目强化训练

一、单项选择题

1. 大量大批多步骤生产管理上不要求分步的企业适用的成本计算方法是( )。
   A. 品种法　　　　C. 分类法　　　　B. 分批法　　　　D. 分步法
2. 工业企业的生产按其组织方式不同分为( )。
   A. 单步骤生产和多步骤生产　　　　B. 大量生产、成批生产和单件生产
   C. 连续式生产和装配式生产　　　　D. 简单生产和复杂生产
3. 区分产品成本计算基本方法的主要标志是( )。
   A. 成本计算期　　　　　　　　　　B. 制造费用的分配方法
   C. 成本计算对象　　　　　　　　　D. 完工产品与在产品之间分配费用的方法
4. 单件小批生产的企业，应选择的成本计算方法是( )。
   A. 品种法　　　　B. 分类法　　　　C. 分批法　　　　D. 分步法
5. 分步法适用于( )。
   A. 大量大批多步骤生产管理上要求分步
   B. 单件生产
   C. 小批生产
   D. 大量大批单步骤
6. 品种法适用于( )。
   A. 大量大批多步骤生产管理上要求分步
   B. 大量大批单步骤生产
   C. 联产品的多步骤生产
   D. 单件小批类型的生产

7. 品种法成本计算的对象是(　　)。
   A. 产品结构　　　B. 产品品种　　　C. 生产步骤　　　D. 产品批次
8. 品种法成本计算期的特点是(　　)。
   A. 定期按月计算，与生产周期一致
   B. 定期按月计算，与生产周期不一致
   C. 不定期计算成本，与生产周期一致
   D. 不定期计算成本，与会计报告期不一致
9. 品种法是产品成本计算的(　　)。
   A. 主要方法　　　B. 重要方法　　　C. 最基本方法　　　D. 最一般方法
10. 在品种法下，若只生产一种产品，则发生的费用(　　)。
    A. 全部直接计入费用
    B. 全部间接计入费用
    C. 部分是直接费用，部分是间接费用
    D. 需要将生产费用在各种产品当中进行分配

二、多项选择题

1. 下列产品成本计算方法中，属于辅助方法的有(　　)。
   A. 品种法　　　B. 分类法　　　C. 定额法　　　D. 分步法
2. 产品成本计算的基本方法有(　　)。
   A. 品种法　　　B. 分类法　　　C. 分批法　　　D. 分步法
3. 企业在确定产品成本计算方法时，必须从企业的具体情况出发，同时考虑(　　)等因素。
   A. 企业生产特点　　　　　　　B. 企业生产规模大小
   C. 管理要求　　　　　　　　　D. 月末有无在产品
4. 产品成本计算期与产品生产周期不一致的成本计算方法有(　　)。
   A. 品种法　　　B. 分类法　　　C. 分批法　　　D. 分步法
5. 受生产特点和管理要求影响，产品成本计算的对象有(　　)。
   A. 产品品种　　　B. 产品类别　　　C. 产品批别　　　D. 产品生产步骤
6. 下列(　　)是品种法的特点。
   A. 以品种为成本计算对象　　　　B. 成本计算期与会计报告期一致
   C. 不分步计算产品成本　　　　　D. 计算自制半成品成本
7. 下列企业适宜采用品种法进行成本计算的是(　　)。
   A. 发电厂　　　B. 煤矿厂　　　C. 钢铁厂　　　D. 造船厂
8. 品种法的计算程序依次是(　　)。
   A. 分配各种要素费用
   B. 分配辅助生产成本和基本生产车间的制造费用
   C. 按产品品种开设成本明细账
   D. 计算完工产品成本和月末在产品成本
9. 在采用品种法计算产品成本的企业或车间里，(　　)。
   A. 如果只生产一种产品，所发生的全部生产费用都是直接费用

B. 如果只生产一种产品，不存在在各成本计算对象之间分配费用的问题
C. 如果生产多种产品，直接费用可以直接计入各产品成本明细账的有关成本项目
D. 如果生产多种产品，间接费用则要采用适当的分配方法，在各成本计算对象之间进行

10. 品种法是最基本的成本计算方法，是由于(　　　　)。
   A. 各种方法最终都要计算出各产品品种的成本
   B. 品种法定期按月计算成本
   C. 品种法成本计算程序是成本计算的一般程序
   D. 品种法不需要进行费用分配

三、判断题

1. 产品成本计算最基本的方法是品种法。（　）
2. 成本计算对象的确定主要取决于成本管理的要求。（　）
3. 成本计算期在所有企业都是一个月。（　）
4. 产品成本计算的基本方法和辅助方法，是从计算产品实际成本是否必不可少的角度划分的。（　）
5. 一个工业企业只能采用一种成本计算方法，不能同时采用其他方法。（　）
6. 品种法是一种不分批不分步计算产品成本的一种方法。（　）
7. 品种法只适用于大量大批单步骤生产的企业。（　）
8. 在品种法下，如果单步骤生产且品种单一，月末在产品很少或没有，则可以不计算产品成本，这种情况下的品种法也称简单法。（　）
9. 品种法的成本计算对象是每件产品。（　）
10. 采用品种法计算产品成本时，企业如果只生产一种产品，只需要为这一种产品开设产品成本明细账即可。（　）

四、名词解释

成本计算对象　　成本计算期　　品种法

五、思考题

1. 成本计算的基本方法和辅助方法的区别和联系是什么？
2. 品种法的特点和适用范围是什么？
3. 品种法的成本核算程序是什么？

六、岗位能力训练

华兴制造厂有一个基本生产车间和供电、锅炉两个辅助生产车间，基本生产车间大量生产甲、乙两种产品，根据生产特点和管理要求采用品种法计算产品成本。辅助生产车间的制造费用不单独核算，有关成本计算资料如下。

1. 月初在产品成本如下。

甲产品月初在产品成本为 97 390 元，其中直接材料 40 800 元、直接人工 34 000 元、制造费用 22 590 元；乙产品月初在产品成本为 33 716 元，其中直接材料 18 000 元、直接人工 9 206 元、制造费用 6 510 元。

2. 本月生产数量如下。

甲产品本月实际生产工时 6 000 小时，本月完工 2 000 件，月末在产品 1 000 件，加工程度为 50%，原材料在生产开始时一次投入。乙产品本月实际生产工时 2 000 小时，本月完工 1 000 件，月末在产品 800 件，加工程度为 60%，原材料在生产开始时一次投入。采用约当产量比例法分配完工产品成本和月末在产品成本。

供电车间本月供电 165 800 度，其中锅炉车间 5 000 度，产品生产 120 000 度，基本生产车间一般消耗 7 800 度，厂部管理部门消耗 33 000 度；锅炉车间本月供气 25 990 立方米，其中供电车间 1 000 立方米，基本生产车间 15 000 立方米，企业管理部门 9 990 立方米。

3. 本月发生生产费用如下。

(1) 本月发出材料汇总表如表 5-25 所示。

表 5-25　材料发出汇总表

材料类别：原料及主要材料　　　　　　　2018 年 7 月　　　　　　　　　　　单位：元

领料用途	直接领用	共同耗用	合计
产品生产用	320 000	64 000	384 000
其中：甲产品	200 000		200 000
乙产品	120 000		120 000
基本生产车间一般耗用	4 500		4 500
供电车间	52 000		52 000
锅炉车间	12 000		12 000
企业管理部门	5 000		5 000
合计	393 500	64 000	457 500

(2) 本月职工薪酬结算汇总表如表 5-26 所示。

表 5-26　职工薪酬结算汇总表

2018 年 7 月　　　　　　　　　　　　　　　　　　　　　　　单位：元

人员类别		应付工资总额	计提的职工福利费	合计
基本生产车间生产工人		270 000	37 800	307 800
基本生产车间管理人员		15 000	2 100	17 100
辅助生产车间	供电车间	10 000	1 400	11 400
	锅炉车间	12 000	1 680	13 680
企业管理人员		28 000	3 920	31 920
合计		335 000	46 900	381 900

(3) 本月应计提折旧费 48 000 元，其中基本生产车间 30 000 元，供电车间 6 000 元，锅炉车间 5 000 元，企业管理部门 7 000 元。

(4) 本月以银行存款支付其他费用，其中基本生产车间为：办公费 35 000 元，水费 3 500 元，财产保险费 1 300 元；供电车间为：办公费 1 600 元，水费 8 000 元，财产保险费 1 400 元；锅炉车间为：办公费 2 000 元，水费 15 000 元，差旅费 1 500 元，财产保险费 800 元；

管理部门为：办公费 3 000 元，差旅费 6 500 元，招待费 1 000 元，财产保险费 600 元。

(5) 有关费用分配方法如下。

① 共同耗用材料费用按甲、乙两种产品直接耗用原材料比例分配。

② 职工薪酬按照甲、乙产品的实际生产工时比例分配。

③ 辅助生产费用按直接分配法进行分配；产品用电分配计入"基本生产成本"明细账的"制造费用"成本项目。

④ 制造费用按照甲、乙产品的实际生产工时比例分配。

⑤ 采用约当产量比例法计算完工产品成本及月末在产品成本。

要求：根据各项生产费用发生的原始凭证及有关资料，编制各项费用分配表。

(1) 分配各项费用要素(见表 5-27 至表 5-30)，并编制会计分录。

表 5-27 材料费用分配表

2018 年 7 月　　　　　　　　　　　　　　　　　　　单位：元

应借账户		直接计入	共同耗用			合计
			分配标准	分配率	金额	
基本生产成本	甲产品					
	乙产品					
	小计					
制造费用	材料费					
辅助生产成本	供电车间					
	锅炉车间					
管理费用	材料费					
合计						

表 5-28 职工薪酬分配表

2018 年 7 月　　　　　　　　　　　　　　　　　　　单位：元

应借账户		工资分配计入金额			职工福利费		合计
		生产工时	分配率	分配金额	分配率	分配金额	
基本生产成本	甲产品						
	乙产品						
	合计						
制造费用	职工薪酬						
辅助生产成本	供电车间						
	锅炉车间						
	合计						
管理费用	职工薪酬						
合计							

表5-29 固定资产折旧分配表

2018年7月　　　　　　　　　　　　　　　　　　　　　　　　单位：元

应借账户		成本或费用项目	金　额
制造费用		折旧费	
辅助生产成本	供电车间	折旧费	
	锅炉车间	折旧费	
管理费用		折旧费	
合计			

表5-30 其他费用分配表

2018年7月　　　　　　　　　　　　　　　　　　　　　　　　单位：元

应借账户		成本或费用项目	金　额
制造费用		其他费用	
辅助生产成本	供电车间	其他费用	
	锅炉车间	其他费用	
管理费用		其他费用	
合计			

(2) 分配辅助生产费用(见表5-31至表5-34)，并编制会计分录。

表5-31 辅助生产成本明细账(供电车间)

车间名称：供电车间　　　　　2018年7月　　　　　　　　　　　单位：元

2018年	凭证号	摘要	直接材料	直接人工	折旧费	其他费用	合计
		材料费用分配					
		职工薪酬分配					
		折旧费用分配					
		其他费用分配					
		本月合计					
		分配转出					

表5-32 辅助生产成本明细账(锅炉车间)

车间名称：锅炉车间　　　　　2018年7月　　　　　　　　　　　单位：元

2018年	凭证号	摘要	直接材料	直接人工	折旧费	其他费用	合计
		材料费用分配					
		职工薪酬分配					
		折旧费用分配					
		其他费用分配					
		本月合计					
		分配转出					

表 5-33 辅助生产费用分配表

2018 年 7 月　　　　　　　　　　　　　　　　　　　　　　　单位：元

辅助生产车间		供电车间	锅炉车间	合　计
待分配费用				
辅助生产车间以外部门受益劳务量				—
费用分配率				—
产品耗用	受益数量			—
	分配金额			
基本生产车间	受益数量			—
	分配金额			
厂部管理部门	受益数量			—
	分配金额			
合计				

表 5-34 产品共同耗用电费分配表

2018 年 7 月　　　　　　　　　　　　　　　　　　　　　　　单位：元

产品名称	生产工时/小时	分配率	分配金额
甲产品			
乙产品			
合计			

(3) 分配制造费用(见表 5-35、表 5-36)，并编制会计分录。

表 5-35 制造费用明细账

车间名称：基本生产车间　　　　　2018 年 7 月　　　　　　　　　　单位：元

2018 年	凭证号	摘要	材料费	人工费	折旧费	其他费用	电汽费	合计
		材料费用分配						
		职工薪酬分配						
		折旧费用分配						
		其他费用分配						
		辅助费用分配						
		本月合计						
		分配转出						

表 5-36　制造费用分配表

2018 年 7 月　　　　　　　　　　　　　　　　　　　　　　　　单位：元

产品名称	成本项目	实际生产工时	分配率	分配额
甲产品	制造费用			
乙产品	制造费用			
合计				

(4) 计算甲、乙完工产品成本与月末在产品成本，编制产品成本计算单，并登记基本生产成本明细账，如表 5-37 至表 5-40 所示。(单位成本保留两位小数)

表 5-37　产品成本计算单(甲产品)

2018 年 7 月　　　　　　　　　　　　　　　　　　　　　　　　单位：元

产品名称：甲产品　　　本月完工：2 000 件　　　月末在产品：1 000 件　　　完工程度：50%

摘　要	直接材料	直接人工	制造费用	合　计
月初在产品成本				
本月生产费用				
生产费用合计				
完工产品数量				—
月末在产品约当产量				—
生产产量合计				—
单位成本				
完工产品成本				
月末在产品成本				

表 5-38　产品成本计算单(乙产品)

2018 年 7 月　　　　　　　　　　　　　　　　　　　　　　　　单位：元

产品名称：乙产品　　　本月完工：1 000 件　　　月末在产品：800 件　　　完工程度：60%

摘　要	直接材料	直接人工	制造费用	合　计
月初在产品成本				
本月生产费用				
生产费用合计				
完工产品数量				—
月末在产品约当产量				—
生产产量合计				—
单位成本				
完工产品成本				
月末在产品成本				

表 5-39 基本生产成本明细账(甲产品)

产品名称：甲产品　　　　　　　　　　2018 年 7 月　　　　　　　　　　单位：元

2018年	凭证号	摘要	借方				贷方	余额
			直接材料	直接人工	制造费用	合计		
		月初在产品成本						
		材料费用分配						
		职工薪酬分配						
		动力费用分配						
		制造费用分配						
		本月生产费用						
		生产费用合计						
		分配转出						
		月末在产品成本						

表 5-40 基本生产成本明细账(乙产品)

产品名称：乙产品　　　　　　　　　　2018 年 7 月　　　　　　　　　　单位：元

2018年	凭证号	摘要	借方				贷方	余额
			直接材料	直接人工	制造费用	合计		
		月初在产品成本						
		材料费用分配						
		职工薪酬分配						
		动力费用分配						
		制造费用分配						
		本月生产费用						
		生产费用合计						
		分配转出						
		月末在产品成本						

(5) 编制完工产品成本汇总表如表 5-41 所示，并据以结转完工产品成本。

表 5-41 完工产品成本汇总表

成本项目	甲产品(2 000 件)		乙产品(1 000 件)	
	总成本	单位成本	总成本	单位成本
直接材料				
直接人工				
制造费用				
合计				

项目六 产品成本计算的分批法

【知识目标】

- 了解分批法的含义、特点和适用范围。
- 掌握一般分批法、简化分批法的成本计算程序。

【技能目标】

- 能应用分批法进行产品成本计算并进行相应账务处理。

◉ **案例引导**

旺达机械修理厂的生产任务是按照客户的要求，修理各种机械设备。根据自身的生产技术条件和技术设备的生产能力，在完成修理任务的前提下，接受各家用户的订货，组织生产专用或通用的机械设备。

该厂有铸工、锻工、机加工、钳工(装配)等生产步骤，属于多步骤生产；按生产工艺划分为铸工、锻工、机加工、钳工(装配)车间。该厂修理项目和产品品种，规格多且很少重复，生产组织一般为小批或单件生产；修理作业的批号很多，修理和零件加工比较复杂，一般不能当月完工。

要求分析：

(1) 根据以上资料，你认为该企业适合采用什么方法计算产品成本？成本计算对象是什么？

(2) 月末是否需要将生产费用在完工产品与月末在产品之间进行分配？

◉ **理论认知**

任务一 分批法概述

一、分批法的含义、适用范围及特点

(一)分批法的含义

分批法是指以产品批别或订单为成本计算对象，归集生产费用计算产品成本的方法。采用分批法，需要按产品批别分品种开设产品成本明细账，产品批别在成批生产的企业中，是按一定品种、一定批量产品划分的，而产品的品种和批量往往根据客户的订单确定，因此也称"订单法"。

(二)分批法的适用范围

分批法适用于单件、小批生产类型的企业，主要包括：单件、小批生产的重型机械、船舶、精密工具、仪器等制造企业；不断更新产品种类的时装等制造企业；新产品的试制、机器设备的修理作业，以及辅助生产的工具、器具、模具的制造等。

(三)分批法的特点

1. 成本计算对象

成本计算对象是产品批别，并按此设置产品成本明细账。产品批别是指企业生产计划部门签发并下达到生产车间的产品批号。根据购买者订单生产的企业，往往以一张订单规定的产品作为一批，但产品的批别与客户的订单有时候也不完全相同。如果一张订单中规定的产品品种较多，为了分别考核不同产品的生产成本，可以将一张订单分为几批组织生产；如果一张订单批量较大，要求陆续交货，并且交货持续的时间较长，为了及时确定成本以便及时计算损益,也可以分成几批组织生产;如果同一时期内,在几张订单中规定有相同的产品,而且交货的时间相差不多,也可以将几张订单中相同的产品合并为一批组织生产。

2. 成本计算期

成本计算期与生产周期一致,与会计核算期不一致。这是因为在分批法下,同批产品通常同时完工,平时没有必要计算该批产品成本,而是在该批产品完工时再进行计算。因此,成本计算期与产品的生产周期一致,是不定期的。

3. 生产费用在完工产品与在产品之间的分配

分批法下,一般不需要将生产费用在完工产品和在产品之间分配。通常在该批产品全部完工时再进行成本计算,因此没有在产品,不存在生产费用在完工产品和在产之间分配的问题。但是,如果批内产品跨月陆续完工且需要分次交货,为了计算已交货产品成本,则需要将归集在该批产品成本明细账里的生产费用在完工产品和在产品之间分配。

二、一般分批法的程序

1. 按照产品批别或订单设置成本明细账

在成本明细账内按照成本项目设置专栏,如"直接材料""直接人工""燃料及动力""制造费用"等。

2. 核算要素费用,编制各种费用分配表,据以登记生产成本明细账

根据各种原始凭证编制各种费用分配表,分配各种要素费用,登记各种明细账。核算要素费用时,由某批产品直接承担的直接生产费用应计入"基本生产成本"明细账;由某批产品承担的间接生产费用应计入"制造费用"明细账(若车间只生产一批产品,直接计入"基本生产成本"明细账);其他部门消耗的费用应按受益对象分别计入"管理费用""辅助生产成本""销售费用""在建工程"等账户。

3. 分配辅助生产费用

企业应将辅助生产车间为生产产品或提供劳务而发生的生产费用归集在"辅助生产成本"账户,并在月末按各受益对象消耗产品或劳务的数量分配计入各受益对象的成本、费用。基本生产车间的产品所承担的辅助生产费用应计入"基本生产成本"明细账,基本生产车间承担的辅助生产费用应计入"制造费用"明细账,其他部门承担的费用应按受益对象分别计入"管理费用""辅助生产成本""销售费用""在建工程"等账户。

4. 分配基本生产车间的制造费用

将基本生产车间"制造费用明细账"归集的费用进行汇总,采用一定的方法,在生产的各批产品之间进行分配,编制"制造费用分配表",登记到各批产品成本明细账的"制造费用"成本项目。

5. 核算废品损失及停工损失

在单独核算废品损失及停工损失的企业，需要将归集的废品损失计入相应批次产品的成本，即成本明细账的"废品损失"成本项目；停工损失根据实际情况计入成本明细账的"停工损失"成本项目，非正常原因计入"营业外支出"账户。

不单独核算的企业，将废品损失及停工损失在发生时，与成本有关的计入"制造费用"账户核算。

6. 分配计算各批完工产品成本与月末在产品成本

该批产品完工时，其"基本生产成本"明细账归集的生产费用即为该批产品总成本。若存在产品陆续完工、分次交货的情况，则要将"基本生产成本"明细账中归集的生产费用在完工产品和在产品之间分配，计算出该批完工产品和月末在产品成本。

7. 结转本月完工产品成本

根据产品成本计算结果，编制"完工产品成本汇总表"，据以编制各批完工产品成本会计分录，分别登记各批产品成本明细账和库存商品明细账。

三、一般分批法的应用

1. 成本计算相关资料

【例 6-1】企业基本情况：榕辉机械有限责任公司根据客户订单小批生产甲、乙、丙、丁 4 种产品，采用分批法计算产品成本。2018 年 6 月生产情况及生产费用发生情况如下。

2018 年 5 月 1 日投产甲产品 50 件，批号为 501，在 6 月全部完工；5 月 10 日投产乙产品 40 件，批号为 502，当月完工 30 件；6 月 15 日投产丙产品 30 件，产品批号为 601，当月完工 10 件；6 月 20 日投产丁产品 20 件，产品批号为 602，当月尚未完工。

2. 本月成本资料

(1) 各批产品的月初在产品成本如表 6-1 所示。

表 6-1　月初在产品成本

单位：元

批号	直接材料	直接人工	制造费用	合计
501	46 000	9 400	6 500	61 900
502	58 000	7 500	5 200	70 700

(2) 根据各种费用分配表，汇总各批产品本月发生的生产费用，如表 6-2 所示。

表 6-2 本月发生的生产费用

单位：元

批　号	直接材料	直接人工	制造费用	合　计
501		20 000	35 000	55 000
502		25 050	48 000	73 050
601	32 000	8 000	18 000	58 000
602	26 000	3 500	4 700	34 200

(3) 各批完工产品与在产品之间分配费用的方法。

501 批甲产品，5 月份投产，本月全部完工，产品成本明细账上归集的生产费用合计数即为完工产品成本。

502 批乙产品，本月完工数量较大，采用约当产量比例法确认期末在产品成本。该批产品所需材料均在生产开始时一次投入，月末在产品完工程度为 50%。

601 批丙产品，该批产品所需材料在生产开始时一次投入，本月完工数量为 10 件、还有 20 件尚未完工。对本单内跨月陆续完工的产品，月末计算成本时，对完工产品按计划成本转出，待全部完工后再重新计算完工产品实际总成本和单位成本。601 批丙产品 5 月末完工 10 台，产品单位计划成本为 1 920 元，其中原材料计划单位成本 950 元、人工计划单位成本 320 元、制造费用计划成本 650 元。

602 批丁产品，本月全部未完工，本月生产费用全部是月末在产品成本。

根据上述资料，按批别开设基本生产成本明细账，并根据有关资料进行登记。生产成本明细账如表 6-3 至表 6-6 所示。

表 6-3 基本生产成本明细账

批号：501　　　　　　产品名称：甲产品　　　　　　　　　　　　单位：元

投产日期：2018 年 5 月　　完工日期：2018 年 6 月　　批量：50 件　　完工：50 件

2018年		凭证号	摘　要	借方				贷方	余额
				直接材料	直接人工	制造费用	合计		
6	1		月初在产品成本	46 000	9 400	6 500	61 900		
6	30		职工薪酬分配		20 000		20 000		
6	30		制造费用分配			35 000	35 000		
6	30		本月生产费用		20 000	35 000	55 000		
6	30		生产费用合计	46 000	29 400	41 500	116 900		
6	30		完工产品成本	46 000	29 400	41 500	116 900	116 900	
6	30		单位成本	920	588	830	2 338		

表 6-4　基本生产成本明细账

批号：502　　产品名称：乙产品　　　　　　　　　　　　单位：元
投产日期：2018 年 5 月　　完工日期：　　批量：40 件　　　　完工：30 件

2018 年		凭证号	摘要	借方				贷方	余额
				直接材料	直接人工	制造费用	合计		
6	1		月初在产品成本	58 000	7 500	5 200	70 700		
6	30		职工薪酬分配		25 050		25 050		
6	30		制造费用分配			48 000	48 000		
6	30		本月生产费用		25 050	48 000	73 050		
6	30		生产费用合计	58 000	32 550	53 200	143 750		
6	30		完工产品成本	43 500	27 900	45 600	11 700	117 000	
			完工单位成本	1 450	930	1 520	3 900		
6	30		月末在产品成本	14 500	4 650	7 600	26 750		26 750

502 批本月完工产品 30 台，采用约当产量比例法，分配生产费用如下。

完工产品应负担材料费用=58 000÷40×30=43 500(元)

月末在产品应负担材料费用=58 000-43 500=14 500(元)

完工产品应负担人工费用=32 550÷(30+10×50%)×30=27 900(元)

月末在产品应负担人工费用=32 550-27 900=4 650(元)

完工产品应负担制造费用=53 200÷(30+10×50%)×30=45 600(元)

月末在产品应负担制造费用=53 200-45 600=7 600(元)

表 6-5　基本生产成本明细账

批号：601　　产品名称：丙产品　　　　　　　　　　　　单位：元
投产日期：2018 年 6 月　　完工日期：　　批量：30 件　　　　完工：10 件

2018 年		凭证号	摘要	借方				贷方	余额
				直接材料	直接人工	制造费用	合计		
6	30		材料费用分配	32 000			32 000		
6	30		职工薪酬分配		8 000		8 000		
6	30		制造费用分配			18 000	18 000		
6	30		本月生产费用	32 000	8 000	18 000	58 000		
6	30		生产费用合计	32 000	8 000	18 000	58 000		
6	30		完工产品成本	9 500	3 200	6 500	19 200	19 200	
			计划单位成本	950	320	650	1 920		
6	30		月末在产品成本	22 500	4 800	11 500	38 800		38 800

表 6-6　基本生产成本明细账

批号：602　　　　　　产品名称：丁产品　　　　　　　　　　　　　　单位：元
投产日期：2018 年 6 月　　完工日期：　　批量：20 件　　　　　　　完工：

2018年		凭证号	摘要	借方				贷方	余额
				直接材料	直接人工	制造费用	合计		
6	30		材料费用分配	26 000			26 000		
6	30		职工薪酬分配		3 500		3 500		
6	30		制造费用分配			4 700	4 700		
6	30		本月生产费用	26 000	3 500	4 700	34 200		
6	30		生产费用合计	26 000	3 500	4 700	34 200		
6	30		月末在产品成本	26 000	3 500	4 700	34 200		34 200

3. 编制完工产品成本汇总表

根据各批产品成本明细账，编制完工产品成本汇总表，如表 6-7 所示。

表 6-7　完工产品成本汇总表

成本项目		直接材料	直接人工	制造费用	合计
501 批甲产品	总成本	46 000	29 400	41 500	116 900
(产量 50 件)	单位成本	920	588	830	2 338
502 批乙产品	总成本	43 500	27 900	45 600	117 000
(产量 30 件)	单位成本	1 450	930	1 520	3 900
601 批丙产品	总成本	9 500	3 200	6 500	19 200
(产量 10 件)	单位成本	950	320	650	1 920

根据表 6-7 编制本月结转完工产品入库的会计分录如下。

借：库存商品——甲产品　　　　　　　　　　　　　　　116 900
　　　　　　——乙产品　　　　　　　　　　　　　　　117 000
　　　　　　——丙产品　　　　　　　　　　　　　　　 19 200
　贷：基本生产成本——501 批(甲产品)　　　　　　　　116 900
　　　　　　　　——502 批(乙产品)　　　　　　　　117 000
　　　　　　　　——601 批(丙产品)　　　　　　　　 19 200

任务二　简化分批法

一、简化分批法的概述

在小批或单件生产的企业，如同一月份内投产的产品批数很多，而完工批次少，则在

各批产品之间分配各种间接费用的工作量很大，而且没有完工的各批产品，也不急于计算其成本。在这种情况下，采用简化分批法进行核算。

简化分批法又称为间接(计入)费用累计分批法或不分批计算在产品成本的分批法。在各批产品完工前，只按月登记其发生的直接费用和生产工时，对于发生的间接计入费用集中进行核算；当某批产品完工时分配结转间接计入费用，计算完工产品总成本和单位成本；对于未完工的各批产品不分配间接计入费用，不计算各批产品的在产品成本。

(一)适用范围

一般适用于生产周期比较长、批别较多、月末未完工批别也较多，且各月份间接计入费用水平相差不多的小批单件生产的企业。

(二)成本账户的设置

按批别设置产品成本明细账并设置基本生产成本二级账。在各批产品完工之前，产品成本明细账内只按月登记直接计入费用(如直接材料)和生产工时。每月发生的各项间接计入费用(包括直接人工、制造费用等)，不是按月在各批产品之间进行分配，而是先通过基本生产成本二级账进行归集，按成本项目累计起来，仅在有产品完工的月份，按照完工产品累计生产工时的比例，在各批完工产品直接进行分配，对未完工的在产品则不分配间接计入费用。

(三)间接计入费用的分配方法

对各批完工产品分配间接计入费用，一般按完工产品累计生产工时比例分配，公式如下。

$$全部产品某项累计间接费用分配率=\frac{全部产品该项累计间接费用}{全部产品累计生产工时}$$

某批产品应负担的某项间接费用=该批完工产品累计生产工时×全部产品该项累计间接费用分配率

(四)简化分批法的特点

1. 必须设置"基本生产成本"二级账

"基本生产成本"二级账应按产品的成本项目、生产工时设置专栏，登记全部批次产品的累计生产费用及累计生产工时。

2. 没有完工产品的月份，不需要分配间接生产费用

每月发生的间接生产费用在"基本生产成本"二级账中累计起来，在有完工产品的月份，月末按完工产品的累计工时和累计间接费用分配率计算各批完工产品应负担的间接生产费用，进而计算各批完工产品成本和保留在"基本生产成本"二级账中的在产品成本。

各批产品没有完工时，成本明细账只登记直接材料费用和生产工时。

(五)简化分批法的一般程序

(1) 按产品的批别或订单设置成本明细账，其成本明细账应按成本项目设置专栏，通常

包括"直接材料""直接人工""制造费用"等项目。

(2) 设置"基本生产成本"二级账,并登记月初在产品的累计生产工时及累计生产费用。

(3) 归集当月发生的生产费用及生产工时。直接生产费用及生产工时应记入各批产品的"基本生产成本"明细账户及"基本生产成本"二级账,间接生产费用只登记在"基本生产成本"二级账。

(4) 在有完工产品的月份,月末根据"基本生产成本"二级账中所记录的数据,计算各项累计间接费用分配率,并按完工产品的累计工时和累计间接费用分配率计算完工产品承担的间接生产费用,进而计算完工产品成本。

(5) 将各批完工产品成本在"基本生产成本"明细账及"基本生产成本"二级账中进行平行登记,并编制完工产品成本汇总表,作为编制结转完工产品成本会计分录的依据。

二、简化分批法的应用

【例6-2】远程机器厂小批生产多种产品,由于产品批次多,生产周期长,且月末未完工的批次也多。为了简化成本计算,采用简化分批法-累计间接费用分批法计算成本。

该企业2018年6月份的产品批号如下。

601批:甲产品10件,4月投产,本月完工。

602批:乙产品15件,5月投产,尚未完工。

611批:丙产品8件,5月投产,本月完工。

621批:丁产品5件,6月投产,尚未完工。

该企业设立的基本生产成本二级账见表6-8所示。

表6-8 基本生产成本二级账

2018年		摘要	直接材料/元	生产工时/小时	直接人工/元	制造费用/元	合计
6	1	期初余额	22 500	3 800	14 450	15 250	52 200
6	30	本月发生	18 500	3 200	10 050	12 750	41 300
6	30	累计数	41 000	7 000	24 500	28 000	93 500
6	30	累计间接费用分配率	—	—	3.5	4	—
6	30	本月完工成本转出	20 900	4 600	16 100	18 400	55 400
6	30	月末在产品成本	20 100	2 400	8 400	9 600	38 100

表6-8中的累计直接人工分配率=24 500÷7 000=3.5(元/小时)

累计制造费用分配率=28 000÷7 000=4(元/小时)

"本月完工产品成本转出"中的生产工时、直接材料、直接人工、制造费用可根据产品成本明细账的有关完工合计数确定。"月末在产品成本"余额可倒挤求得,也可根据有关未完工批别明细账汇总登记。各批产品基本生产成本明细账如表6-9至表6-12所示。

表 6-9　基本生产成本明细账(甲产品)

批号：601　　　　　　　　　　产品名称：甲产品　　　　　　　　　　　　　　单位：元
投产日期：2018 年 4 月　　完工日期：2018 年 6 月　　批量：10 件　　完工：10 件

2018年		摘　要	生产工时	借方				贷方	余额
				直接材料	直接人工	制造费用	合计		
4	30	本月发生	700	3 000					
5	31	本月发生	1 000	6 500					
6	30	本月发生	500	1 500					
6	30	累计	2 200	11 000					
6	30	间接费用分配率			3.5	4			
6	30	完工产品成本	2 200	11 000	7 700	8 800	27 500	27 500	
		完工产品单位成本		1 100	770	880	2 750		

表 6-10　基本生产成本明细账(乙产品)

批号：602　　　　　　　　　　产品名称：乙产品　　　　　　　　　　　　　　单位：元
投产日期：2018 年 5 月　　完工日期：　　　　　　　批量：15 件　　　　　　完工：　　件

2018年		摘　要	生产工时	借方				贷方	余额
				直接材料	直接人工	制造费用	合计		
5	31	本月发生	800	7 500					
6	30	本月发生	600	1 600					
6	30	累计	1 400	9 100					

表 6-11　基本生产成本明细账(丙产品)

批号：611　　　　　　　　　　产品名称：丙产品　　　　　　　　　　　　　　单位：元
投产日期：2018 年 5 月　　完工日期：2018 年 6 月　　批量：8 件　　完工：8 件

2018年		摘　要	生产工时	借方				贷方	余额
				直接材料	直接人工	制造费用	合计		
5	31	本月发生	1 300	5 500					
6	30	本月发生	1 100	4 400					
6	30	累计	2 400	9 900					
6	30	间接费用分配率			3.5	4			
6	30	完工产品成本	2 400	9 900	8 400	9 600	27 900	27 900	
		完工产品单位成本		1 237.50	1 050	1 200	3 487.50		

表 6-12 基本生产成本明细账(丁产品)

批号：621　　　　　　　　　　产品名称：丁产品　　　　　　　　　　单位：元
投产日期：2018 年 6 月　　　完工日期：　　　　批量：5 件　　　完工：　件

2018年		摘要	生产工时	借方				贷方	余额
				直接材料	直接人工	制造费用	合计		
6	30	本月发生	1 000	11 000					

根据各批产品成本明细账，编制完工产品成本汇总表，如表 6-13 所示。

表 6-13 完工产品成本汇总表

成本项目		直接材料	直接人工	制造费用	合计
601 批甲产品	总成本	11 000	770 000	8 800	27 500
(产量 50 件)	单位成本	1 100	770	880	2 750
611 批丙产品	总成本	9 900	8 400	9 600	27 900
(产量 30 件)	单位成本	1 237.5	1 050	1 200	3 487.5

根据表 6-13 编制本月结转完工产品入库的会计分录如下。

借：库存商品——甲产品　　　　　　　　　　　　　　　27 500
　　　　　　——丙产品　　　　　　　　　　　　　　　27 900
　　贷：基本生产成本——601 批(甲产品)　　　　　　　27 500
　　　　　　　　　——611 批(丙产品)　　　　　　　27 900

简化分批法的特点是：各批产品之间分配间接生产费用和完工产品与在产品之间分配费用的工作，都是利用累计间接费用分配率，到产品完工时合并在一起进行的，大大简化了费用的分配和成本明细账的登记工作。月末未完工的批数越多，核算的工作越简化。但也存在不足之处：①必须设置基本生产成本二级账，加大了登记二级账的工作量；②各批产品基本生产成本明细账中，不能反映月末在产品的成本完整资料，不利于在产品的成本管理；③由于间接费用的分配是采用当月累计间接费用分配率进行的，在各月间接费用水平相差较大时，就会影响成本计算的真实性。

因此，在实际应用简化分批法时，应注意具备两个条件：①各月份间接费用水平相差不多；②同一月份投产批数多，且未完工的批数也较多的情况。

案例解析

(1) 旺达机械修理厂的生产特点根据客户的订单小批、单件生产，成本计算方法选择分批法进行，又因为修理作业的批号很多，修理和零件加工比较复杂，一般不能当月完工，适合采用分批法中简化分批法进行成本计算；按客户订单组织生产，开设产品成本明细账，成本计算对象为客户的订单或企业的生产批号。

(2) 修理作业的批号很多，修理和零件加工比较复杂，一般不能当月完工，因此月末在各批产品成本明细账归集的本月生产费用不需要在完工产品与月末在产品之间进行分配，简化分批法只在有完工产品出现时才分配间接计入费用,从而计算该批完工产品成本。

项 目 小 结

　　分批法是按照产品批别或订单作为成本核算对象归集生产费用、计算产品成本的一种方法。实际中,产品的品种和批量往往根据客户的订单确定,因此也称订单法。

　　分批法的适用范围:分批法适用于单件、小批生产类型的企业,主要包括:单件、小批生产的重型机械、船舶、精密工具、仪器等制造企业;不断更新产品种类的时装等制造企业;新产品的试制、机器设备的修理作业,以及辅助生产的工具、器具、模具的制造等。

　　分批法的特点:以产品批别为成本计算对象,按产品批别设置产品成本明细账,归集生产费用;成本计算不定期;一般不需要在月末分配在产品成本。

　　分批法成本计算的程序:按批别开设成本明细账;编制各要素费用分配表(或汇总表);归集与分配各批次产品的生产费用;计算各批别完工产品成本(采用分批法一般不需要在本月完工产品和月末在产品之间分配生产费用);结转完工产品成本。

　　简化分批法又称为间接(计入)费用累计分批法或不分批计算在产品成本的分批法。在各批产品完工前,只按月登记其发生的直接费用和生产工时,对于发生的间接计入费用集中核算;当某批产品完工时分配结转间接计入费用,计算完工产品总成本和单位成本;对于未完工的各批产品不分配间接计入费用,不计算各批产品的在产品成本。

　　简化分批法的特点:要设立多张基本生产成本明细账,账内按成本项目设置专栏,平时账内只登记直接计入费用(原材料费用)和生产工时;设置基本生产成本二级账,根据其他费用要素分配表,人工费用和制造费用计入基本生产成本二级账;计算完工产品成本。

项目强化训练

一、单项选择题

1. 产品成本计算分批法的成本计算对象是( )。
   A. 产品的批别　　B. 产品的类型　　C. 产品的生产步骤　　D. 产品的品种
2. 产品成本计算的简化分批法,与其他方法相比不同点是( )。
   A. 设置制造费用明细账　　　　　B. 核算方法不同
   C. 设置基本生产成本二级账　　　D. 不进行费用分配
3. 采用简化分批法计算产品成本,基本生产成本二级账与产品成本明细账无法核对( )。
   A. 月末在产品生产工时项目余额　　B. 月末在产品直接材料项目余额
   C. 完工产品成本合计数　　　　　　D. 月末在产品间接计入费用项目余额
4. 采用分批法计算产品成本时,如果批内跨月完工产品的数量较多,且月末批内完工产品数量占全部批量的比重较大,则完工产品成本可按( )计算。
   A. 约当产量比例分配　　　　　　B. 计划单位成本

项目六 产品成本计算的分批法

C. 近期同种产品的实际单位成本　　D. 定额单位成本

5. 采用简化分批法，间接费用分配时点是(　　)。
   A. 产品完工时　　B. 月初　　C. 月末　　D. 年末
6. 通常情况下，可采用分批法计算产品成本的企业是(　　)。
   A. 纺织厂　　B. 发电厂　　C. 造纸厂　　D. 造船厂
7. 对大量大批生产的产品，应当以(　　)作为产品成本计算对象。
   A. 产品步骤　　B. 产品品种　　C. 最终完工产品　　D. 产品批别
8. 简化分批法与分批成本法的主要区别是(　　)。
   A. 不分间接费用　　　　　　　B. 分批计算直接材料成本
   C. 不分批计算在产品成本　　　D. 不分批计算完工产品成本
9. 采用简化分批法，累计间接计入费用分配率(　　)。
   A. 只是各批产品之间分配间接计入费用的依据
   B. 只是各批在产品之间分配间接计入费用的依据
   C. 既是各批产品之间又是完工产品与月末在产品之间分配间接计入费用的依据
   D. 是完工产品与月末在产品之间分配间接计入费用的依据
10. 采用简化分批法，各批产品、完工产品与在产品之间分配间接计入费用，都是采用(　　)。
    A. 累计间接计入费用分配率　　B. 累计生产工时
    C. 累计原材料费用分配率　　　D. 间接计入费用分配率

二、多项选择题

1. 以下企业适用分批法计算产品成本的是(　　)。
   A. 钢铁厂　　B. 面粉厂　　C. 造船厂　　D. 服装厂
2. 以下不属于分批法特点的是(　　)。
   A. 以产品品种作为成本计算对象
   B. 以品种或步骤设置生产成本明细账
   C. 产品成本计算期固定
   D. 一般不需要在完工产品和在产品之间进行分配
3. 一般分批法与简化分批法的明细账相比(　　)。
   A. 设置的明细账是相同的　　B. 设置的明细账是不同的
   C. 简化分批法的明细账复杂　　D. 一般分批法的明细账复杂
4. 一般分批法与品种法相比(　　)。
   A. 月末存在完工和在产品时，也需要将生产费用在完工产品和在产品之间进行分配
   B. 成本计算对象不同
   C. 成本计算期不同
   D. 可以计算先完工的产品成本
5. 简化分批法适用于(　　)的企业。
   A. 同一月份投产批次多　　B. 月末完工批次少

C. 月末完工批次多 D. 同一月份投产批次少

6. 采用分批法计算产品成本时，如果批内产品跨月陆续完工的情况不多，完工产品数量占全部批量的比重很小，先完工的产品可以按(　　)从产品成本明细账转出。
   A. 计划单位成本计价 B. 定额单位成本计价
   C. 随意估计成本 D. 最近时期相同产品实际单位成本计价

7. 采用简化分批法计算产品成本时，(　　)。
   A. 必须设置基本生产成本二级账
   B. 一般是在有产品完工时才分配间接费用
   C. 不需要分配间接费用
   D. 生产费用也需要在完工产品与在产品之间分配

8. 采用分批法计算产品成本时，成本计算对象可以按(　　)。
   A. 一张订单中的不同品种产品分别确定
   B. 一张订单中的同种产品分批确定
   C. 一张订单中单件产品的组成部分分别确定
   D. 多张订单中的同种产品确定

9. 采用简化分批法设立的基本生产成本二级账，其作用在于(　　)。
   A. 按月提供企业或车间全部产品的累计生产费用
   B. 计算登记完工产品总成本
   C. 按月提供企业或车间全部产品的累计生产工时
   D. 计算登记月末在产品总成本

10. 简化分批法下，累计间接计入费用分配率是(　　)。
    A. 各批产品之间分配间接计入费用的依据
    B. 在各批完工产品之间分配该费用的依据
    C. 在完工批别和月末在产品批别之间分配间接计入费用的依据
    D. 在某批完工产品和月末在产品之间分配间接计入费用的依据

三、判断题

1. 只要产品批次多，就应该采用简化分批法计算产品成本。（　　）
2. 如果一张订单规定有几种产品，也要合为一批组织生产。（　　）
3. 采用简化分批法，在间接费用水平相差悬殊的情况下，会影响产品成本计算的正确性。（　　）
4. 分批法一般不需要在完工产品和在产品之间分配生产费用，但一批产品跨月陆续完工时，则需要在完工产品与月末在产品之间分配生产费用。（　　）
5. 在简化分批法下，成本明细账只登记直接费用和生产工时的记录。（　　）
6. 简化分批法能提供各批完工产品和月末在产品的成本资料。（　　）
7. 分批法下的产品批量必须与购买者的订单一致。（　　）
8. 采用分批法，批内产品若出现跨月完工，完工产品的成本先行结转，待该批产品全部完工时，再进行账面调整。（　　）
9. 分批法是按批、不分品种计算产品成本的一种方法。（　　）

10. 简化分批法不分配各批在产品的直接计入费用。　　　　　　　　　　（　　）

四、名词解释

分批法　　简化分批法

五、思考题

1. 一般分批法的成本核算程序是什么？
2. 简化分批法的成本核算程序是什么？
3. 一般分批法和简化分批法的区别有哪些？

六、岗位能力训练

(一)一般分批法的核算

华盛有限公司生产甲、乙、丙三种产品，属于小批生产，采用分批法计算成本。
生产情况和生产费用资料如下。

(1) 月初在产品成本资料如表6-14所示。

表 6-14　月初在产品成本

2018年6月　　　　　　　　　　　　　　　　　　　　　　　　　　　单位：元

批号	产品名称	直接材料	直接人工	制造费用	合计
501	甲产品	165 000	24 000	16 000	205 000
502	乙产品	210 000	15 000	12 000	237 000

(2) 本月生产情况如下。

501批甲产品40件，5月10日投产，6月15日全部完工。
502批乙产品120件，5月15日投产，6月10件完工。
601批丙产品60件，6月5日投产，6月尚未完工。

(3) 本月发生生产费用：本月投入原材料680 000元，全部为601批丙产品耗用。本月产品生产工人工资总额131 000元，制造费用总额为89 080元。

(4) 生产工时：501批甲产品本月实际生产工时为16 000小时，502批乙产品本月实际生产工时为8 800小时，601批丙产品本月实际生产工时为80 000小时。

(5) 单位产品定额成本：502批乙产品单位产品定额成本为4 520元，其中直接材料2 800元，直接人工920元，制造费用800元。

要求：

(1) 分配各费用要素，材料费用直接计入产品成本计算单，直接人工和制造费用按生产工时比例进行分配，编制相应分配表(见表6-15、表6-16)，并计入相应成本计算单。

(2) 按产品批别开设产品成本计算单(见表6-17、表6-18、表6-19)并登记月初在产品成本。

(3) 计算本月完工产品和月末在产品成本，编制结转完工产品成本会计分录。502批乙产品本月完工数量少，完工成本按定额成本结转。

表 6-15　直接人工费用分配表

2018 年 6 月　　　　　　　　　　　　　　　　　　　　　　　　　　单位：元

产品名称	生产工时/小时	分配工人工资	
		分配率	分配金额
501 批甲产品			
502 批乙产品			
601 批丙产品			
合计			

表 6-16　制造费用分配表

2018 年 6 月　　　　　　　　　　　　　　　　　　　　　　　　　　单位：元

产品名称	生产工时/小时	分配制造费用	
		分配率	分配金额
501 批甲产品			
502 批乙产品			
601 批丙产品			
合计			

表 6-17　产品成本计算单

批别：501 批　　　　产品名称：甲产品　　　　　　　　　　　　　　单位：元
投产日期：2018 年 5 月　　完工日期：2018 年 6 月 15 日　　产量：40 件　　完工：40 件

摘　要	直接材料	直接人工	制造费用	合　计
月初在产品成本				
本月生产费用				
生产费用合计				
完工产品成本				
完工产品单位成本				

表 6-18　产品成本计算单

批别：502 批　　　　产品名称：乙产品　　　　　　　　　　　　　　单位：元
投产日期：2018 年 5 月　　完工日期：2018 年 6 月　　产量：120 件　　完工：10 件

摘　要	直接材料	直接人工	制造费用	合　计
月初在产品成本				
本月生产费用				
生产费用合计				
完工产品单位定额成本				
完工产品成本				
月末在产品成本				

表 6-19　产品成本计算单

批别：601 批　　　　　　产品名称：丙产品　　　　　　　　　　　　单位：元
投产日期：2018 年 6 月　　完工日期：　　　　产量：60 件　　　　　完工：件

摘　要	直接材料	直接人工	制造费用	合　计
本月生产费用				
生产费用合计				

(二)简化分批法的核算

兴华有限公司生产组织属于小批生产，产品批数多，且月末未完工的产品批数也较多，因此采用简化分批法进行成本计算。2018 年 7 月生产情况如下。

8601 批甲产品 5 件，6 月投产，7 月全部完工。
8602 批乙产品 10 件，6 月投产，7 月完工 6 件。
8603 批丙产品 5 件，6 月投产，7 月尚未完工。
8701 批丁产品 6 件，7 月投产，7 月尚未完工。

各批 7 月末累计原材料费用(原材料在生产开始时一次投入)和生产工时如下。

8601 批原材料 36 000 元，生产工时 9 050 小时。
8602 批原材料 48 000 元，生产工时 21 500 小时。
8603 批原材料 31 660 元，生产工时 8 270 小时。
8701 批原材料 22 100 元，生产工时 8 220 小时。

7 月末，该公司全部产品累计原材料费用 137 760 元，生产工时 47 040 小时，直接人工费用为 39 984 元，制造费用为 58 800 元。

7 月末，完工产品工时为 23 050 小时，其中乙产品 14 000 小时。

要求：

(1) 根据上列资料，登记基本生产成本二级账和各批产品成本明细账如表 6-20 至表 6-24 所示。
(2) 计算累计间接费用分配率。
(3) 计算各批完工产品成本。

表 6-20　基本生产成本二级账

车间：基本生产车间　　　　　　　　　　　　　　　　　　　　　　　　单位：元

摘　要	生产工时/小时	直接材料	直接人工	制造费用	合计
生产费用累计数					
累计间接费用分配率					
本月完工成本转出					
月末在产品成本					

表 6-21　产品成本明细账(甲产品)

产品批号：8601　　　　2018 年 7 月　　　　投产日期：2018 年 6 月
产品名称：甲产品　　　批量：5 件　　　　　完工日期：2018 年 7 月　　　　单位：元

摘要	生产工时	直接材料	直接人工	制造费用	合计
生产费用累计数					
间接费用分配率					
本月完工成本转出					
完工产品单位成本					

表 6-22　产品成本明细账(乙产品)

产品批号：8602　　　　2018 年 7 月　　　　投产日期：2018 年 6 月
产品名称：乙产品　　　批量：10 件　　　　完工日期：2018 年 7 月(完工 6 件)　　单位：元

摘要	生产工时	直接材料	直接人工	制造费用	合计
生产费用累计数					
间接费用分配率					
本月完工成本转出					
完工产品单位成本					
月末在产品成本					

表 6-23　产品成本明细账(丙产品)

产品批号：8603　　　　2018 年 7 月　　　　投产日期：2018 年 6 月
产品名称：丙产品　　　批量：5 件　　　　　完工日期：　　　　　　　　　　单位：元

摘要	生产工时	直接材料	直接人工	制造费用	合计
生产费用累计数					

表 6-24　产品成本明细账(丁产品)

产品批号：8701　　　　2018 年 7 月　　　　投产日期：2018 年 7 月
产品名称：丁产品　　　批量：6 件　　　　　完工日期：　　　　　　　　　　单位：元

摘要	生产工时	直接材料	直接人工	制造费用	合计
本月发生					

项目七 产品成本计算的分步法

【知识目标】

- 熟悉分步法的含义、特点、适用范围和成本计算程序。
- 掌握逐步结转分步法和平行结转分步法的应用。
- 熟悉逐步结转分步法和平行结转分步法的联系和区别。

【技能目标】

- 应用逐步结转分步法计算大量大批多步骤连续式加工企业产品成本。
- 应用平行结转分步法计算大量大批多步骤装配式加工企业产品成本。

◉ **案例引导**

小林应聘到一家纺织厂做成本会计员,财务部老会计张师傅向小林介绍了企业的基本情况,纺织厂规模不大,共有三个纺纱车间、两个织布车间,还有若干为纺纱、织布车间服务的辅助生产车间。该厂第一纺纱车间纺的纱全部对外销售,第二纺纱车间纺的纱供第一织布车间使用,第三纺纱车间纺的纱供第二织布车间使用。纺纱和织布的工序包括清花、粗纺、并条、粗纱、捻线、织布等工序,各工序生产的半成品直接供下一工序使用,不经过半成品库。

该厂现行的成本计算模式是,第一纺纱车间、第二纺纱车间和第一织布车间采用品种法计算成本,第三纺纱车间和第二织布车间采用逐步结转分步法计算成本。为了加强企业的成本管理,公司财务部对各车间生产的半成品均要进行考核;主营部门还要对半成品成本情况进行评比和检查。

思考题:假定你是该公司成本会计人员,应如何根据企业的具体情况来选择成本计算方法?该公司成本计算方法的选择是否合理?如果不合理,应如何改进?

◉ **理论认知**

任务一　分步法概述

一、分步法的含义及适用范围

分步法是指以产品及其生产步骤为成本计算对象,归集生产费用计算产品成本的方法。主要适用于大量大批多步骤、管理上要求分步计算成本的生产企业,如纺织厂、造纸厂、冶金厂、机械制造厂等。这些企业生产过程由若干个可以间断的生产步骤组成,如冶金企业生产分为炼铁、炼钢、轧钢等步骤;纺织企业分为纺纱、织布、印染等步骤;机械制造分为铸造、加工、装配等步骤;造纸企业分为制浆、制纸和包装等步骤。每个生产步骤除了生产出半成品(最后一个步骤是产成品)外,还有一些加工中的在产品。这些半成品,可能用于下一步骤继续加工或装配,也可能对外销售。为了适应这一生产特点,不仅要按照产品品种,还要按生产步骤计算产品成本,以满足计算盈亏和成本管理的需要。

二、分步法的特点

1. 成本计算对象

分步法的成本计算对象是各种产品及其所经过的生产步骤,按产品的各生产步骤开设基本生产成本明细账归集生产费用。如果一个生产步骤只生产一种产品,可按该产品和生产步骤设置成本明细账;如果一个生产步骤生产多种产品,则需按生产步骤和各产品品种分别设置成本明细账。某步骤某产品发生的直接费用,直接计入该步骤该产品的成本明细账的相应成本项目;各步骤各产品共同发生的生产费用,应采用一定的分配方法,分配计入各步骤、各产品的成本明细账相应的成本项目。

实际工作中，产品成本计算的分步与产品生产步骤的划分不一定完全一致，是根据实际加工步骤结合管理要求加以确定。为了简化核算，只对管理上有必要分步计算成本的生产步骤单独开设产品成本明细账，单独计算成本；管理上不要求单独计算成本的生产步骤，则可以与其他生产步骤结合起来合并开设产品成本明细账，合并计算成本。

2. 成本计算期

成本计算期与会计核算期一致，与生产周期不一致。在大量大批多步骤生产企业中，原材料源源不断的投入，各生产步骤的半成品连续不断移交给下一步骤，直至产品完工入库。完工产品在各个会计核算期内会不断产出，月末也存在一定量的在产品。为了保证成本核算的及时性，企业不能在产品全部完工时计算成本，因此，分步法需要在月末计算完工产品成本，与品种法相同。

3. 生产费用在完工产品与在产品之间的分配

一般需要将生产费用在完工产品和在产品之间进行分配。在大量大批多步骤生产企业中，产品往往跨月陆续完工，各步骤一般都存在未完工的在产品。因此，在计算产品成本时，需要采用适当的分配方法在完工产品与月末在产品之间进行分配，计算各步骤完工产品成本(或计入产成品份额)和月末在产品成本。

三、分步法的分类

分步法按是否需要计算和结转半成品成本，分为逐步结转分步法和平行结转分步法。如果管理上要求提供各步骤半成品的成本信息，则采用逐步结转分步法；相反，则采用平行结转分步法。

逐步结转分步法按结转的半成品成本在下一步骤产品成本明细账中的反映方式，又可分为综合结转分步法和分项结转分步法。

任务二　逐步结转分步法

一、逐步结转分步法的含义、适用范围和程序

(一)逐步结转分步法的含义及适用范围

逐步结转分步法也称计算半成品成本法，或称顺序结转分步法，是指从第一个生产步骤开始，分步骤计算各步半成品的总成本及单位成本，而且各步骤半成品的成本要随着半成品实物的转移从本步骤的成本明细账转入到下一步骤相同产品的成本明细账中，再加下一步骤发生的各项费用，计算出下一步骤半成品成本，按生产步骤顺序结转，直至最后一个生产步骤计算出产成品成本。

逐步结转分步法适用于自制半成品有对外销售、半成品可以加工成不同产成品、管理上要求提供半成品成本信息的大量大批多步骤连续式加工的企业。

(二)逐步结转分步法的程序

在逐步结转分步法下，各步骤所耗用的上一步骤半成品的成本，要随着半成品实物的转移，从上一步的产品成本明细账中转入下一步骤相同产品的成本明细账中，以便逐步计算各步骤的半成品成本和最后步骤的产成品成本。逐步结转分步法成本计算程序的特点主要表现在以下几个方面。

(1) 按产成品品种和各步骤半成品品种设置基本生产成本明细账，归集发生的生产费用计入各步骤的基本生产成本明细账。

(2) 月末，将第一步骤产品(半成品)基本生产成本明细账所归集的生产费用，采用适当的分配方法，在完工产品和月末在产品之间分配，计算出本步骤完工半成品成本。如果半成品不通过半成品库收发，而是直接转入下一步骤继续加工，则第一步骤完工的半成品转入第二步骤后，应将计算出的完工半成品成本随之转到第二步骤，不必编制结转半成品成本的会计分录；如果半成品通过仓库收发，即半成品完工后，不为下一步骤直接领用，而要通过半成品库收发，则应编制结转半成品成本的会计分录：验收入库时，借记"自制半成品"科目，贷记"基本生产成本"科目，下一步骤领用时，做相反的会计分录。

(3) 第二步骤基本生产明细账所归集的费用，则包括第一步骤完工的半成品成本加上第二步骤发生的费用可分配计算出第二步骤的半成品成本。以此类推。

综上可知，逐步结转分步法实际上就是品种法的多次连续应用，即在采用品种法计算上步骤的半成品成本以后，按照下一步骤的耗用数量转入下一步骤成本；下一步骤再一次采用品种法归集所耗半成品费用和本步骤其他费用，计算其半成品成本；如此逐步结转，直至最后一个步骤计算出产成品成本。逐步结转分步法的计算程序按半成品是否通过自制半成品仓库收发可以分为以下两种情况：半成品不通过仓库收发的成本计算程序(材料在生产开始时一次投入)、半成品通过仓库收发的成本计算程序(材料在生产开始时一次投入)分别如图7-1、图7-2所示。

从图7-1、图7-2可以看出，采用逐步结转分步法，每月各步骤发生的生产费用，如果有完工产品也有月末在产品，则要采用适当的分配方法，将各步骤所归集的生产费用在该步骤完工半成品(最后步骤产成品)与该步骤月末在产品(狭义在产品)之间进行分配，以求出每步骤半成品及最后步骤产成品成本。

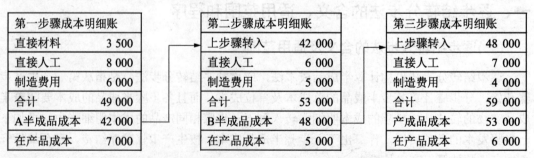

图 7-1　逐步结转分步法成本计算程序(直接结转)

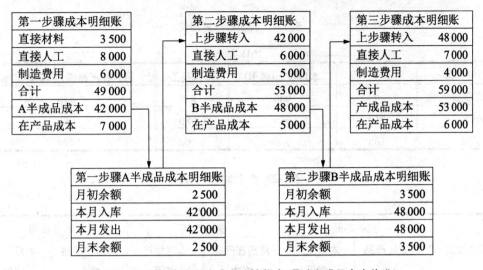

图 7-2 逐步结转分步法成本计算程序(通过半成品仓库收发)

二、逐步结转分步法的分类及成本计算

(一)综合结转分步法的成本计算

综合结转分步法是指将各加工步骤所耗上一步骤的半成品成本不分直接材料、直接人工、制造费用等成本项目,而是以一个总金额记入本步骤产品成本明细账中专设的"半成品"或"直接材料"成本项目,综合反映各步骤所耗上一步骤所产半成品成本的方法。半成品成本结转可以按照上一步骤所产半成品的实际成本结转,也可以按照企业确定的半成品计划成本或定额成本结转。

1. 按实际成本综合结转

采用此法,各步骤所耗上一步骤的半成品费用,应根据所耗半成品的实际数量乘以半成品的实际单位成本计算。因各月所产半成品的实际单位成本不同,所耗半成品实际单位成本的确定,可选择使用先进先出法、加权平均法等。为了提高各步骤成本计算的及时性,在半成品月初余额较大,本月所耗半成品全部或者大部分是以前月份所产的情况下,本月所耗半成品费用也可按上月末的加权平均单位成本计算。

(1) 半成品不通过半成品库收发。

半成品成本就在各步的成本明细账之间直接结转,不必编制结转半成品成本的会计分录。

【例 7-1】福州榕辉机械有限责任公司 2018 年 7 月开始生产甲产品,该产品经过三个车间加工,各车间所产半成品不通过仓库收发。一车间投入原材料加工 A 半成品,二车间领用 A 半成品加工成 B 半成品,三车间领用 B 半成品加工成甲产成品,原材料在一车间生产开始时一次投入,各步骤的在产品在本步骤的完工程度均为 50%,该厂要求采用综合结转分步法计算产品成本。有关资料如表 7-1 至表 7-5 所示。

表 7-1　各步骤产量记录

2018 年 7 月　　　　　　　　　　　　　　　　　　　　　　　　　　单位：件

项　目	月初在产品	本月投入(领用)	本月完工	月末在产品(完工程度 50%)
一车间	90	900	850	140
二车间	210	850	980	80
三车间	160	980	1 000	140

表 7-2　各步骤费用资料

2018 年 7 月　　　　　　　　　　　　　　　　　　　　　　　　　　单位：元

成本项目	第一车间		第二车间		第三车间	
	月初在产品成本	本月生产费用	月初在产品成本	本月生产费用	月初在产品成本	本月生产费用
直接材料	32 000	320 935	42 215	—	51 400	—
直接人工	3 120	26 458	21 800	43 735	9 200	76 800
制造费用	840	9 510	4 800	12 030	5 120	12 780
合计	35 960	356 903	68 815	55 765	65 720	89 580

表 7-3　基本生产成本明细账(第一车间)

生产车间：第一车间　　　　2018 年 7 月　　　　　　　　　　单位：元
产品名称：A 半成品　　　　　　　　　　　　　　　　　　完工数量：850 件

项　目	直接材料	直接人工	制造费用	合　计
月初在产品成本	32 000	3 120	840	35 960
本月生产费用	320 935	26 458	9 510	356 903
合计	352 935	29 578	10 350	392 863
单位产品成本	356.50	32.15	11.25	399.90
完工 A 半成品成本	303 025	27 327.50	9 562.50	339 915
月末在产品成本	49 910	2 250.50	787.50	52 948

表中有关数据计算如下。

直接材料单位成本=352 935÷(850+140)=356.50(元/件)

完工 A 半成品应分配的直接材料成本=850×356.50=303 025(元)

月末在产品应分配的直接材料成本=352 935-303 025=49 910(元)

直接人工单位成本=29 578÷(850+140×50%)=32.15(元/件)

完工 A 半成品应分配的直接人工成本=850×32.15=27 327.50(元)

月末在产品应分配的直接人工成本=29 578-27 327.50=2 250.50(元)

制造费用单位成本=10 350÷(850+140×50%)=11.25(元/件)

完工 A 半成品应分配的制造费用=850×11.25=9 562.50(元)

月末在产品应分配的制造费用=10 350-9 562.50=787.50(元)

项目七 产品成本计算的分步法

表 7-4 基本生产成本明细账(第二车间)

生产车间:第二车间 2018 年 7 月 单位:元
产品名称:B 半成品   完工数量:980 件

项 目	直接材料 (A 半成品)	直接人工	制造费用	合计
月初在产品成本	42 215	21 800	4 800	68 815
本月生产费用	339 915	43 735	12 030	395 680
合计	382 130	65 535	16 830	464 495
单位产品成本	360.50	64.25	16.50	441.25
完工 B 半成品成本	353 290	62 965	16 170	432 425
月末在产品成本	28 840	2 570	660	32 070

表中有关数据计算如下。

直接材料(A 半成品)单位成本=382 130÷(980+80)=360.50(元/件)
完工 B 半成品应分配的直接材料(A 半成品)成本=980×360.50=353 290(元)
月末在产品应分配的直接材料(A 半成品)成本=382 130-353 290=28 840(元)
直接人工单位成本=65 535÷(980+80×50%)=64.25(元/件)
完工 B 半成品应分配的直接人工成本=980×64.25=62 965(元)
月末在产品应分配的直接人工成本=65 535-62 965=2 570(元)
制造费用单位成本=16 830÷(980+80×50%)=16.50(元/件)
完工 B 半成品应分配的制造费用=980×16.50=16 170(元)
月末在产品应分配的制造费用=16 830-16 170=660(元)

表 7-5 基本生产成本明细账(第三车间)

生产车间:第三车间 2018 年 7 月 单位:元
产品名称:甲产品   完工数量:1000 件

项 目	直接材料 (B 半成品)	直接人工	制造费用	合计
月初在产品成本	51 400	9 200	5 120	65 720
本月生产费用	432 425	76 800	12 780	522 005
合计	483 825	86 000	17 900	587 725
单位产品成本	424.41	80.37	16.73	521.51
完工产成品成本	424 410	80 370	16 730	521 510
月末在产品成本	59 415	5 630	1 170	66 215

尾差由月末在产品负担。

表 7-5 中有关数据计算如下。

直接材料(B 半成品)单位成本=483 825÷(1 000+140)=424.41(元/件)
完工产成品应分配的直接材料(B 半成品)成本=1 000×424.41=424 410(元)

月末在产品应分配的直接材料(B半成品)成本=483 825-424 410=59 415(元)
直接人工单位成本=86 000÷(1 000+140×50%)=80.37(元/件)
完工产成品应分配的直接人工成本=1 000×64.25=80 370(元)
月末在产品应分配的直接人工成本=86 000-80 370=5 630(元)
制造费用单位成本=17 900÷(1 000+140×50%)=16.73(元/件)
完工产成品应分配的制造费用=1 000×16.73=16 730(元)
月末在产品应分配的制造费用=17 900-16 730=1 170(元)

根据第三车间产品成本明细账和产成品入库单,编制结转产成品成本的会计分录如下。

借:库存商品——甲产品　　　　　　　　　　　　　　　　521 510
　　贷:基本生产成本——第三车间(甲产品)　　　　　　　　521 510

(2) 半成品通过半成品库收发。

半成品实物如果通过半成品仓库收发,企业开设"自制半成品"明细账进行核算。半成品完工入库时,借记"自制半成品——某半成品",贷记"基本生产成本——某车间(某半成品)";领用半成品时,借记"基本生产成本——某车间(某半成品或产成品)",贷记"自制半成品——某半成品"。半成品成本在出库时,其计价方法可以采用实际成本计价也可以按计划成本计价。按实际成本计价时,半成品出库的实际单位成本可以选择先进先出法、加权平均法、移动加权平均法和个别计价法等方法计算。

2. 按计划成本结转

半成品如果按计划成本计价,半成品的日常收发核算均按计划成本进行,期末需要计算半成品成本的差异率,将所耗半成品的计划成本调整为实际成本。具体来说,上一步骤生产的半成品入半成品库时,在自制半成品的明细账中既反映其计划成本也反映其实际成本;下一步骤领用半成品继续加工时,按计划成本计入下一步骤的基本生产成本明细账,同时在基本生产成本明细账还要反映实际成本和成本差异。成本差异合计、成本差异率和本月减少的实际成本的计算公式如下。

成本差异=月初成本差异+本月发生的成本差异
　　　=(月初实际成本+本月实际成本) - (月初计划成本+本月计划成本)
成本差异率=成本差异÷计划成本合计×100%
本月减少的实际成本=本月减少的计划成本×(1+成本差异率)

各步骤领用上一步骤所产的半成品,类似领用原材料。因此,综合结转半成品成本的核算,相当于各生产步骤领用原材料的核算。

3. 综合结转的成本还原

采用综合结转分步法,各步骤所耗上一步骤半成品的成本是以"半成品"或"直接材料"项目综合反映,在结转成本时较为简单,但计算出来的产成品成本,不能提供按原始成本项目反映的成本资料,成本计算的步骤越多,产成品成本中加工费用项目仅反映了最后一个步骤的加工费用,不能反映产品成本的实际构成和水平,不利于从整个企业角度分析和考核产品成本的构成。因此,在管理上要求按原始成本项目进行考核和分析的企业,需要进行成本还原。

成本还原是指将最后步骤的产成品成本中所耗的"半成品"成本还原成按原始成本项目反映的成本,即从最后一个步骤起,把产成品成本中所耗的半成品综合成本,按上一步

项目七 产品成本计算的分步法

骤所产该半成品的成本结构进行逐步分解、还原成直接材料、直接人工、制造费用等原始成本项目,还原至第一步骤为止,从而求得按原始成本项目反映的产成品成本资料。

成本还原的方法采用还原分配率法。还原分配率法是按产成品所耗半成品总成本占本月所产该半成品的总成本的比重进行还原的方法。成本计算有 N 步,则成本还原次数为 $N-1$ 次。具体步骤如下。

第一步,计算还原分配率,公式如下。

$$还原分配率=\frac{产成品所耗某半成品的总成本}{本月所产该半成品的总成本}\times100\%$$

分子是成本还原的对象,分母是成本还原的依据。

第二步,计算还原后各项目金额,公式如下。

半成品各成本项目的还原金额=本月所产该半成品的各成本项目金额×还原分配率

【例 7-2】接着上述的例 7-1 的成本资料,甲产品成本还原的过程如下。

(1) 第一次还原。

还原分配率=424 410÷432 425×100%=98.15%

甲产品所耗 B 半成品成本还原后的 A 半成品成本=353 290×98.15%=346 754.14(元)

甲产品所耗 B 半成品成本还原后的直接人工=62 965×98.15%=61 800.15(元)

甲产品所耗 B 半成品成本还原后的制造费用=424 410-346 754.14-61 800.15=158 55.71(元)

(2) 第二次还原。

还原分配率=346 754.14÷339 915×100%=102.01%

甲产品所耗 A 半成品成本还原后的直接材料=303 025×102.01%=309 115.80(元)

甲产品所耗 A 半成品成本还原后的直接人工=27 327.50×102.01%=27 876.78(元)

甲产品所耗 A 半成品成本还原后的制造费用=346 754.14-309 115.80-27 876.78=9 761.56(元)

成本还原一般是通过编制成本还原计算表进行的,甲产品成本还原过程如表 7-6 所示。

表 7-6 产品成本还原计算表

产品名称:甲产品　　　　　　产量:1 000 件　　　　　　金额单位:元

项 目	还原率	B 半成品	A 半成品	直接材料	直接人工	制造费用	合 计
还原前产成品成本		424 410			80 370	16 730	521 510
第二步骤本月所产 B 半成品成本结构			353 290		62 965	16 170	432 425
第一次成本还原	98.15%	-424 410	346 754.14		61 800.15	15 855.71	0
第一步骤本月所产 A 半成品成本结构				303 025	27 327.50	9 562.50	339 915
第二次成本还原	102.01%		-346 754.14	309 115.80	27 876.78	9 761.56	0
还原后产成品成本				309 115.80	170 046.93	42 347.27	521 510
还原后单位成本				309.11	170.05	42.35	521.51

通过成本还原可以看出,产成品的成本经过还原后总成本没有变化,但其成本结构发生了变化。将综合成本项目还原为原始的成本项目,可以从整个企业角度对产品成本结构进行分析和考核,有利于整个企业的成本管理。

除了上述成本还原方法之外,实际中还有一种成本还原方法,就是按半成品各成本项目占该半成品总成本的比重进行还原。其公式如下:

$$某步骤半成品某成本项目的项目结构率=\frac{该步骤半成品该成本项目金额}{该步骤半成品的总成本}\times100\%$$

半成品各成本项目的还原金额=待还原半成品综合成本×该半成品各成本项目的结构率

按上述方法进行成本还原比较简单,所耗半成品按本月所产半成品结构进行还原,未考虑以前月份所产半成品成本的影响,所以在各月所产半成品的成本结构变化较大的情况下,采用这种方法进行成本还原,准确性会受到一定的影响。如果企业有半成品的定额成本或计划成本比较准确,也可以按定额成本或计划成本的成本结构进行还原,以提高成本还原的准确性。

采用综合结转分步法逐步结转半成品成本,便于分析和考核各步骤所耗半成品成本水平,以利于加强内部成本控制,努力降低成本,但成本还原工作量较大,因此,该方法一般适用于管理上既要求单独计算各步骤所耗半成品成本又不要求成本还原的企业。

(二)分项结转分步法的成本计算

分项结转分步法是将各生产步骤所耗用的上一步骤半成品成本,按照成本项目分项转入各该步骤产品成本明细账的相应成本项目中。如果半成品通过半成品库收发,则自制半成品明细账中也要按成本项目设置专栏进行登记。

采用分项结转分步法可以直接反映产成品各成本项目的原始构成,便于从整个企业角度考核和分析产品成本的各成本项目水平,不需要进行成本还原,计算工作较为简便。但该方法成本结转的工作量较大,而且在各生产步骤完工产品成本中看不出所耗上一步骤半成品成本和本步骤加工费用水平,不利于各车间的成本管理。这种方法适用于管理上不要求分别反映各步骤完工产品所耗费半成品成本,而要求按成本项目计算产品成本的企业。

采用分项结转分步法,各步骤所耗用的上一步骤半成品的成本,要随着半成品实物的转移,按照成本项目从上一步骤的产品成本明细账转入下一步骤相同产品的成本明细账中,以便逐步计算各步骤的半成品成本和最后步骤的产成品成本。

【例7-3】仍沿用例7-1的资料,按分项结转分步法计算各生产步骤完工半成品和最后步骤产成品成本,填制各步骤"基本生产成本明细账",如表7-7至表7-9所示。

表7-7 基本生产成本明细账(第一车间)

生产车间:第一车间　　　　　2018年7月　　　　　　　　　单位:元
产品名称:A半成品　　　　　　　　　　　　　　　　　完工数量:850件

项 目	直接材料	直接人工	制造费用	合 计
月初在产品成本	32 000	3 120	840	35 960
本月生产费用	320 935	26 458	9 510	356 903
合计	352 935	29 578	10 350	392 863

项目七 产品成本计算的分步法

续表

项目	直接材料	直接人工	制造费用	合计
单位产品成本	356.50	32.15	11.25	399.90
完工A半成品成本	303 025	27 327.50	9 562.50	339 915
月末在产品成本	49 910	2 250.50	787.50	52 948

第一车间基本生产成本明细账的归集和分配与采用综合结转分步法相同，见例题 7-1 第一车间基本生产成本明细账的计算过程。

表7-8 基本生产成本明细账(第二车间)

生产车间：第二车间　　　　2018年7月　　　　　　　　单位：元
产品名称：B半成品　　　　　　　　　　　　　　　　完工数量：980件

项目	直接材料	直接人工	制造费用	合计
月初在产品成本	42 215	21 800	4 800	68 815
本月生产费用		43 735	12 030	55 765
耗用上步骤A半成品成本	303 025	27 327.50	9 562.50	339 915
合计	345 240	92 862.50	26 392.50	464 495
单位产品成本	325.70	91.04	25.88	442.62
完工B半成品成本	319 186	89 219.20	25 362.40	433 767.60
月末在产品成本	26 054	3 643.30	1 030.10	30 727.40

尾差由月末在产品负担。

表7-8中有关数据计算如下。

直接材料单位成本=345 240÷(980+80)=325.70(元/件)
完工B半成品应分配的直接材料成本=980×325.70=319 186(元)
月末在产品应分配的直接材料成本=345 240-319 186=26 054(元)
直接人工单位成本=92 862.50÷(980+80×50%)=91.04(元/件)
完工B半成品应分配的直接人工成本=980×91.04=89 219.20(元)
月末在产品应分配的直接人工成本=92 862.50-89 219.20=3 643.30(元)
制造费用单位成本=26 392.50÷(980+80×50%)=25.88(元/件)
完工B半成品应分配的制造费用=980×25.88=25 362.40(元)
月末在产品应分配的制造费用=26 392.50-25 362.40=1 030.10(元)

表7-9 基本生产成本明细账(第三车间)

生产车间：第三车间　　　　2018年7月　　　　　　　　单位：元
产品名称：甲产品　　　　　　　　　　　　　　　　完工数量：1 000件

项目	直接材料	直接人工	制造费用	合计
月初在产品成本	51 400	9 200	5 120	65 720
本月生产费用		76 800	12 780	89 580

续表

项目	直接材料	直接人工	制造费用	合计
耗用上步骤B半成品成本	319 186	89 219.20	25 362.40	433 767.60
合计	370 586	175 219.20	43 262.40	589 067.60
单位产品成本	325.08	163.76	40.43	529.27
完工产品成本	325 080	163 760	40 430	529 270
月末在产品成本	45 506	11 459.20	2 832.40	59 797.60

尾差由月末在产品负担。

表7-9中有关数据计算如下。

直接材料单位成本=370 586÷(1 000+140)=325.08(元/件)
完工产成品应分配的直接材料成本=1 000×325.08=325 080(元)
月末在产品应分配的直接材料成本=370 586-325 080=45 506(元)
直接人工单位成本=175 219.20÷(1 000+140×50%)=163.76(元/件)
完工产成品应分配的直接人工成本=1 000×163.76=163 760(元)
月末在产品应分配的直接人工成本=175 219.20-163 760=11 459.20(元)
制造费用单位成本=43 262.40÷(1 000+140×50%)=40.43(元/件)
完工B半成品应分配的制造费用=1 000×40.43=40 430(元)
月末在产品应分配的制造费用=43 262.40-40 430=2 832.40(元)

根据第三车间产品成本明细账和产成品入库单，编制结转产成品成本的会计分录如下。

借：库存商品——甲产品　　　　　　　　　　　　　　　529 270
　　贷：基本生产成本——第三车间(甲产品)　　　　　　　　　529 270

综上所述，逐步结转分步法的成本计算对象是产品各生产步骤的自制半成品或产成品，不论是采用综合结转还是分项结转，自制半成品的实物流转与成本流转同步，从而有利于企业分析和考核各生产步骤的自制半成品或产成品成本，也有利于管理各生产步骤在产品的实物和资金。在采用综合结转分步法时，各生产步骤的产品成本明细账能够全面反映该生产步骤完工产品中所耗用上一生产步骤自制半成品费用和本步骤其他生产费用，这就便于各个生产步骤进行成本管理。

但逐步结转分步法也有不足之处，采用该方法进行成本核算及时性较差，特别是在各生产步骤自制半成品采用月末一次加权平均法计价时，各生产步骤不能同时计算成本；而且核算也比较复杂。在采用综合结转分步法结转时，往往需要进行成本还原；在采用分项结转分步法时，虽然不需要进行成本还原，但各生产步骤成本结转的工作量较大，特别是在自制半成品按计划成本逐步结转时，还要计算自制半成品的成本差异。

任务三　平行结转分步法

一、平行结转分步法的概述

(一)平行结转分步法的含义及适用范围

平行结转分步法也称不计算半成品成本法,是指各生产步骤不反映所耗的半成品成本,也不计算本步骤所产的半成品成本,只计算本步骤所发生的生产费用及这些费用中应计入产成品成本的份额,然后将各步骤应计入同一产品成本的份额平行结转、汇总,进而计算该产品成本的方法。

平行结转分步法适用于大量大批多步骤装配式生产的企业,各步骤的半成品种类很多,很少对外销售,管理上不要求计算半成品成本,如砖瓦厂、瓷厂。

(二)平行结转分步法的程序

首先,按产品的生产步骤和产品品种开设基本生产成本明细账,按成本项目归集本步骤发生的生产费用,但不包括上一步骤转来的自制半成品成本;其次,将各生产步骤归集的生产费用在完工产品与月末广义在产品之间进行分配,以计算出应计入产成品成本的份额;最后,汇总核算完工产品成本。平行结转分步法的成本计算程序如图7-3所示。

图 7-3　平行结转分步法的成本计算程序

(三)平行结转分步法的特点

1. 成本计算对象

平行结转分步法下,成本计算对象是各生产步骤和最终完工产品。在这种方法下,各生产步骤的半成品均不作为成本计算对象,各步骤的成本计算都是为了算出计入最终产品成本的份额,各步骤产品成本明细账不能提供其产出半成品的成本资料。

2. 半成品成本不随实物转移而结转

在平行结转分步法下,由于各步骤不计算半成品成本,只归集本步骤发生的生产费用,计算结转应计入产成品成本的份额,因此,各步骤半成品的成本资料只保留在该步骤的成本明细账中,并不随半成品实物的转移而结转,即半成品的成本资料与实物相分离。

3. 不设置"自制半成品"账户

由于各加工步骤不计算半成品成本,所以不论半成品是否通过半成品库收发,都不通过"自制半成品"账户进行金额核算,只需进行自制半成品的数量核算。

4. 生产费用在完工产品与在产品之间的分配

月末生产费用要在产成品与在产品之间分配。在平行结转分步法下,每一生产步骤的生产费用也要选择适当的方法在完工产品与月末在产品之间分配,常用的是约当产量比例法和定额比例法。但这里的完工产品,是指企业最后完工的产成品而非各步骤的半成品;这里的在产品,是指尚未产成的全部在产品和半成品,就是广义的在产品,与逐步结转分步法的狭义在产品不同。广义在产品不仅包括正在生产步骤加工的在制品即狭义在产品,还包括本步骤完工转入以后各步骤尚未完工的在产品、本步骤和以后各步骤完工转入半成品库的半成品。

(四)各步骤计入产成品成本份额的计算

某步骤计入产成品成本份额的计算公式如下。

某步骤应计入产成品成本的份额=产成品数量×单位产成品耗用某步骤半成品数量×某步骤成本项目费用分配率

公式中的"某步骤成本项目费用分配率"可采用约当产量比例法、定额比例法等方法求得。

1. 按约当产量比例法计算应计入产成品成本的份额

按约当产量比例法计算应计入产成品成本份额的计算公式如下。

$$某步骤成本项目费用分配率=\frac{该步骤月初在产品成本+该步骤本月发生的费用}{该步骤产品的约当产量}$$

某步骤产品的约当产量=本月最终产成品数量+该步骤月末广义在产品约当产量

某步骤月末广义在产品约当产量=本步骤在产品约当产量+本步骤加工完成转入后面各步骤的在产品数量和入库半成品数量

2. 按定额比例法计算各步骤应计入产成品成本的份额

该方法是将各步骤生产费用按照完工产品定额成本或定额消耗量与月末广义在产品定额成本或定额消耗量的比例进行分配,以计算各步骤生产费用应计入产成品成本的份额。其分成本项目分别计算,公式如下。

$$材料费用分配率=\frac{该步骤月初结存材料费用+该步骤本月发生的材料费用}{完工产品材料定额成本+月末广义在产品材料定额成本}$$

应计入完工产品成本的材料费用份额=完工产品材料定额成本×材料费用分配率

月末广义在产品应分配的材料费用=月末广义在产品材料定额成本×材料费用分配率

或　　　　　　　　　　＝本月该步骤材料费用合计-应计入产成品成本份额的材料费用

$$加工费用分配率=\frac{该步骤月初结存加工费用+该步骤本月发生的加工费用}{完工产品定额工时+月末广义在产品定额工时}$$

应计入完工产品成本的加工费用份额=完工产品定额工时×加工费用分配率

月末广义在产品应分配的加工费用=月末广义在产品定额工时×加工费用分配率

或　　　　　　　　　　＝本月该步骤加工费用合计-应计入产成品成本份额的加工费用

二、平行结转分步法的应用

【例 7-4】 神州机床厂甲产品经过三个车间连续加工制成,一车间生产 A 半成品,直接转入二车间加工制成 B 半成品,B 半成品制成转入第三车间加工成甲产品。其中 1 件甲产品耗用 1 件 B 半成品,1 件 B 半成品耗用 1 件 A 半成品。原材料在生产开始时一次投入,各车间月末在产品完工率均为 50%,各车间生产费用在完工产品与月末在产品之间分配采用约当产量比例法。该企业 2018 年 6 月有关生产资料如表 7-10、表 7-11 所示。

表 7-10　产品生产数量记录

单位:件

摘　要	一车间	二车间	三车间
月初在产品数量	40	60	40
本月投产数量或上步骤转入	160	150	180
本月完工产品数量	150	180	200
月末在产品数量	50	30	20

表 7-11　生产费用情况表

单位:元

	摘　要	直接材料	直接人工	制造费用	合计
一车间	月初在产品成本	2 000	180	260	2 440
	本月生产费用	36 700	4 000	4 800	45 500
二车间	月初在产品成本		400	240	640
	本月生产费用		6 400	9 200	15 600
三车间	月初在产品成本		400	360	760
	本月生产费用		6 845	5 220	12 065

根据以上资料,采用约当产量比例法计算各生产车间应计入产品成本的份额程序如表 7-12 至表 7-15 所示。

表7-12　各步骤约当产量的计算

摘　要	直接材料	直接人工	制造费用
一车间步骤约当产量合计	300(200+20+30+50)	275(200+20+30+50×50%)	275
二车间步骤约当产量合计	250(200+20+30)	235(200+20+30×50%)	235
三车间步骤约当产量合计	220(200+20)	210(200+20×50%)	210

表7-13　基本生产成本明细账(第一车间)

车间名称：第一车间
产品名称：甲产品　　　　　　　　　　　2018年6月　　　　　　　　　　　单位：元

摘　要	直接材料	直接人工	制造费用	合　计
月初在产品成本	2 000	180	260	2 440
本月生产费用	36 700	4 000	4 800	45 500
生产费用合计	38 700	4 180	5 060	47 940
本步骤约当产量	300	275	275	—
单位成本	129	15.20	18.40	162.60
应计入产成品成本份额	25 800	3 040	3 680	32 520
月末在产品成本	12 900	1 140	1 380	15 420

单位成本：
直接材料=38 700÷300=129(元)
直接人工=4 180÷275=15.20(元)
制造费用=5 060÷275=18.40(元)

应计入产成品成本份额：
200×129=25 800(元)
200×15.20=3 040(元)
200×18.40=3 680(元)

表7-14　基本生产成本明细账(第二车间)

车间名称：第二车间
产品名称：甲产品　　　　　　　　　　　2018年6月　　　　　　　　　　　单位：元

摘　要	直接材料	直接人工	制造费用	合　计
月初在产品成本		400	240	640
本月生产费用		6 400	9 200	15 600
生产费用合计		6 800	9 440	16 240
本步骤约当产量		235	235	—
单位成本		28.94	40.17	69.11
应计入产成品成本份额		5 788	8 034	13 822
月末在产品成本		1 012	1 406	2 418

单位成本：
直接人工=6 800÷235=28.94(元)
制造费用=9 440÷235=40.17(元)

应计入产成品成本份额：
200×28.94=5 788(元)
200×40.17=8 034(元)

表 7-15 基本生产成本明细账(第三车间)

车间名称：第三车间
产品名称：甲产品　　　　　　　　2018 年 6 月　　　　　　　　　　　　单位：元

摘　　要	直接材料	直接人工	制造费用	合　计
月初在产品成本		400	360	760
本月生产费用		6 845	5 220	12 065
生产费用合计		7 245	5 580	12 825
本步骤约当产量		210	210	—
单位成本		34.50	26.57	61.07
应计入产成品成本份额		6 900	5 314	12 214
月末在产品成本		345	266	611

单位成本：
直接人工＝7 245÷210＝34.50(元)
制造费用＝5 580÷210＝26.57(元)

应计入产成品成本份额：
200×34.50＝6 900(元)
200×26.57＝5 314(元)

根据上述基本生产成本明细账相关数据，平行结转各步骤应计入产成品成本的份额，汇总计算最终产成品的总成本和单位成本，如表 7-16 所示。

表 7-16 产品成本计算汇总表

产品名称：甲产品　　　　　　　　2018 年 6 月　　　　　　　　　　　　单位：元

摘　　要	产品产量/件	直接材料	直接人工	制造费用	合　计
第一车间计入份额		25 800	3 040	3 680	32 520
第二车间计入份额			5 788	8 034	13 822
第三车间计入份额			6 900	5 314	12 214
完工产品总成本	200	25 800	15 728	17 028	58 556
完工产品单位成本		129	78.64	85.14	292.78

根据成本计算汇总表，编制结转完工产品成本的会计分录如下。
借：库存商品——甲产品　　　　　　　　　　　　　58 556
　　贷：基本生产成本——第一车间(甲产品)　　　　　32 520
　　　　　　　　　　——第二车间(甲产品)　　　　　13 822
　　　　　　　　　　——第三车间(甲产品)　　　　　12 214

【例 7-5】远程公司 2018 年 7 月生产乙产品，生产分两个步骤在两个车间内进行，第一生产车间为第二生产车间提供半成品，第二生产车间加工完成为产成品。有关生产成本资料如表 7-17、表 7-18 所示，产成品和月末在产品之间分配生产费用的方法采用定额比例法，材料成本按定额材料成本比例分配，加工费用按定额工时比例分配。

表 7-17　乙产品定额资料

单位：元

生产步骤	月初在产品		本月投入		产成品				
					单价金额		产量/件	总定额	
	材料成本	工时/小时	材料成本	工时/小时	材料成本	工时/小时		材料成本	工时/小时
第一车间份额	85 000	1 500	128 950	3 500	350	8	400	140 000	3 200
第二车间份额		1 400		4 600		10	400		4 000
合计	85 000	2 900		8 100				140 000	7 200

表 7-18　月初在产品成本及本月生产费用

单位：元

项目		直接材料	直接人工	制造费用	合计
月初在产品成本	第一车间	80 000	9 500	11 500	101 000
	第二车间		10 000	11 600	21 600
本月生产费用	第一车间	129 500	15 400	18 250	163 150
	第二车间		36 200	40 300	76 500

根据定额资料、各种成本费用分配表，登记第一、二车间基本生产成本明细账如表 7-19、表 7-20 所示。

表 7-19　基本生产成本明细账(第一车间)

车间名称：第一车间
产品名称：乙产品　　2018 年 6 月　　完工数量：400 件　　　　　　单位：元

摘要	产品产量	直接材料		定额工时	直接人工	制造费用	合计
		定额	实际				
月初在产品成本		85 000	80 000	1 500	9 500	11 500	101 000
本月生产费用		128 950	129 500	3 500	15 400	18 250	163 150
生产费用合计		213 950	209 500	5 000	24 900	29 750	264 150
分配率			0.98		4.98	5.95	
应计入产成品成本份额	400	140 000	137 200	3 200	15 936	19 040	172 176
月末在产品成本		73 950	72 300	1 800	8 964	10 710	91 974

直接材料分配率=209 500÷213 950=0.98(元)
应计入产成品成本份额的直接材料=140 000×0.98=137 200(元)
月末在产品的直接材料=209 500-137 200=72 300(元)
直接人工分配率=24 900÷5 000=4.98(元/小时)
应计入产成品成本份额的直接人工=3 200×4.98=15 936(元)
月末在产品的直接人工=24 900-15 936=8 964(元)
制造费用分配率=29 750÷5 000=5.95(元/小时)

应计入产成品成本份额的制造费用=3 200×5.95=19 040(元)

月末在产品的制造费用=29 750-19 040=10 710(元)

表7-20 基本生产成本明细账(第二车间)

车间名称：第二车间

产品名称：乙产品　　　　2018年6月　　　　完工数量：400件　　　　单位：元

摘 要	产品产量	直接材料		定额工时	直接人工	制造费用	合计
		定额	实际				
月初在产品成本				1 400	10 000	11 600	21 600
本月生产费用				4 600	36 200	40 300	76 500
生产费用合计				6 000	46 200	51 900	98 100
分配率					7.70	8.65	
应计入产成品成本份额	400			4 000	30 800	34 600	65 400
月末在产品成本				2 000	15 400	17 300	32 700

直接人工分配率=46 200÷6 000=7.70(元/小时)

应计入产成品成本份额的直接人工=4 000×7.70=30 800(元)

月末在产品的直接人工=46 200-30 800=15 400(元)

制造费用分配率=51 900÷6 000=8.65(元/小时)

应计入产成品成本份额的制造费用=4 000×8.65=34 600(元)

月末在产品的制造费用=51 900-34 600=17 300(元)

根据上述基本生产成本明细账相关数据，平行结转各步骤应计入产成品成本的份额，汇总计算最终产成品的总成本和单位成本，产品成本计算汇兑如表7-21所示。

表7-21 产品成本计算汇总

产品名称：乙产品　　　　2018年6月　　　　　　　　　　单位：元

摘 要	产量/件	直接材料	直接人工	制造费用	合 计
第一车间计入份额		137 200	15 936	19 040	172 176
第二车间计入份额			30 800	34 600	65 400
完工产品总成本	400	137 200	46 736	53 640	237 576
完工产品单位成本		343	116.84	134.10	593.94

根据成本计算汇总表，编制结转完工产品成本的会计分录如下。

借：库存商品——乙产品　　　　　　　　　　　237 576

　　贷：基本生产成本——第一车间(乙产品)　　　172 176

　　　　　　　　　　——第二车间(乙产品)　　　65 400

综上所述，平行结转分步法的优点：简化和加速成本计算工作；能提供按原始成本项目反映的产品成本资料，不必进行成本还原。缺点是：不能提供半成品成本资料及各步骤所耗上一步骤半成品费用资料，因此不能全面反映各步骤生产耗费水平，不利于各步骤成本管理；各步骤不计算、不结转半成品成本，不能为在产品的实物管理和资金管理提供资料。

平行结转分步法与逐步结转分步法的比较如表 7-22 所示。

表 7-22 平行结转分步法与逐步结转分步法的比较

比较内容	平行结转分步法	逐步结转分步法
成本计算程序	各步骤只计算本步骤应计入产成品成本的份额，将各步骤份额进行平行结转汇总，计算出完工产品成本	按产品生产过程逐步计算并结转半成品成本，最后计算出完工产品成本
各步骤所包含的费用	只包括本步骤所发生的费用，不包括上步骤转入的半成品成本	既包括本步骤所发生的费用，也包括上步骤转入的半成品成本
完工产品的概念	企业最终完工产品	既包括完工产成品，也包括各步骤完工的半成品
在产品的概念	广义	狭义
提供的成本资料	不能提供各步骤所占用的生产资金数额，但能提供按原始成本项目反映的成本结构，不必进行成本还原	能提供各步骤所占用的生产资金数额，但综合结转分步法不能提供按原始成本项目反映的成本结构，需要进行成本还原
成本与实物的关系	实物结转，成本不转，实物与成本转移不一致	实物结转，成本也结转，实物与成本转移一致
成本计算的及时性	各步骤成本计算可同时进行，及时性好	后一步骤必须在前一步骤成本计算完成后才能进行，影响成本计算的及时性

案例解析

该纺织厂是大量大批多步骤生产企业，为了加强企业的成本管理，公司财务部对各车间生产的半成品均要进行考核；另外，主营部门还要对半成品成本情况进行评比和检查。所以，根据生产特点和管理要求，第二纺纱车间与第一织布车间之间、第三纺纱车间与第二织布车间之间应采用逐步结转分步法，纺纱车间先计算出半成品纱的成本，然后逐步算出最后步骤产成品布的成本。第一纺纱车间生产的纱是对外销售的，所以采用品种法计算出纱的成本，所以这种方法合理；第二纺纱和第一织布之间采用品种法不合理，应该采用逐步结转分步法，计算出半成品纱的成本及最后布的成本。

项 目 小 结

通过本项目的学习，我们可以了解到分步法是一种适用大量大批多步骤生产的成本计算方法，分为逐步结转分步法和平行结转分步法。其特点主要体现在：①成本计算对象是产品品种及其经过的加工步骤；②成本计算期与会计报告期一致，与生产周期不一致；

③通常需要将生产费用在完工产品与期末在产品之间进行分配。掌握分步法最关键的一点就是要同时结合产品品种和生产步骤设置基本生产成本明细账,归集产品的生产成本。如果采用的是结转分步法,应将完工产品的成本还原成原始的料、工、费状态,如果采用的是平行结转分步法则需要将生产费用在完工产品和广义在产品之间进行分配。

项目强化训练

一、单项选择题

1. 下列方法中属于不计算半成品成本的分步法是(　　)。
   A. 逐步结转分步法　　　　　　B. 综合结转分步法
   C. 分项结转分步法　　　　　　D. 平行结转分步法
2. 进行成本还原,应以还原分配率分别乘以(　　)。
   A. 本月所产半成品各个成本项目的费用
   B. 本月所耗半成品各个成本项目的费用
   C. 本月所产该种半成品各个成本项目的费用
   D. 本月所耗该种半成品各个成本项目的费用
3. 成本还原就是从最后一个步骤起,把各步骤所耗上一步骤半成品成本,按照(　　)逐步分解,还原计算出按原始成本项目反映的产成品成本。
   A. 本月所耗半成品成本结构
   B. 本月完工产品成本的结构
   C. 上一步骤所产该种半成品成本的结构
   D. 上一步骤月末在产品成本的结构
4. 采用逐步结转分步法时,完工产品与在产品之间的费用分配,是指在(　　)之间的费用分配。
   A. 产成品与月末在产品
   B. 完工半成品与月末加工中的在产品
   C. 产成品与广义在产品
   D. 前面步骤的完工半成品与加工中的在产品,最后步骤的产成品与加工中的在产品
5. 将各步骤所耗半成品费用,按照成本项目分项转入各步骤产品成本明细账的各个成本项目中的分步法是(　　)。
   A. 分项结转分步法　　　　　　B. 逐步结转分步法
   C. 综合结转分步法　　　　　　D. 平行结转分步法
6. 某种产品由三个生产步骤产成,采用逐步结转分步法计算成本。本月第一生产步骤转入第二生产步骤的半成品费用为 2 300 元,第二生产步骤转入第三生产步骤的半成品费用为 4 300 元。本月第三生产步骤发生的费用为 2 500 元(不包括上一生产步骤转入的费用),第三生产步骤月初在产品费用为 800 元,月末在产品费用为 600 元。本月该种产品成本为(　　)元。

A. 6 800　　　　　B. 7 000　　　　　C. 9 100　　　　　D. 2 700

7. 综合结转分布法下，成本还原的对象是(　　)。
   A. 各步骤半成品成本
   B. 各步骤产成品成本
   C. 各步骤所耗上一步骤半成品的综合成本
   D. 最后步骤产成品所耗的半成品成本

8. 在平行结转分步法下，完工产品与月末在产品之间的费用分配是指(　　)。
   A. 在各步骤完工半成品与狭义在产品之间分配
   B. 产成品与广义在产品之间分配
   C. 在各步骤完工半成品与广义在产品之间分配
   D. 产成品与狭义在产品之间分配

9. 平行结转分步法下，每一生产步骤完工产品的费用，是(　　)。
   A. 该步骤完工半成品的成本
   B. 该步骤生产费用中用于产成品成本的份额
   C. 该步骤完工产成品的成本
   D. 该步骤生产费用中用于在产品成本的份额

10. 下列可采用分步法计算产品成本的企业是(　　)。
    A. 重型机器厂　　B. 造船厂　　C. 纺织厂　　D. 发电厂

二、多项选择题

1. 逐步结转分步法的特点有(　　)。
   A. 半成品成本随着实物的转移而结转
   B. 可以计算出半成品成本
   C. 期末在产品是指广义在产品
   D. 期末在产品是指狭义在产品

2. 平行结转分步法的特点是(　　)。
   A. 各生产步骤间不结转半成品成本
   B. 期末在产品是指广义在产品
   C. 各生产步骤不计算半成品成本，只计算本步骤所发生的生产费用
   D. 将各步骤应计入产成品成本的份额平行结转，汇总计算产成品的总成本和单位成本

3. 分步法适用于(　　)。
   A. 大量生产　　B. 大批生产　　C. 多步骤生产　　D. 单步骤生产

4. 下列(　　)宜采用分步法核算。
   A. 造纸厂　　B. 纺织厂　　C. 钢铁厂　　D. 采煤厂

5. 采用分项结转分步法，(　　)。
   A. 可直接提供原始成本项目反映的产品成本资料，无须成本还原
   B. 有利于从全厂角度进行成本分析与考核工作
   C. 半成品成本结转和登记的工作量较大

项目七 产品成本计算的分步法

　　D. 不能专项反映各步骤所耗上步骤半成品成本资料
6. 采用综合结转分步法,(　　　)。
　　A. 有利于各步骤的成本管理　　　B. 有利于全厂的成本管理
　　C. 需要进行成本还原　　　　　　D. 简化半成品的登记及结转工作
7. 按实际成本综合结转的缺点是(　　　)。
　　A. 领用半成品时,其实际单位成本计算烦琐
　　B. 各步骤不能同时计算成本
　　C. 不能直接提供原始成本项目反映的产品成本资料
　　D. 不利于从整个企业角度进行成本分析与考核
8. 采用逐步结转法,按照半成品成本在下一步骤产品成本明细账中的反映方式,分为(　　　)。
　　A. 综合结转　　　　　　　　　　B. 按实际成本结转
　　C. 按计划成本结转　　　　　　　D. 分项结转
9. 计算成本还原分配率时所用的指标是(　　　)。
　　A. 本月产成品所耗上一步骤半成品成本合计
　　B. 上月所产该种半成品成本合计
　　C. 本月产成品所耗本步骤半成品成本合计
　　D. 本月所产该种半成品成本合计
10. 广义在产品包括(　　　)。
　　A. 尚在本步骤加工中的在产品
　　B. 企业最后一个步骤的完工产品
　　C. 已从半成品库转到以后各步骤进一步加工、尚未最后制成的在产品
　　D. 转入各半成品库的半成品

三、判断题

1. 分步法下,成本计算的分步与生产步骤一致。　　　　　　　　　　(　　)
2. 平行结转分步法下,不需要设置"自制半成品"明细账。　　　　　(　　)
3. 逐步结转分步法实际上是品种法的多次连续应用。　　　　　　　　(　　)
4. 平行结转分步法下,各步骤的生产费用都要在完工产品与狭义在产品之间进行分配。
　　　　　　　　　　　　　　　　　　　　　　　　　　　　　　　(　　)
5. 采用逐步结转分步法不能提供各个生产步骤的半成品成本资料。　　(　　)
6. 平行结转分步法下,越居于前面生产步骤的在产品成本越小。　　　(　　)
7. 无论是综合结转还是平行结转都要进行成本还原。　　　　　　　　(　　)
8. 分步法主要适用于小批单件生产。　　　　　　　　　　　　　　　(　　)
9. 分步法是分生产步骤、不分产品品种的一种成本计算方法。　　　　(　　)
10. 分步法的成本计算期与生产周期一致,与会计核算期不一致。　　 (　　)

四、名词解释

逐步结转分步法　　综合结转分步法　　分项结转分步法　　平行结转分步法

成本还原

五、思考题

1. 综合结转和分项结转的区别和联系是什么？
2. 逐步结转分步法的成本计算程序是什么？
3. 平行结转分步法的成本计算程序是什么？
4. 成本还原的原理和步骤是什么？

六、岗位能力训练

(一)练习逐步综合结转分步法的核算

远东机床厂生产甲产品，顺序经过两个车间生产，甲半成品通过仓库收发(半成品成本采用加权平均法计算)，采用综合结转分步法计算产品成本。2018年7月各车间在产品资料(月初、月末在产品均按定额成本计算)如表7-23所示；各车间发生的生产费用(不包括所耗半成品费用)如表7-24所示。

表7-23 在产品定额成本资料

单位：元

车间名称	直接材料		直接人工		制造费用	
	月初	月末	月初	月末	月初	月末
第一车间	3 800	3 420	2 000	1 800	4 600	4 140
第二车间	7 800	9 600	1 300	1 640	1 650	1 550

表7-24 各车间生产费用

单位：元

车间名称	直接材料	直接人工	制造费用
第一车间	13 500	8 000	10 300
第二车间		6 500	11 200

相关资料：甲半成品月初库存120件，实际成本总额为9 010元，本月第一车间加工成甲半成品500件入库，第二车间从半成品库领用600件，本月完工产成品400件。

要求：

(1) 开设并登记基本生产成本明细账，如表7-25、表7-26所示。
(2) 编制第一车间完工及第二车间领用半成品的会计分录。
(3) 进行成本还原，如表7-27所示。
(4) 编制完工产品入库会计分录。

表 7-25 基本生产成本明细账(第一车间)

生产车间：第一车间　　　　　　2018 年 7 月　　　　　　　　　单位：元
产品名称：甲半成品　　　　　　　　　　　　　　　　　完工数量：500 件

项　目	直接材料	直接人工	制造费用	合　计
月初在产品成本(定额成本)				
本月生产费用				
生产费用合计				
完工甲半成品成本				
完工甲半成品单位成本				
月末在产品成本(定额成本)				

表 7-26 基本生产成本明细账(第二车间)

生产车间：第二车间　　　　　　2018 年 7 月　　　　　　　　　单位：元
产品名称：甲产品　　　　　　　　　　　　　　　　　完工数量：400 件

项　目	直接材料	直接人工	制造费用	合　计
月初在产品成本(定额成本)				
本月生产费用				
生产费用合计				
完工甲产品成本				
完工产品单位成本				
月末在产品成本(定额成本)				

表 7-27 成本还原计算表

产品名称：甲产品　　产量：400 件　　2018 年 7 月　　　　　　　单位：元

项　目	还原率	半成品	直接材料	直接人工	制造费用	合计
还原前产成品成本						
本月所产半成品成本						
成本还原						
还原后产成品成本						
还原后产成品单位成本						

(二)练习综合结转分步法的成本还原

恒源工厂生产甲产品，经过三个步骤顺序加工，采用综合结转分步法计算成本。半成品通过半成品库收发。2018 年 6 月有关成本资料如表 7-28 所示。

表7-28 甲产品成本项目明细表

完工数量:100件　　　　　　　　　2018年6月　　　　　　　　　　单位:元

项目	A半成品	B半成品	直接材料	直接人工	制造费用	合计
第一步骤所产A半成品			80 000	11 500	8 500	100 000
第二步骤所产B半成品	70 200			5 800	4 000	80 000
第三步骤所产甲产品		96 000		8 500	6 200	110 700

要求: 编制成本还原计算表如表7-29所示。

表7-29 产品成本还原计算表

产品名称:甲产品　　　　　　　产量:100件　　　　　　　　　金额单位:元

项目	还原率	B半成品	A半成品	直接材料	直接人工	制造费用	合计
还原前产成品成本							
第二步骤本月所产B半成品成本结构							
第一次成本还原							
第一步骤本月所产A半成品成本结构							
第二次成本还原							
还原后产成品成本							
还原后单位成本							

(三)练习分项结转分步法的核算

恒丰工厂大量生产甲产品,经过两个步骤连续加工制成。自制半成品通过仓库收发,原材料在生产开始时一次投入。每件产成品耗用一件半成品。月初在产品及自制半成品成本和数量如表7-30所示。

表7-30 月初在产品数量及成本资料

单位:元

项目	数量/件	直接材料	直接人工	制造费用	合计
一车间月初在产品	20	2 100	670	280	3 050
二车间月初在产品	40	4 030	651	546	5 227
月初自制半成品	200	21 000	2 210	3 700	26 910

2018年6月发生下列业务。

(1) 一车间投产500件,投入费用为:直接材料52 500元,直接人工8 760元,制造费用7 540元。本月完工甲半成品400件,月末在产品120件。

(2) 二车间领用甲半成品300件(采用加权平均法计价)。投入费用为:直接人工4 200元,制造费用3 300元。本月完工甲产品260件,月末在产品80件。各步骤在产品按约当产量比例法计算，完工程度为 50%。

要求：采用分项结转分步法计算成本，开设和登记基本生产成本明细账如表 7-31、表 7-33 所示及开设和登记自制半成品明细账如表 7-32 所示。编制完工半成品入库、二车间领用半成品及最后产成品完工结转会计分录。

表 7-31 基本生产成本明细账

生产车间：一车间　　　　　　　2018 年 6 月　　　　　　　　　　单位：元
产品名称：甲半成品　　　　　　　　　　　　　　　　　　　　完工数量：400 件

项　目	直接材料	直接人工	制造费用	合　计
月初在产品成本				
本月生产费用				
生产费用合计				
完工产品产量				
月末在产品约当产量				
约当产量合计				
完工甲半成品成本				
完工甲半成品单位成本				
月末在产品成本				

表 7-32 自制半成品明细账

产品名称：甲半成品　　　　　　　2018 年 6 月　　　　　　　　　　　单位：元

摘　要	数量/件	直接材料	直接人工	制造费用	合　计
月初结存					
本月入库					
合计					
单位成本					
本月出库					
月末结存					

表 7-33 基本生产成本明细账

生产车间：二车间　　　　　　　2018 年 6 月　　　　　　　　　　单位：元
产品名称：甲产品　　　　　　　　　　　　　　　　　　　　完工数量：260 件

项　目	直接材料	直接人工	制造费用	合　计
月初在产品成本				
本月领用甲半成品成本				
本月生产费用				
生产费用合计				
完工产品产量				
月末在产品约当产量				

续表

项 目	直接材料	直接人工	制造费用	合 计
约当产量合计				
完工甲产成品成本				
完工甲产品单位成本				
月末在产品成本				

(四)练习平行结转分步法的核算

佳源公司甲产品生产经过三个车间加工制成,一车间生产 A 半成品,转入二车间生产 B 半成品,三车间将 B 半成品加工成甲产品。其中 1 件甲产品耗用 1 件 B 半成品,1 件 B 半成品耗用 1 件 A 半成品。原材料在生产开始时一次投入,各车间生产费用在完工产品与月末在产品之间分配,采用约当产量比例法。由于半成品不对外销售,所以不需要计算半成品成本。该企业 2018 年 6 月有关生产资料如表 7-34 所示;各车间费用发生情况如表 7-35 至表 7-37 所示。

表 7-34 产量记录

2018 年 6 月 单位:件

摘 要	一车间	二车间	三车间
月初在产品	4	8	5
本月投入(转入)	56	50	40
本月完工	50	40	25
月末在产品	10	18	20
在产品完工程度	40%	50%	50%

要求:请采用平行结转分步法完成各步骤基本生产成本明细账的计算和登记工作。将各步骤应计入产成品成本的份额平行结转汇总编制产品成本计算表如表 7-38 所示。

表 7-35 基本生产成本明细账(一车间)

车间名称:一车间 完工产量:25 件
产品名称:甲产品 2018 年 6 月 单位:元

摘 要	直接材料	直接人工	制造费用	合 计
月初在产品成本	22 370	7 820	5 350	35 540
本月生产费用	320 000	90 000	65 000	475 000
生产费用合计				
完工产品数量				—
月末在产品约当产量				
本步骤约当产量合计				—
费用分配率				
应计入产成品成本份额				
月末在产品成本				

表 7-36 基本生产成本明细账(二车间)

车间名称：二车间　　　　　　　　　　　　　　　　　　　　　　　完工产量：25 件
产品名称：甲产品　　　　　　　2018 年 6 月　　　　　　　　　　　单位：元

摘　要	直接材料	直接人工	制造费用	合　计
月初在产品成本		3 009	6 494	9 503
本月生产费用		15 000	40 000	55 000
生产费用合计				
完工产品数量				—
月末在产品约当产量				—
本步骤约当产量合计				—
费用分配率				
应计入产成品成本份额				
月末在产品成本				

表 7-37 基本生产成本明细账(二车间)

车间名称：三车间　　　　　　　　　　　　　　　　　　　　　　　完工产量：25 件
产品名称：甲产品　　　　　　　2018 年 6 月　　　　　　　　　　　单位：元

摘　要	直接材料	直接人工	制造费用	合　计
月初在产品成本		3 999	3 020	7 019
本月生产费用		16 000	6 500	22 500
生产费用合计				
完工产品数量				—
月末在产品约当产量				—
本步骤约当产量合计				—
费用分配率				
应计入产成品成本份额				
月末在产品成本				

表 7-38 产品成本计算汇总表

产品名称：甲产品　　　　　　　2018 年 6 月　　　　　　　　　　　单位：元

摘　要	产品产量/件	直接材料	直接人工	制造费用	合　计
第一步骤计入份额					
第二步骤计入份额					
第三步骤计入份额					
完工产品总成本	25				
完工产品单位成本					

根据成本计算汇总表，编制结转完工产品成本的会计分录。

项目八 产品成本计算的辅助方法

【知识目标】

- 掌握分类法、定额法以及联产品和副产品的成本计算方法。
- 了解各辅助方法的含义、特点及适用范围。
- 明确各辅助方法的计算程序。

【技能目标】

- 运用分类法对产品各品种进行成本计算。
- 运用联产品、副产品和等级产品的计算方法对产品成本进行计算。
- 运用定额法对产品成本进行计算。

案例引导

榕辉机械有限责任公司生产小号、中号、大号三种锭产品，三种产品所用原材料和生产工艺过程基本相同，以中号锭产品为标准产品，2018年7月有关成本、产量的资料如下。

(1) 月初在产品成本和本月发生的生产费用如下。(金额单位：元)

	直接材料（实际成本）	直接人工	制造费用
月初在产品成本	11 280	5 400	4 084
本月发生费用	30 000	10 800	8 300

(2) 产量和系数如下。

产品名称	折合标准产量系数	完工产量	在产品 数量	在产品 完工程度
小号锭	0.8	2 000	2 500	60%
中号锭	1	2 400	3 500	40%
大号锭	1.2	1 500	2 000	80%

要求：
(1) 编制标准产品产量换算表。
(2) 编制产品成本计算单，计算月末在产品成本、本月库存商品的总成本和单位成本。

理论认知

任务一 分类法的核算

一、分类法概述

(一)分类法的概念

在一些工业企业中，生产的产品品种、规格繁多，如果按照产品的品种归集生产费用、计算产品成本，必定使产品成本计算工作不胜其烦。在这种情况下，可以先按照一定的标准对产品进行分类，然后按产品类别归集生产费用，并计算各类产品的总成本；期末再对各类产品的总成本按一定的标准在类内各种产品之间进行分配，计算出各种规格产品成本。这种以产品类别为成本计算对象，归集生产费用，计算各类产品总成本和类内各种产品成本的方法，就是产品成本计算的分类法。

采用分类法计算产品成本，每类产品内各种产品的生产费用，不论是间接计入费用还是直接计入费用，都采用分类方法分配计算，因而领料凭证、工时记录和各种费用分配表都可以按照产品类别填列，产品成本明细账也可以按照产品类别设立，从而简化成本计算工作；还能够在产品品种、规格繁多的情况下，分类掌握产品成本的水平。但是，由于同类产品内各种产品的成本都是按照一定比例分配计算的，计算结果就有一定的假定性。因此，产品的分类和分配标准(或系数)的确定是否适当，是采用分类法时能否做到既简化成本计算工作，又使成本计算相对正确的关键。在进行产品分类时，距离既不宜定得过小，使成本计算工作复杂；也不能定得过大，造成成本计算的"大锅烩"。在分配标准的选定上，要选择与成本水平高低有密切联系的分配标准分配费用。当产品结构、所用原材料或工艺过程发生较大变动时，应该修订分配系数或考虑另选分配标准，以提高成本计算的正确性。

(二)分类法的适用范围

凡是生产的产品品种繁多，且可以按照一定的要求划分为若干类别的企业或车间，都可以采用分类法计算产品成本。分类法与产品生产的类型没有直接联系，因而可以在各种类型的生产中应用。例如，食品企业生产的各种糖果、饼干和面包；针织企业生产的各种不同种类和规格的针织品；照明企业生产的不同类别和规格的电灯泡；制鞋企业生产的不同型号的鞋子，等等。虽然生产类型各不相同，但都可以采用分类法计算产品成本。有很多企业在生产过程中采用同样的原材料、经过同样的生产工艺，加工出不同规格的产品，如用同样的化纤原料、相同的针织工艺，生产出不同款式和不同规格产品的针织厂。类似的还有铝制品厂、电子元件厂、制钉厂等，还有一些生产联产品、主副产品的企业。生产联产品的企业通常是对同一种原材料进行加工，同时能生产出几种主要产品，如运用相同的生产工艺对原油进行提炼加工，可以同时生产出汽油、煤油、柴油等各种产品的炼油厂。生产副产品的企业在进行主要产品的生产过程中，还会附带生产出一些非主要产品——副产品，如在制皂过程中产出含甘油盐水的日用化工厂，类似的还有粮油加工厂、豆制品厂等。还有一些工业企业，特别是轻工业企业，有时可能生产出品种相同、质量不同的产品。如果这些产品的结构、所用的原材料和工艺过程完全相同，产品质量上的差别是由于工人操作造成的，这些产品称为等级产品。对所耗原材料质量或生产工艺要求不同而产出不同等级产品的企业，可以采用分类法计算等级产品成本。但如果是工人操作失误造成的不同等级产品，不应采用分类法计算产品成本。某些企业除主要产品外，还生产一些零星产品。这些零星产品在生产工艺和原材料消耗上不一定相同，但由于它们品种、规格多但数量少，所负担的生产费用不多，为了简化产品成本计算的工作量，也可以将零星产品归为一类进行成本计算。

(三)分类法的特点

分类法的特点主要表现在成本计算对象、成本计算期和生产费用分配等三个方面。

1. 以产品类别作为产品成本计算对象

采用分类法计算产品成本，首先要根据产品结构、所用原材料和工艺过程的不同，将产品划分为若干类，按照产品的类别设立产品成本明细账，归集生产费用，计算各类产品的成本。因此，采用分类法进行成本计算时，需要按照每一类产品设置产品成本明细账(成本计算单)，用以归集生产过程中发生的各项费用。

2. 产品成本计算期由产品成本生产特点及管理要求决定

由于每个企业每个产品的生产特点及管理要求不一样，所以在采用分类法计算产品成本时，需要与产品成本计算的基本方法结合使用，因此采用分类法计算产品成本时，其产品成本计算期要由产品成本计算的基本方法决定。如果类内各种产品的生产周期较短，同时又是大量大批的单步骤生产，或者管理上不要求分步骤计算成本的多步骤生产，则以品种法为基本成本计算方法并结合使用分类法，其成本计算期通常与会计核算期相一致；如果类内产品是小批生产或单件生产，与分类法结合使用的基本方法则是分批法。每批产品的实际成本，通常要在该批产品全部完工以后才能确定，因而成本计算期不固定；如果类内产品的成本需要按产品的生产步骤确定，与分类法结合使用的基本方法就是分步法，则其成本计算期只能与会计报告期一致，即按月定期进行成本计算。

3. 月末通常要在完工产品与月末在产品之间分配生产费用

与产品成本计算的基本方法一样，采用分类法计算产品成本时，只要存在月末在产品，月末就需要在完工产品与月末在产品之间分配生产费用。

(四)分类法的成本计算程序

采用分类法计算产品成本的程序包括确定成本计算对象、设置和登记产品成本明细账、计算各类产品总成本和类内产品成本等方面。

1. 以产品类别为成本计算对象，并设置生产成本明细账

采用分类法的企业，要将不同规格的产品按一定的标准进行归类，通常是将生产工艺相同、耗用材料相近的产品归为一类，以产品的类别为成本计算对象。因此，合理确定产品类别是正确计算产品成本的基础。然后，按确定的产品类别作为成本计算对象设置产品成本明细账(成本计算单)，将发生的生产费用按成本项目在产品成本明细账中登记，归集各类产品的全部生产费用。

2. 计算各类产品的总成本和类内产品成本

根据与分类法结合使用的基本方法确定成本计算期，对归集的生产费用在完工产品与月末在产品之间进行分配，计算出每类产品的总成本。然后，采用合理的分配方法将各类产品的总成本在类内各种产品之间进行分配，确定每种产品的总成本与单位成本。

(五)划分类内产品成本的方法

如何对各类产品的总成本在类内各种产品之间进行分配，保证产品成本计算的合理性和正确性，关键在于正确选择分配标准。同类产品内各种产品之间分配费用的标准有定额消耗量、定额费用、售价，以及产品的体积、长度和重量等。选择分配标准时，应考虑分配标准是否与产品成本的高低关系较大。各成本项目可以采用同一分配标准分配；也可以按照成本项目的性质，分别采用不同的分配标准分配，以使分配结果更加合理。例如，原材料费用可按定额原材料费用或定额原材料消耗量比例分配，工资及福利费等其他费用可按定额工时比例分配，等等。目前企业划分类内各完工产品成本的常用方法主要是系数法和定额比例法。

二、分类法的应用

1. 系数法

在采用分类法的企业中,对各类产品的总成本按系数比例在各种产品间分配生产费用,确定类内各种产品成本的方法,称为系数法。在确定系数时,一般是在同类产品中选择一种产量较大,生产比较稳定或规格折中的产品作为标准产品,把这种产品的分配标准额的系数定为1;用其他各种产品的分配标准额与标准产品的分配标准额相比,求出其他产品的分配标准额与标准产品的分配标准额的比率,即系数。系数一经确定,应相对稳定,不应任意变更。在分类法中,按照系数分配同类产品内各种产品成本的方法,也叫系数法。因此,系数法是分类法的一种,也可称为简化的分类法。其具体做法如下。

(1) 在同类产品中选择一种产销量大、生产正常、售价稳定的产品,作为标准产品,并将其系数定为1。

(2) 将其他各种产品的分配标准与标准产品的分配标准相比,分别将比率确定为其他各种产品的系数。

(3) 以各种产品的实际产量乘以各种产品的折算系数,计算出全部产品的标准产品产量(即总系数)。

(4) 按标准产品产量的比例计算出各种类内产品的成本。

系数法下有关的计算公式如下。

$$类内某产品系数 = \frac{类内该种产品的分配标准}{该类内标准产品的分配标准}$$

$$类内某产品总系数(标准产量) = 该产品实际产量 \times 该产品系数$$

$$类内全部产品总系统 = \Sigma(类内每种产品系数)$$

$$某类产品材料(人工、制造)费用分配率 = \frac{该类产品材料(人工、制造)费用总额}{该类全部产品总系数}$$

$$类内某产品材料(人工、制造)费用实际成本 = 类内该产品系数 \times 某类产品材料(人工、制造)费用分配率$$

$$类内某产品单位成本 = \frac{类内该种产品总成本}{该产品实际产量}$$

【例 8-1】榕辉机械有限责任公司的产品规格很多,其中,B1、B2、B3 三种产品耗用的原材料和生产工艺技术过程比较接近,因而归并为甲类,采用分类法计算成本。

2018 年 9 月份有关资料如表 8-1 和表 8-2 所示。

表 8-1 在产品成本和本月生产费用资料

产品类别:甲类　　　　　　　　　　　2018 年 9 月　　　　　　　　　　　　单位:元

项　目	直接材料	直接人工	制造费用	合　计
月初在产品	18 360	15 900	9 200	40 460
本月生产费用	126 512	79 970	33 920	240 402
月末在产品	3 360	1 100	1 000	5 460

表 8-2　甲类产品消耗定额和产量记录

产品类别：甲类　　　　　　　　　　　2018 年 9 月

产品名称	产量	材料消耗定额	工时消耗定额
B1	8 000	30	28
B2	6 500	25	20
B3	4 200	15	16

该公司根据甲类产品的产销情况，确定 B2 产品为标准产品，定其系数为 1，并根据有关资料计算如下。

(1) 根据材料和工时定额计算消耗量系数和定额工时系数。计算结果如表 8-3 所示。

表 8-3　材料和工时消耗系数计算表

产品类别：甲类　　　　　　　　　　　2018 年 9 月

产品名称	单位产品		材料定额消耗量系数	定额工时系数
	材料消耗定额	工时消耗定额		
B1	30	28	1.2	1.4
B2	25	20	1	1
B3	15	16	0.6	0.8

(2) 按产品类别设置并登记产品成本明细账，如表 8-4 所示。

表 8-4　产品成本计算单

产品类别：甲类　　　　　　生产车间　　　　　　　　单位：元

2018 年		凭证号数	摘要	成本项目			合计
月	日			直接材料	直接人工	制造费用	
9	1		月初在产品	18 360	15 900	9 200	40 460
9	30		本月生产费用	126 512	79 970	33 920	240 402
	30		本月费用合计	144 872	95 870	43 120	283 862
	30		完工产品成本	141 512	94 770	42 120	278 402
	30		月末在产品	3 360	1 100	1 000	5 460

(3) 计算 B1、B2、B3 三种产品的完工产品成本。根据各种产品的产量记录、原材料消耗量系数和工时定额系数，分配计算 B1、B2、B3 三种产品的完工产品成本，如表 8-5 所示。

项目八 产品成本计算的辅助方法

表 8-5 各种产品成本计算单

产品类别：甲类　　　　　　　　　　　2018 年 9 月 30 日　　　　　　　　　　　　　单位：元

产品	产量	材料定额消耗量系数	定额工时系数	总系数		总成本				单位成本
				直接材料	其他费用	直接材料	直接人工	制造费用	合计	
分配率						7.6	4.5	2		
B1	8 000	1.2	1.4	9 600	11 200	72 960	50 400	22 400	145 760	18.22
B2	6 500	1	1	6 500	6 500	49 400	29 250	13 000	91 650	14.1
B3	4 200	0.6	0.8	2 520	3 360	19 152	15 120	6 720	40 992	9.76
合计				18 620	21 060	141 512	94 770	42 120	278 402	42.08

表中，直接材料分配率=141 512÷18 620=7.6(元/件)

直接人工分配率=94 770÷21 060=4.5(元/件)

制造费用分配率=42 120÷21 060=2(元/件)

表 8-5 中，直接材料的总系数，是产量与原材料费用系数的乘积，是各种产品之间分配原材料费用的依据；其他费用系数是产量与工时定额系数的乘积，是分配直接人工费用和制造费用的依据。以原材料费用分配率分别乘以各种产品的直接材料费用总系数，可求得各种完工产品的原材料费用；以直接人工分配率和制造费用分配率分别乘以各种完工产品的其他费用总系数，可求得各种完工产品的直接人工费用和制造费用。

根据产品成本计算单和完工产品入库单，编制产品入库的会计分录如下。

借：库存商品——B1　　　　　　　　　　145 760
　　　　　　——B2　　　　　　　　　　 91 650
　　　　　　——B3　　　　　　　　　　 40 992
　　贷：生产成本——基本生产成本(甲类)　　278 402

在采用分类法计算产品成本的企业中，所有材料领用、工时记录、费用分配都按产品类别填列，产品成本明细账也按类别设置，从而大大简化了产品成本计算的手续，还提供了各类产品成本的资料。但无论采用何种方法将生产费用在类内产品之间进行分配，都存在一定的假定性。为此，必须正确进行产品分类，合理确定产品的类别与类距。同时，在产品结构、所耗材料、生产工艺发生较大变化时，要及时修订有关定额或分配系数，以保证产品成本计算的正确性。

为简化成本计算，也可以采用综合定额系数法分配计算各种产品成本，即将直接材料、直接人工、制造费用系数综合起来，确定一个综合定额系数，来分配计算各种产品成本。

【例 8-2】榕辉机械有限责任公司 B 类产品包括甲、乙、丙三种产品，本月完工产量分别为 500 件、600 件和 800 件，综合定额系数分别为 1、0.5 和 0.6，本月 B 类完工总成本为 80 000 元，分别计算甲、乙、丙三种产品总成本及单位成本。

分配率=80 000÷(500×1+600×0.5+800×0.6)=62.5(元/件)

甲产品总成本=500×1×62.5=31 250(元)

甲产品单位成本=31 250÷500=62.5(元)

乙产品总成本=600×0.5×62.5=18 750(元)
乙产品单位成本=18 750÷600=31.25(元)
丙产品总成本=800×0.6×62.5=30 000(元)
丙产品单位成本=30 000÷800=37.5(元)

2. 定额比例法

如果企业的定额管理基础工作好，各种定额资料完整、准确、稳定，那就可以按类内各种产品的定额成本或定额消耗量的比例，对各类产品的总成本进行分配。这种按定额比例确定类内各种产品成本的方法，通常称为定额比例法。其计算公式如下：

$$某类产品材料(人工、制造)费用分配率 = \frac{该类产品材料(人工、制造)费用总额}{该类产品材料(人工、制造)定额成本之和}$$

类内某产品材料(人工、制造)费用实际成本=类内该产品材料(人工、制造)定额成本×某类产品材料(人工、制造)费用分配率

【例 8-3】 榕辉机械有限责任公司生产的产品规格很多，其中，甲产品和乙产品使用的原材料相同，生产工艺过程比较接近，因此归并为 A 类，采用分类法计算成本，如表 8-6 和表 8-7 所示。

表 8-6　在产品成本和本月生产费用资料

产品类别：A 类　　　　　　　　　　　2018 年 11 月　　　　　　　　　　　　　单位：元

项 目	直接材料	直接人工	制造费用	合计
月初在产品	13 600	15 800	7 200	36 600
本月生产费用	325 500	62 000	165 000	552 500
月末在产品	23 000	16 000	9 800	48 800

表 8-7　产品消耗定额和产量记录

产品类别：A 类　　　　　　　　　　　2018 年 11 月

产品名称	产 量	材料消耗定额	定额工时
甲	6 000	20	5
乙	8 500	30	8

根据上述资料，采用定额比例法计算甲产品和乙产品成本如下。
(1) 根据甲产品和乙产品的定额成本与定额工时计算定额比例如下。
甲产品材料成本定额比例=6 000×20÷(6 000×20+8 500×30)=0.32
乙产品材料成本定额比例=8 500×30÷(6 000×20+8 500×30)=0.68
甲产品定额工时比例=6 000×5÷(6 000×5+8 500×8)=0.31
乙产品定额工时比例=8 500×8÷(6 000×5+8 500×8)=0.69
(2) 按产品类别设置并登记产品成本明细账，如表 8-8 所示。

表 8-8　产品成本明细账

产品类别：A 类　　　　　　　　　　　　　生产车间　　　　　　　　　　　　　　　单位：元

2018 年		凭证号数	摘　要	成本项目			合计
月	日			直接材料	直接人工	制造费用	
11	1		月初在产品	13 600	15 800	7 200	36 600
11	30		本月生产费用	325 500	62 000	165 000	552 500
	30		本月费用合计	339 100	77 800	172 200	589 100
	30		完工产品成本	316 100	61 800	162 400	540 300
	30		月末在产品	23 000	16 000	9 800	48 800

(3) 分配计算甲、乙两种产品的完工产品成本，如表 8-9 所示。

表 8-9　各种产品成本计算单

产品类别：A 类　　　　　　　　　　　　2018 年 11 月　　　　　　　　　　　　　单位：元

项目	材料定额比例	直接材料	工时定额比例	直接人工	制造费用	合计
完工产品成本		316 100		61 800	162 400	540 300
甲产品	0.32	101 152	0.31	19 158	50 344	170 654
乙产品	0.68	214 948	0.69	42 642	112 056	369 646

根据产品成本计算单和完工入库单，编制产品入库的会计分录如下。

借：库存商品——甲　　　　　　　　　　　　　170 654
　　　　　　——乙　　　　　　　　　　　　　369 646
　　贷：生产成本——基本生产成本(A 类)　　　540 300

任务二　联产品、副产品和等级产品的成本计算

一、联产品的成本计算

(一)联产品的概念

联产品是指用同样的原材料，经过一道或一系列工序的加工同时生产出几种地位相同但用途不同的主要产品。例如，煤油厂以原油为原料，经过一定的生产工艺过程，加工成汽油、煤油、柴油等各种燃料油。联产品与同类产品不同，同类产品是指在产品品种、规格繁多的企业或车间，按一定的标准归类的产品，其目的是便于采用分类法简化产品成本计算工作。

联产品的特点是各种联产品都是企业的主要产品，是企业生产活动的主要目标，且销售价格相当或较高，对企业都有较大的贡献。联产品是企业投入同种原材料经过同一生产过程而取得的，在生产出一种产品的同时，必然伴随着其他联产品的同时产出。因此，只有在整个生产过程结束之后才能分离出联产品。各种联产品分离的时刻被称为"分离点"。

分离后的联产品,有的作为完工产品直接出售,有的作为半成品需要进一步加工成完工产品才可以出售。为此,我们将分离点前在联合生产过程中发生的生产成本称为联合成本,联合成本需要经过分配后才能计入各联产品成本。将分离后对联产品继续进行加工而发生的成本称为可归属成本,直接由接受加工的联产品负担,计入其成本。

(二)联产品联合成本的分配

联合成本是指在联合生产过程中生产联产品所发生的总成本。联产品从原材料投入到加工成完工产品要经历三个阶段:分离前、分离点、分离后。分离前是联合成本的归集过程,分离点是联合成本的分配过程,分离后是联产品可归属成本的归集过程。因此,联产品成本计算的步骤可分为:第一步,计算分离前的联合成本;第二步,在分离点分配联合成本;第三步,分离后计算进一步加工的可归属成本。

综上所述,在分离点之前,联产品中某一产品的生产,必须同时生产别的产品。因此,不可能分别每种产品归集生产费用并直接计算其产品成本。只能把分离点前联合生产过程发生的费用归集在一起,计算联产品分离前的联合成本。然后,在分离点,采用一定的分配方法,在各联产品之间分配联合成本,计算出各联产品的成本。至于有些联产品分离后继续加工发生的费用,可按分离后各联产品品种分别归集,计算出分离后成本。用分离后成本加上由联合成本分配来的成本,构成该种产品整个生产过程成本。

具体计算过程如图 8-1 所示。

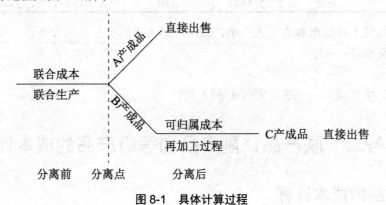

图 8-1 具体计算过程

在分离点上分配联合成本的方法有很多,常用的有系数分配法、实物量分配法、相对售价分配法。

1. 系数分配法

系数分配法是将各种联产品的实际产量乘以事先制定的各该联产品的系数,把实际产量换算成相对生产量,然后按各联产品的相对生产量比例来分配联产品的联合成本。系数分配法的关键是系数的确定要合理。确定系数的标准可以是联产品的技术特征,如重量、体积、质量、性能和加工难易程度;也可以是经济指标,如定额成本、售价等。

【例 8-4】榕辉机械有限责任公司用某种原材料经过同一生产过程同时生产出甲、乙两种联产品。2018 年 6 月共生产甲产品 5 000 千克、乙产品 3 000 千克,无期初、期末在产品。该月生产发生的联合成本分别为:原材料为 80 000 元,直接人工成本为 32 600 元,制造费用为 42 000 元。假设全部产品均已售出,该公司采用系数法分配联合成本,事先确定的甲、乙两种产品的系数分别是 1 和 1.5。根据上述资料计算甲、乙产品的生产成本。

联合成本的分配情况如表 8-10 所示。

表 8-10 联产品成本计算表

2018 年 6 月 30 日　　　　　　　　　　　　　　　　金额单位:元

产品名称	产量/千克	系数	标准产量	分配比例	应负担的成本			
					直接材料	直接人工	制造费用	合计
甲	5 000	1	5 000	0.53	42 400	17 278	22 260	81 938
乙	3 000	1.5	4 500	0.47	37 600	15 322	19 740	72 662
合计	8 000		9 500	1	80 000	32 600	42 000	154 600

表 8-10 中的分配比例计算如下。

甲产品分配比例=5 000÷9 500=0.53

乙产品分配比例=4 500÷9 500=0.47

甲产品应分配的直接材料费用=80 000×0.53=42 400(元)

甲产品应分配的直接人工费用=32 600×0.53=17 278(元)

甲产品应分配的制造费用=42 000×0.53=22 260(元)

乙产品应分配的直接材料费用=80 000×0.47=37 600(元)

乙产品应分配的直接人工费用=32 600×0.47=15 322(元)

乙产品应分配的制造费用=42 000×0.47=19 740(元)

2. 实物量分配法

实物量分配法是按分离点上各种联产品的重量、容积或其他实物量比例来分配联合成本。采用这种方法计算出的各产品单位成本是一致的,且是平均单位成本,因此简便易行。但由于并非所有的成本发生都与实物量直接相关,容易造成成本计算与实际相脱节的情况。故此法一般适用于成本的发生与产量关系密切,而且各联产品销售价格较为均衡的联合成本的分配。

【例 8-5】 承例 8-4 的资料,假定各种联产品的单位重量相近,因此以产品产量作为实物量,采用实物量比例分配法分配联合成本。计算结果如表 8-11 所示。

表 8-11 联产品成本计算表

2018 年 6 月 30 日　　　　　　　　　　　　　　　　金额单位:元

产品名称	产量/千克	应负担的成本			
		直接材料	直接人工	制造费用	合计
甲	5 000	50 000	20 375	26 250	96 625
乙	3 000	30 000	12 225	15 750	57 975
合计	8 000	80 000	32 600	42 000	154 600
费用分配率		10	4.075	5.25	19.325

直接材料的费用分配率=80 000÷8 000=10

直接人工的费用分配率=32 600÷8 000=4.075
制造费用的费用分配率=42 000÷8 000=5.25
甲产品应分配的直接材料费用=5 000×10=50 000(元)
甲产品应分配的直接人工费用=5 000×4.075=20 375(元)
甲产品应分配的制造费用=5 000×5.25=26 250(元)
乙产品应分配的直接材料费用=3 000×10=30 000(元)
乙产品应分配的直接人工费用=3 000×4.075=12 225(元)
乙产品应分配的制造费用=3 000×5.25=15 750(元)

3. 相对售价分配法

相对售价分配法是指用各种联产品的销售收入比例来分配联合成本。这种分配法强调经济比值，认为既然联合生产过程的联产品是同时产出的，并不是只产出其中一种，因此，从销售中所获得的收益，理应在各种联产品之间按比例进行分配。也就是说，售价较高的联产品应该成比例地负担较高份额的联合成本，售价较低的联产品应该负担较低份额的联合成本，其结果是各种联产品的毛利率相同。这种方法克服了实物量分配法的不足，但其本身也存在着缺陷，表现在：一方面，并非所有的成本都与售价有关，价格较高的产品不一定要负担较高的成本；另一方面，并非所有的联产品都具有同样的获利能力。这种方法一般适用于分离后不再加工，而且价格波动不大的联产品成本计算。

【例 8-6】 承例 8-4 的资料，采用相对售价分配法分配联合成本。计算结果如表 8-12 所示。

表 8-12 联产品成本计算表

2018 年 6 月 30 日　　　　　　　　　　　　　　　　金额单位：元

产品名称	产量/千克	单价	金额	分配比例	应负担的成本			
					直接材料	直接人工	制造费用	合计
甲	5 000	100	500 000	0.36	28 800	11 736	15 120	55 656
乙	3 000	300	900 000	0.64	51 200	20 864	26 880	98 944
合计	8 000		1 400 000	1	80 000	32 600	42 000	154 600

甲产品分配比例=500 000÷1 400 000=0.36
乙产品分配比例=900 000÷1 400 000=0.64
甲产品应分配的直接材料费用=80 000×0.36=28 800(元)
甲产品应分配的直接人工费用=32 600×0.36=11 736(元)
甲产品应分配的制造费用=42 000×0.36=15 120(元)
乙产品应分配的直接材料费用=80 000×0.64=51 200(元)
乙产品应分配的直接人工费用=32 600×0.64=20 864(元)
乙产品应分配的制造费用=42 000×0.64=26 880(元)

总之，联产品成本的分配方法很多，各企业应该根据企业的特点和联产品加工的情况，选择最合适的方法，使联产品的成本计算尽可能做到既科学合理，又简便易行。

二、副产品的成本计算

(一)副产品的概念

副产品是指企业使用同种原材料,经过同一生产工艺过程加工,在生产出主要产品的同时附带生产出来的一些非主要产品。例如,制皂生产中产生的甘油,炼油生产中产生的渣油、石油焦等。它的特点在于:副产品是企业生产的次要产品,不是企业生产活动的主要目标,相对于主要产品而言,副产品的经济价值一般较小,销售价格往往较低。

副产品和联产品之间既有联系又有区别,主要表现在它们都是联合生产过程中的产物,都是投入相同的原材料,经过同一生产过程而产生的,但价值与地位却不同。一般情况下,联产品的价值较高,地位同等,而副产品相对于主要产品价值较低,处于次要地位。但两者之间的划分并非一成不变,而是可以相互转化的。随着生产技术的发展和综合利用,在一定条件下,副产品也能转为主要产品,从而成为联产品;反之,原来的联产品也可能因为生产目标的改变而成为副产品。

(二)副产品的成本计算

由于副产品和主要产品是同一原材料经过同一生产过程生产出来的,所以,其成本与主要产品成本在分离步骤前是共同发生的,这也决定了副产品的成本计算就是确定其应负担分离点前的联合成本。但是由于副产品的经济价值较小,在企业全部产品中所占的比重也较小,因此在计算成本时,可采用简单的计算方法,确定副产品的成本,然后从分离前联合成本中扣除,其余额就是主要产品成本。

副产品的成本计算方法通常有以下两种。

(1) 对分离后不再加工的副产品,若价值不大,可不负担分离前的联合成本,或以定额单位成本计算其成本。对于分离后仍需进一步加工才能出售的副产品,如价值较低,可只计算归属于本产品的成本;如价值较高,则需同时负担可归属成本和分离前联合成本,以保证主要产品成本计算的合理性。

(2) 对分离后不再加工但价值较高的副产品,往往以其销售价格作为计算依据,按销售价格扣除销售税金、销售费用和按正常利润率计算的销售利润后的余额,即为副产品应负担的联合成本。若分离后仍需要进一步加工才能出售的副产品,则应同时负担可归属于该产品的再加工成本和分离前应负担的联合成本。可在上述计算结果的基础上再减去可归属成本后作为其应负担的联合成本。主要产品应负担的联合成本为分离前的联合成本扣除由副产品应负担的联合成本后的余额。

【例 8-7】 某公司在生产甲产品的过程中,附带生产出乙和丙两种副产品。2018 年 9 月份发生的联合成本为:原材料 80 000 元,直接人工费用 52 000 元,制造费用 28 000 元。当月生产甲产品 300 吨,乙产品 90 吨,丙产品 50 吨,无期初、期末在产品。另外,公司核定乙产品的定额单位成本为 20 元/吨;丙产品的单位售价为 47 元/吨,销售税金及费用为 5 元/吨,正常利润率为 5%。则该公司的产品成本计算表如表 8-13 所示。

表8-13 甲、乙、丙产品成本计算表

2018年9月30日　　　　　　　　　　　　　　　　　金额单位：元

项目		应负担的联合成本			
		直接材料	直接人工	制造费用	合计
联合成本		80 000	52 000	28 000	160 000
费用项目比重		50%	32.5%	17.5%	100%
产品名称	甲产品	78 100	50 765	27 335	156 200
	乙产品	900	585	315	1 800
	丙产品	1 000	650	350	2 000

表8-13中有关项目计算如下。

乙产品的总成本=90×20=1 800(元)

其中：直接材料=1 800×50%=900(元)

直接人工=1 800×32.5%=585(元)

制造费用=1 800×17.5%=315(元)

丙产品的总成本=(47-5)÷(1+5%)×50=2 000(元)

其中：直接材料=2 000×50%=1 000(元)

直接人工=2 000×32.5%=650(元)

制造费用=2 000×17.5%=350(元)

甲产品总成本=160 000-1 800-2 000=156 200(元)

其中：直接材料=80 000-900-10 00=78 100(元)

直接人工=52 000-585-650=50 765(元)

制造费用=28 000-315-350=27 335(元)

三、等级产品的成本计算

(一)等级产品的概念

等级产品是指企业使用同种原材料，经过相同加工过程生产出来的质量或等级不同的同品种产品，如纺织品和搪瓷器皿的生产中常有等级产品产生。等级产品虽然与联产品、副产品一样，都是使用同种原材料、经过同一生产过程生产出来的，但也存在着较大的区别。联产品之间、主产品与副产品之间，产品的性质、用途不同，属于不同品种的产品；而等级产品则是性质一样、用途相同的同品种产品，只是由于质量上的差异而产生了不同的等级，并按不同的销售价格出售。

等级产品与非合格品是两个不同的概念。等级产品质量上的差异一般是在允许的设计范围之内，这些差异一般不影响产品的使用寿命。非合格品是指等级产品以下的产品，其质量标准达不到设计的要求，属于废品范围。

(二)等级产品的成本计算

造成等级产品的原因主要有两种：一是由于操作工人操作不当或操作不熟练等主观原因形成的；二是由于生产技术的固有限制或原材料质量等客观原因形成的。由于造成等级产品的原因不同，因而在成本计算方法上也有所不同。如果等级产品的产生是第一种情况，可以选用实物量分配法。其理由是，生产出等级较低产品的原因是工人操作不当或操作不熟练等主观原因，而生产过程中的投入并没有不同，因此，不同等级的产品应当承担相同的生产费用，具有相同的单位成本，以体现不同等级产品对企业盈利的不同影响。

根据第二种情况，等级产品也可能是由于所用原材料的质量或受目前技术水平限制等原因而产生的，即客观原因造成的。在这些情况下，一般不能对各等级产品确定相同的单位成本，而要采用系数分配法计算各等级产品成本。通常以单位售价比例定出系数，再按系数的比例计算出不同等级产品应负担的联合成本。这样，不同等级产品具有不同的单位成本，等级高、售价高的产品负担的成本较多，而等级低、售价低的产品则负担的成本较少。这种做法更符合收入与成本费用配比的要求。

1. 实物量分配法

【例 8-8】2018 年 4 月，某陶瓷公司因工人操作技术问题，虽然利用同种陶土，经过同等工艺过程，但生产出的陶瓷碗质量等级却不相同。本月的产出中：一等品 20 000 个，二等品 1 000 个，三等品 500 个。当月共发生联合成本 51 600 元，其中：原材料费用 21 500 元，直接人工费用 17 200 元，制造费用 12 900 元。按实物量比例法计算各等级产品成本，如表 8-14 所示。

表 8-14 等级产品成本计算表

2018 年 4 月 30 日　　　　　　　　　　　　　　　　　　金额单位：元

产品级别	实际产量/个	应负担的联合成本			
		直接材料	直接人工	制造费用	合计
分配率		1	0.8	0.6	2.4
一等品	20 000	20 000	16 000	12 000	48 000
二等品	1 000	1 000	800	600	2 400
三等品	500	500	400	300	1 200
合计	21 500	21 500	17 200	12 900	51 600

表 8-14 中计算过程如下。

直接材料分配率=21 500÷21 500=1

直接人工分配率=17 200÷21 500=0.8

制造费用分配率=12 900÷21 500=0.6

一等品直接材料=20 000×1=20 000(元)

一等品直接人工=20 000×0.8=16 000(元)

一等品制造费用=20 000×0.6=12 000(元)

二等品直接材料=1 000×1=1 000(元)

二等品直接人工=1 000×0.8=800(元)
二等品制造费用=1 000×0.6=600(元)
三等品直接材料=500×1=500(元)
三等品直接人工=500×0.8=400(元)
三等品制造费用=500×0.6=300(元)

2. 系数分配法

【例 8-9】 某洗煤厂对一种原煤进行洗煤加工,生产出质量和规格不同的甲、乙、丙三种等级产品。2018 年 5 月份的产量分别是:甲产品 60 000 吨,乙产品 5 000 吨,丙产品 2 000 吨。三种等级产品的单位售价分别为 90 元/吨、100 元/吨、180 元/吨。该月发生的联合成本为:原材料 960 000 元,直接人工费用 320 000 元,制造费用 160 000 元。计算各等级产品成本,如表 8-15 所示。

表 8-15　等级产品成本计算表

2018 年 5 月 31 日　　　　　　　　　　　　　　　单位:元

产品名称	实际产量/吨	系数	标准产量	分配比例	应负担的联合成本			
					直接材料	直接人工	制造费用	合计
甲	60 000	0.9	54 000	0.86	825 600	275 200	137 600	1 238 400
乙	5 000	1	5 000	0.08	76 800	25 600	12 800	115 200
丙	2 000	1.8	3 600	0.06	57 600	19 200	9 600	86 400
合计	67 000		62 600	1	960 000	320 000	160 000	1 440 000

表 8-15 中以售价为标准确定系数,选择乙产品为标准产品,其系数为 1。计算过程如下。

甲产品系数=90÷100=0.9
丙产品系数=180÷100=1.8
甲产品标准产量=60 000×0.9=54 000(吨)
乙产品标准产量=5 000×1=5 000(吨)
丙产品标准产量=2 000×1.8=3 600(吨)
甲产品分配比例=54 000÷62 600=0.86
乙产品分配比例=5 000÷62 600=0.08
丙产品分配比例=3 600÷62 600=0.06
甲产品直接材料=960 000×0.86=825 600(元)
甲产品直接人工=320 000×0.86=275 200(元)
甲产品制造费用=160 000×0.86=137 600(元)
乙产品直接材料=960 000×0.08=76 800(元)
乙产品直接人工=320 000×0.08=25 600(元)
乙产品制造费用=160 000×0.08=12 800(元)
丙产品直接材料=960 000×0.06=57 600(元)
丙产品直接人工=320 000×0.06=19 200(元)
丙产品制造费用=160 000×0.06=9 600(元)

任务三　定额法的核算

一、定额法概述

(一)定额法的概念

定额法是以定额成本为基础,根据定额成本、脱离定额差异和定额变动差异计算产品实际成本的一种成本管理和成本计算相结合的方法,是实施定额成本制度的重要手段。

定额成本制度,是在制定产品定额成本的基础上,为了及时反映和监督生产费用和产品成本脱离定额的差异,加强定额管理而实行的一种成本控制制度。在成本计算时,其产品实际成本由定额成本、脱离定额差异、材料成本差异和定额变动差异四个因素组成。其计算公式如下。

产品实际成本=按现行定额计算的产品定额成本+脱离现行定额差异+材料成本差异
　　　　　　+月初在产品定额变动差异

(二)定额法的特点

定额法和其他产品成本计算方法不同,它不是一种纯粹的成本核算方法,而是一种将成本核算与成本控制紧密结合的方法。定额法克服了其他产品成本计算方法无法直接反映产品实际成本与定额成本相脱离情况的不足,使企业能够通过产品的成本核算对产品成本进行事前和事后控制,强化了企业对产品成本的日常控制,从而能更有效地发挥成本核算对于节约生产费用、降低产品成本的作用。

与其他成本计算方法相比较,定额法有以下几个特点:事前制定产品的消耗定额、费用定额和定额成本作为降低成本的目的;在生产费用发生的当时将符合定额的费用和发生的差异分别核算,加强对成本差异的日常核算、分析和控制;月末在定额成本的基础上加减各种成本差异,计算产品的实际成本,为成本的定额分析和考核提供数据。

(三)定额法的适用范围

定额法并非是一种基本的产品成本计算方法,它是在品种法、分步法、分批法的基础上,运用一种特殊汇集费用的技术计算产品成本的方法。采用此方法计算产品成本,能及时揭示差异,提供有关成本形成动态的各种信息,有助于促使企业控制和节约费用。定额法最早应用于大批大量生产的机械制造企业,后来逐渐扩展到具备条件的其他工业企业。可见,定额法与生产类型没有直接关系。无论何种生产类型,只要同时具备下列两个条件,都可采用定额法计算产品成本:一是企业的定额管理制度比较健全,定额管理工作基础较好;二是产品的生产已经定型,消耗定额比较准确、稳定。一般情况下,大批大量生产产品的企业比较容易具备上述条件。

二、定额法的成本计算程序

在定额法下,首先按照企业生产工艺特点和管理要求,确定成本计算对象及成本计算的基本方法。其次根据有关定额标准,计算各成本项目的定额费用,编制产品定额成本计算表。当生产费用发生时,将实际费用分为定额成本和定额成本差异两部分,分别编制凭证,予以汇总。然后再按确定的成本计算基本方法,汇集、结转各项费用的定额成本差异,并按一定标准在完工产品与在产品之间进行分配。最后将产品定额成本加减所得的差异,求得产品的实际成本。

三、定额法的运用

(一)产品定额成本的核算

定额成本是指根据企业在一定时期所实行的各种消耗定额为基础计算的一种预计产品成本。它是目标成本的一种,产品定额成本的制定过程,也是对产品成本进行事前控制的过程。确定后的产品消耗定额、费用定额和定额成本,既是对生产耗费、生产费用进行事中控制的依据,又是月末计算产品实际成本的基础,还是进行产品成本事后分析和考核的标准。

产品的定额成本与计划成本既有不同之处,也有相同之处。两者相同之处是:它们都是以产品生产耗费的消耗定额和计划价格为依据确定的目标成本。定额成本和计划成本的制定过程,都是对产品成本进行事前反映和监督,实行事前控制的过程。两者不同之处是:①计算计划成本的消耗定额是计划期(一般为一年)内平均消耗定额,也叫计划定额,在计划期内通常不变。计算定额成本的消耗定额则是现行定额,它应随着生产技术的进步和劳动生产率的提高不断修订。因此,计划成本在计划期内通常是不变的,定额成本在计划期内则是变动的。②在国家或主管企业的上级机构(或公司)对企业下达指令性计划成本指标的情况下,计划成本是国家或上级机构对企业进行成本考核的依据;在国家或上级机构不对企业下达指令性计划成本指标的情况下,企业可以不制定计划成本,但为了使企业的产品成本有一个较长时期(如1年或1年以上的)的努力目标,企业也应制定计划成本。定额成本则是企业自行制定的,是企业对当时的产品成本进行自我控制和考核的依据。一般情况下,为了保证计划成本的完成,要求定额成本的加权平均水平不得高于计划成本。

定额成本在制定时,要分成本项目进行。产品的定额成本一般由企业的计划、技术、会计等部门共同制定。定额成本制定的程序通常有两种情况:①对零部件不多的产品,一般先计算零件定额成本,然后再汇总计算部件和产品的定额成本。零部件定额成本还可以作为在产品和报废零部件计价的依据。②对零部件较多的产品,为了简化成本计算工作,也可以不计算零件定额成本,而根据列有零件材料消耗定额、工序计划、工时消耗定额的零件定额卡,以及材料计划单价、计划的工资率和费用率,计算部件定额成本,然后汇总计算产成品定额成本;或者根据零部件的定额卡直接计算产成品定额成本。

为了便于进行成本分析和考核,定额成本包括的成本项目和计算方法,应该与计划成本、实际成本包括的成本项目和计算方法一致。其计算公式如下。

原材料费用定额=产品原材料消耗定额×原材料计划单价
人工费用定额=产品生产工时定额×计划小时薪酬率
制造费用定额=产品生产工时定额×计划小时制造费用率

其中，计划小时薪酬率和计划小时制造费用率可用下列公式计算。

$$计划小时薪酬率 = \frac{某车间预计全年工人薪酬总额}{该车间预计定额总工时}$$

$$计划小时制造费用率 = \frac{某车间预计全年制造费用总额}{该车间预计定额总工时}$$

【例 8-10】 榕辉机械有限责任公司生产的 A 产品由两个甲部件和四个乙部件装配而成，其中，甲部件由甲 1 和甲 2 两个零件组成，乙部件由乙 1、乙 2 和乙 3 三个零件组成。现以该公司编制的甲 1 零件定额卡、甲部件定额成本计算表和 A 产品定额成本计算表说明定额成本的计算方法。计算结果如表 8-16、表 8-17 和表 8-18 所示。

表 8-16 零件定额卡

2018 年 1 月　　　　　　　　　　　　　　　零件名称：甲 1

材料名称	计量单位	材料消耗定额
201	千克	5
工序	工时定额/小时	累计工时定额/小时
1	3	3
2	5	8
3	8	16

表 8-17 部件定额成本计算表

2018 年 1 月　　　　　　　　　　　　　　　部件名称：甲

所用零件编号	零件名称	零件数量	材料定额						金额合计	工时定额
			201 材料			202 材料				
			数量	计划单价	金额	数量	计划单价	金额		
1011	甲 1	1	5	6	30				30	16
1012	甲 2	2				8	8	64	64	17
装配										3
合计					30			64	94	36
部件定额成本项目										
直接材料	直接人工			制造费用					定额成本合计	
	计划小时薪酬率		金额	计划小时制造费用率			金额			
94	2		72	1.5			54		220	

表 8-18 产品定额成本计算表

2018 年 1 月　　　　　　　　　　　　　　　　　　　　　产品名称：A

所用部件编号	部件名称	所用部件数量	部件材料费用定额	产品材料费用定额	部件工时定额	产品工时定额
101	甲	2	94	188	36	72
102	乙	4	50	200	21	84
装配						18
合计				388		174

产品定额成本项目						产品定额成本合计
直接材料	直接人工		制造费用			
	计划小时薪酬率	金额	计划小时制造费用率	金额		
388	2	348	1.5	261		997

(二) 脱离定额差异的核算

脱离定额差异是指生产费用脱离现行定额或预算的数额，即实际生产费用与定额成本之间的差额，它标志着各项生产费用支出的合理程度。要加强生产耗费的日常控制，就必须进行脱离定额差异的日常核算，随时分析差异发生的原因，确定产生差异的责任，及时采取相应的措施。对于实际消耗中因浪费和损失等造成的脱离定额差异，应查明原因，制定相关的制度或规范，以防再次发生；对于材料价格变动、职工薪酬调整等原因造成的脱离定额差异，应按规定加以调整或修订定额。因此，及时正确地核算和分析生产费用脱离定额的差异、严格控制生产费用的发生，是定额成本法的重要内容。在生产费用发生时，对符合定额的生产费用编制定额凭证，对脱离定额的费用编制差异凭证，分别列入有关的费用分配表，并在产品成本明细账中分别予以登记。为了防止生产费用超支，避免浪费与损失，差异凭证填制以后，必须按照规定办理审批手续。

脱离定额差异计算包括直接材料脱离定额差异计算、直接人工费用脱离定额差异计算和制造费用脱离定额差异计算。计算和分析脱离定额成本的差异是定额法的核心内容。

1. 直接材料脱离定额差异的计算

在各成本项目中，原材料费用包括自用半成品费用，一般占有较大的比重，而且属于直接计入费用，因而更有必要和可能在费用发生的当时就按产品计算定额费用和脱离定额差异加强控制。原材料脱离定额差异的计算方法，一般有限额法、切割核算法和盘存法三种。

(1) 限额法。这种方法亦叫差异凭证法。限额领料法是根据产品产量和核定的单位消耗定额控制领料数量的一种方法。采用限额领料法的企业必须建立限额领料制度。在领料过程中，符合定额的原材料应根据限额领料单或定额发料单等定额凭证领发。如果因增加产品产量而需要增加用料，必须办理追加限额手续，然后根据定额凭证领发。由于其他原因需要超额领料或领用代用材料，应填制专设的超额材料领用单、代用材料领用单等差异凭证，按一定的审批手续领发。差异凭证也可用普通领料单代替，但要用不同的颜色或加盖专用戳记加以区别。在差异凭证中，必须填明差异的数量、金额以及发生差异的原因。在每批生产任务完成以后，应该根据车间余料编制退料单，办理退料手续；退料单也应视为差异凭证，退料单中所列的原材料数额和限额领料单中未领用的原材料余额，都是原材料脱离定额的差异。

【例 8-11】 榕辉机械有限责任公司本月投产 A 产品 60 件，单位产品甲材料消耗定额 30 千克，每千克计划成本 5 元，领料单本月登记实际领料数量为 1 500 千克。则 A 产品的甲材料定额差异如下。

甲材料定额成本=60×30×5=9 000(元)

甲材料实际消耗成本=1 500×5=7 500(元)

甲材料脱离定额差异成本=7 500−9 000=−1 500(元) （节约）

(2) 切割核算法。切割核算法是根据材料切割消耗定额和应切割毛坯数量控制材料消耗量的一种方法。这种方法适用于板材、棒材和棍材等必须经过切割方能使用的材料的定额管理。采用切割核算法进行用料控制时，应先采用限额法控制领料，然后通过材料切割核算单核算用料差异，以达到控制用料的目的。材料切割核算单应该按切割材料的批别开立，单中填明发出切割材料的种类、数量、消耗定额、应切割成的毛坯数量和材料的实际消耗量。根据实际切割成的毛坯数量和消耗定额，求出材料定额消耗量，再与材料的实际消耗量相比较，确定用料脱离定额的差异。利用材料切割核算单进行材料切割的核算，可以及时反映材料的耗用情况和发生差异的具体原因，加强材料耗用的控制。

【例 8-12】 榕辉机械有限责任公司某月实际发出材料 680 千克，切割成 C 零件(毛坯)150 个，每个消耗定额为 4 千克，每千克材料计划单价为 6 元，则定额差异如下。

原材料定额消耗量=150×4=600(千克)

原材料定额消耗量差异=680−600=80(千克)

原材料定额成本差异=80×6=480(元) （超支）

(3) 盘存法。对于不能采用切割核算法的原材料，为了更好地控制用料，除了采用限额法外，还应按期(按工作班、工作日或按周、旬等)通过盘存的方法核算用料差异。即根据完工产品数量和在产品盘存(实地盘存或账面结存)数量计算出投产产品数量，乘以原材料消耗定额，计算原材料定额消耗量；根据限额领料单和超额领料单等领、退料凭证和车间余料的盘存数量，计算原材料实际消耗量；然后将原材料的实际消耗量与定额消耗量相比较，计算原材料脱离定额差异数量，然后再乘以计划单价，就是材料费用脱离定额成本的差异。应该注意的是，由于投产产品数量与完工产品数量不同，因此原材料的定额消耗量不应根据本期完工产品数量乘以原材料消耗定额计算，而应根据本期投产产品数量乘以原材料消耗定额计算。具体计算公式如下。

本期投产产品数量=本期完工产品数量+期末在产品数量−期初在产品数量

原材料脱离定额成本差异=实际消耗量×材料计划单价−定额消耗量×材料计划单价

=(实际消耗量−定额消耗量)×材料计划单价

【例 8-13】 榕辉机械有限责任公司生产甲产品。2018 年 6 月 1 日期初在产品为 50 台，当月完工 300 台，月末在产品 120 台。原材料系开工时一次投入，单位产品材料消耗定额为 8 千克，材料计划单价为 5 元/千克。根据领料单，本月实际领用材料数量为 3 000 千克。

计算本月产品的原材料定额费用及脱离定额差异如下。

甲产品本月投产数量=300+120-50=370(台)
原材料定额消耗量=370×8=2 960(千克)
原材料脱离定额差异(数量)=(3 000-2 960)×5=200(元) (超支)

限额领料单规定的产品数量一般是一个月的产量。为了及时核算用料脱离定额差异以有效地控制用料，用料差异核算期应越短越好，应尽量按工作班或工作日进行核算。这样，差异核算期内的投产产品数量一般小于按月规定的产品数量。因此，除了经过切割才能使用的材料以外，大部分原材料应采用盘存法核算和控制用料差异。

不论采用哪一种方法核算原材料定额消耗量和脱离定额差异，都应分批或定期地将这些核算资料按照成本的计算对象汇总，编制原材料定额费用和脱离定额差异汇总表。表中填明该批或该种产品所耗各种原材料的定额消耗量、定额费用和脱离定额的差异，并分析说明发生差异的主要原因。这种汇总表，既可用来汇总反映和分析原材料脱离定额差异，又可用来代替原材料费用分配表登记产品成本明细账，还可以报送有关领导或向工人群众公布，以便根据差异发生的原因采取措施，进一步挖掘降低原材料费用的潜力。

2. 直接人工费用脱离定额差异的计算

直接人工费用脱离定额差异的计算分计件工资下人工费用脱离定额差异和计时工资下人工费用脱离定额差异两种情况。在计件工资形式下，生产工人的薪酬均属于直接计入费用，其脱离定额差异的计算与原材料脱离定额差异的计算相类似，符合定额的生产工人薪酬直接反映在产量记录中，脱离定额的差异通常反映在专设的补付单等差异凭证中。工资差异凭证中应该填明原因，并履行一定的审批手续。计件工资形式下，人工费用脱离定额差异的计算公式如下。

直接人工定额费用=计件数量×计件单价

$$计件单价 = \frac{计划单位工时的人工费用}{每工时产量定额}$$

在计时工资形式下，生产工人薪酬属于间接计入费用，影响其脱离定额差异的因素包括生产工时和小时薪酬率。计算其脱离定额差异的公式如下。

某产品的实际人工费用=该产品实际产量的实际生产工时×实际小时薪酬率
某产品的定额人工费用=该产品实际产量的定额生产工时×计划小时薪酬率
某产品人工费用脱离定额差异=该产品的实际人工费用-该产品的定额人工费用

其中，

$$实际小时薪酬率 = \frac{某车间实际生产工人薪酬总额}{该车间实际生产工时总额}$$

$$计划小时薪酬率 = \frac{某车间计划产量的定额薪酬总额}{该车间计划产量的定额生产工时}$$

【例 8-14】 甲产品定额生产工时 80 小时，计划每小时生产工资 15 元，实际生产工时 85 小时，实际每小时生产工资 17 元。

该产品生产工资脱离定额的差异=85×17-80×15=245(元)

上列计算公式表明，要降低单位产品的计时工资，就必须降低单位小时的生产工资和单位产品的生产工时。因此，在企业的日常生产中，要注意控制生产工资总额不超过计划；

控制非生产工时不超过计划,即在工时总数固定的情况下充分利用工时,使生产工时总额不低于计划。这样,如果其他条件不变,可以控制单位小时的生产工资不超过计划;控制单位产品的生产工时不超过工时定额。如果单位小时的生产工资不变,就可以控制单位产品的生产工资不超过定额。

所以,不论采用哪种工资形式,还应根据上述核算资料,按照成本计算对象汇编定额生产工资和脱离定额差异汇总表。表中汇总反映各种产品定额的工时和工资、实际的工时和工资、工时和工资脱离定额的差异,以及产生差异的原因等资料,用以考核和分析各种产品生产工时和生产工资定额的执行情况,并据以计算产品的工资费用。

3. 制造费用脱离定额差异的计算

制造费用通常与计时工资一样,属于间接计入费用,在日常核算中不能按照产品直接计算脱离定额的差异,而只能根据月份的费用计划,按照费用发生的车间、部门和费用的项目计算脱离计划的差异,据以控制和监督费用的发生。对于其中的材料费用,也可以采用前述限额领料单、超额领料单等定额凭证和差异凭证进行控制。领用生产工具、办公用品和发生零星费用,则可以采用费用限额卡等凭证进行控制。在这些凭证中,先要填明领用的计划数,然后登记实际发生数和脱离计划的差异数;对于超过计划领用,也要经过一定的审批手续。因此,制造费用差异的日常核算,通常是指脱离制造费用计划的差异核算。各种产品所应负担的定额制造费用和脱离定额的差异只有在月末时才能比照上述计时工资的计算公式确定。其具体计算公式如下。

某产品实际制造费用=该产品实际生产工时×实际每小时制造费用
某产品定额制造费用=该产品定额生产工时×计划每小时制造费用
该产品制造费用脱离定额的差异=实际制造费用-定额制造费用

【例 8-15】甲产品定额生产工时 400 小时,计划每小时制造费用 15 元,实际生产工时 380 小时,实际每小时制造费用 16 元。

该产品制造费用脱离定额的差异=380×16-400×15=80(元)

因此,要控制产品的制造费用等间接计入费用不超过定额,不仅需要按照上述办法控制这些间接费用的总额不超过计划;同时也需要与控制生产工人计时工资一样,控制生产工时总额不低于计划,控制单位产品的工时不超过定额。

4. 脱离定额差异的分配

在某月既有完工产品又有月末在产品时,脱离定额差异可按完工产品与月末在产品的定额成本比例分配。

$$脱离定额差异分配率=\frac{月初脱离定额差异±本月脱离定额差异}{完工产品定额成本+月末在产品额定成本}$$

其中,

完工产品应分配脱离定额差异=完工产品定额成本×脱离定额差异分配率
月末在产品应分配脱离定额差异=月末在产品定额成本×脱离定额差异分配率

【例 8-16】某原材料月初定额费用 40 000 元,脱离定额差异超支 1 500 元,本月发生原材料定额费用 90 000 元,脱离定额差异节约 980 元,本月完工产品原材料定额费用 70 000

元，计算完工产品原材料实际成本与月末在产品原材料实际成本。

月末在产品原材料定额费用=40 000+90 000-70 000=60 000(元)

原材料脱离定额差异分配率=(1 500-980)÷(70 000+60 000)×100%

=0.4%

完工产品应分配原材料脱离定额差异=70 000×0.4%=280(元)

月末在产品应分配原材料脱离定额差异=60 000×0.4%=240(元)

完工产品原材料实际成本=70 000+280=70 280(元)

月末在产品原材料实际成本=60 000+240=60 240(元)

(三)材料成本差异的核算

采用定额法计算产品成本时，为了便于产品成本的分析和考核，原材料的日常核算必须按计划成本进行，原材料的定额费用和脱离定额差异也都按原材料的计划成本计算。前者是原材料的定额消耗量与其计划单位成本的乘积，后者是原材料实际消耗量与定额消耗量之间的差异与其计划单位成本的乘积。两者之和，就是原材料的实际消耗量与其计划单位成本的乘积。因此，月末计算产品的实际原材料费用时，还必须计算所耗原材料应分摊的成本差异，即所耗原材料的实际成本与计划成本之间的价格差异(价差)。定额法下材料成本差异的计算公式如下。

某产品应负担的材料成本差异=(该产品原料定额成本±原材料脱离定额差异)×材料成本差异率

=材料实际消耗量×材料计划单价×材料成本差异率

【例8-17】 榕辉机械有限责任公司生产甲产品，2018年11月份材料定额消耗量为7 800千克，每千克计划单价6元，材料费用脱离定额差异为-900元。经计算，该公司11月份的材料成本差异率为3%。则甲产品应负担的材料成本差异计算如下。

甲产品应负担的材料成本差异=(7 800×6-900) ×3%= 1 377(元)

在实际工作中，材料成本差异的分配，应该通过材料成本差异分配表进行计算。在定额法下，为了便于考核和分析各生产步骤的产品成本，简化和加速各生产步骤的成本计算工作，各生产步骤所耗原材料和半成品的成本差异，应该尽量由厂部会计部门集中分配、调整，直接计入产成品成本，不计入各生产步骤的产品成本。

(四)定额变动差异的核算

定额变动差异，是指由于修订消耗定额而产生的新旧定额之间的差额。在定额执行过程中，由于生产技术和劳动生产率的提高，原来制定的消耗定额或费用定额经过一定时期后需要进行修订。修订后的新定额与修订前的老定额之间的差异，就是定额变动差异。定额的修订通常在年初进行。如果某项消耗定额与实际生产情况发生较大变动，也可以在年度内修订。修订后的定额一般在月初开始执行，当月投产的产品都要按新定额计算其定额成本和脱离定额差异。如果存在期初在产品，在定额变动后，既要求将期初在产品成本按新定额计算，又不能随意改变在产品的原账面成本，为此，在生产成本明细账中，要将期初在产品成本按新定额计算反映，并将在产品原账面定额成本与变动后的在产品定额成本的差异，反映为定额变动差异。在定额降低时，定额变动差异用"+"号表示；在定额提高时，定额变动差异用"-"号表示。按新定额计算的在产品成本与定额变动差异的关系如下。

按新定额计算的在产品成本±定额变动差异=按原定额计算的在产品成本

月初在产品定额发生变动时，可以根据发生定额变动的在产品盘存数或在产品账面结存数乘以修订后的新定额，得到定额修订后的定额成本，然后与老定额成本进行比较，计算出定额变动差异。某些机械制造企业由于生产的产品由较多零部件组成，一旦定额发生变动，需要从零件、部件到产品重新计算定额，工作量较大。为了简化计算工作，也可以采用定额变动系数计算定额变动差异。其计算公式如下。

月初在产品定额变动差异=按老定额计算的月初在产品成本×(1-定额变动系数)

$$定额变动系统 = \frac{按新定额计算的单位产品成本}{按老定额计算的单位产品成本}$$

【例8-18】 榕辉机械有限责任公司生产A产品，于2018年9月1日开始实行新的原材料消耗定额，单位产品旧的原材料费用定额为55元，新的原材料费用定额为52元。该产品月初在产品数量为90台。月初在产品定额变动差异计算如下。

定额变动系数=52÷55=0.95

月初在产品定额变动差异=55×90×(1-0.95)=247.5(元)

定额变动系数按单位产品综合材料费用计算，因而能够简化计算工作。但在零部件生产不成套或成套性较差的情况下，采用系数计算法，会影响计算结果的正确性。因而，运用定额变动系数法计算月初在产品定额变动差异，对零部件成套生产或零部件生产的成套性较好的产品比较适宜。

对于计算出的定额变动差异，应分不同情况予以处理。在消耗定额降低的情况下产生的差异，一方面应从月初在产品定额成本中扣除，另一方面，还应将属于月初在产品生产费用实际支出的该项差异，列入本月产品成本中；相反，在消耗定额提高的情况下，月初在产品增值的差异应列入月初在产品定额成本之中，同时从本月产品成本中予以扣除。

月末，对计算出的定额成本、脱离定额差异、定额变动差异以及材料成本差异，应在完工产品和月末在产品之间按照定额成本比例进行分配。如果各种差异数额不大，或者差异虽然较大，但各月在产品数量比较均衡，这种情况下，月末在产品可按定额成本计价，即不负担差异，差异全部由完工产品负担。

(五)产品实际成本的核算

产品成本计算的定额法是一种辅助的成本计算方法，必须与基本方法结合使用。前面所列产品实际成本计算公式中的产品，包括完工产品和月末在产品。因此，某种产品如果既有完工产品又有月末在产品，也应与一般成本计算方法一样，在完工产品与月末在产品之间分配费用。但是，在定额法下，成本的日常核算是将定额成本与各种成本差异分别核算的，因而完工产品与月末在产品的费用分配，应按定额成本和各种成本差异分别进行。先计算完工产品和月末在产品的定额成本，然后分配计算完工产品和月末在产品的各种成本差异。此外，定额法由于有着现成的定额成本资料，各种成本差异应采用定额比例法或在产品按定额成本计价法分配。前者将成本差异在完工产品与月末在产品之间按定额成本比例分配；后者将成本差异归由完工产品成本负担。分配应按每种成本差异分别进行。差异金额不大，或者差异金额虽大但各月在产品数量变动不大的，可以归由完工产品成本负担；差异金额较大而且各月在产品数量变动也较大的，应在完工产品与月末在产品之间按定额成本比例分配。但其中月初在产品定额变动差异，如果产品生产的周期小于一个月，定额变动的月初在产品在月内全部完工，那么即使差异金额较大而且各月在产品变量变动也较大，也可以将其归由完工产品成本负担。根据完工产品的定额成本，加减应负担的各种成本差异即可计算完工产品的实际成本；根据月末在产品的定额成本，加减应负担的各种成本差异，即为在产品的实际成本。

【例8-19】榕辉机械有限责任公司生产甲产品，采用定额法计算产品成本。2018年5月份有关甲产品原材料费用的资料为：①月初在产品原材料定额费用为25 000元，月初在产品脱离定额差异为-246元；②本月原材料定额费用为64 000元，本月材料费用脱离定额差异为-1 000元；③本月材料成本差异率为-1%，材料成本差异全部由完工产品负担；④本月完工产品的材料定额费用为80 000元。

要求：①计算月末在产品原材料定额费用；②分配原材料脱离定额差异；③计算本月领用原材料应负担的材料成本差异；④计算本月完工产品和月末在产品成本应负担的原材料实际费用。

根据要求计算如下。

月末在产品原材料定额费用＝月初在产品定额费用＋本月发生的原材料定额费用－完工产品的原材料定额费用

＝25 000＋64 000－80 000＝9 000(元)

$$\text{原材料脱离定额差异分配率} = \frac{\text{月初在产品材料脱离定额差异} \pm \text{本月发生的材料脱离定额差异}}{\text{完工产品材料定额成本} + \text{月末在产品材料定额成本}}$$

$$= \frac{-246-1\,000}{80\,000+9\,000}$$

$$= -1.4\%$$

完工产品应负担的原材料脱离定额差异＝80 000×(-1.4%)＝-1 120(元)

月末在产品应负担的原材料脱离定额差异＝9 000×(-1.4%)＝-126(元)

本月领用材料应负担的材料成本差异＝(本月发生的原材料定额成本±本月发生的原材料脱离定额差异)×材料成本差异率

＝(64 000-1 000)×(-1%)

＝-630(元)

本月完工甲产品原材料实际成本＝本月完工甲产品原材料定额费用＋本月完工甲产品应负担的原材料脱离定额差异

＝80 000＋(-1 120)＋(-630)

＝78 250(元)

本月月末在产品原材料实际成本＝月末在产品原材料定额费用＋月末在产品应负担的原材料脱离定额差异

＝9 000＋(-126)

＝8 874(元)

◉ **案例解析**

(1) 小号锭的标准产量合计＝2 000×0.8＋2 500×0.8×60%＝2 800(条)

中号锭的标准产量合计=2 400×1+3 500×1×40%=3 800(条)
大号锭的标准产量合计=1 500×1.2+2 000×1.2×80%=3 720(条)
(2) 月末在产品成本=30 284(元)
完工产品总成本=388 600(元)
其中：
小号锭总成本=10 720(元)
单位成本=5.36(元)
中号锭总成本=16080(元)
单位成本=6.7(元)
大号锭总成本=12 060(元)
单位成本=8.04(元)

项 目 小 结

分类法是以产品的类别作为成本计算对象，按类归集生产费用，先计算出各类完工产品成本，然后再按一定标准分配计算各类产品中各种产品成本的一种方法。

联产品、副产品和等级产品都是由同样原材料在同一生产过程中产生的产品，但它们的地位不一样。联产品是在同一生产过程中同时生产出几种性质和地位都相同的产品，都属于主产品的范围，仅仅是用途不同；副产品则是在同一生产过程中生产主产品的同时附带生产出的产品，它处于次要地位，价值也较低；而等级产品与上述都不同，它与主产品没有主次之分，产品的品种与主产品的正常产品完全一样，只是质量上存在差别，因此，它不是企业生产的目的，而是由生产中不利的主、客观因素造成的。联产品、副产品、等级产品的成本计算不需要用别的专门方法，只需用简单的分配标准在其与正常产品之间适当分配即可取得。

定额法是在产品成本计算过程中，将各项生产费用按照定额来进行归集和分配，同时反映各项费用定额与实际的差异以计算出产品的定额成本和实际成本的成本计算方法。

项目强化训练

一、单项选择题

1. 下列各项中，属于分类法优点的是(　　)。
　　A. 能加强成本控制　　　　　　B. 能简化产品成本的计算
　　C. 能提高成本计算的正确性　　D. 能分品种掌握产品成本水平
2. 某企业将甲、乙两种产品作为一类，采用分类法计算产品成本，甲、乙两种产品共同耗用 A 种材料消耗定额分别为 16 千克和 20 千克。每千克 A 种材料的单位成本为 5 元，该企业将甲产品作为标准产品，则乙产品的原材料费用系数为(　　)。
　　A. 1.25　　　　B. 2.08　　　　C. 6.25　　　　D. 4

3. 分类法是按照( )归集费用、计算成本的。
   A. 批别　　　　　B. 品种　　　　　C. 步骤　　　　　D. 类别
4. 联产品是指( )。
   A. 一种原材料加工出来的不同质量产品
   B. 一种原材料加工出来的几种主要产品
   C. 一种原材料加工出来的主要产品和副产品
   D. 不同原材料加工出来的不同产品
5. 产品成本计算的分类法适用于( )。
   A. 大量大批多步骤生产　　　　　B. 大量大批单步骤生产
   C. 各种类型的生产　　　　　　　D. 单件小批单步骤生产
6. 对于副产品的计价,一般可以从总成本的( )项目中扣除。
   A. 直接工资　　　B. 制造费用　　　C. 废品损失　　　D. 直接材料
7. 以下有关限额法的表述中,错误的是( )。
   A. 限额法是控制领料,促进用料节约的重要手段
   B. 限额法又称为差异凭证法
   C. 限额法能完全控制用料
   D. 限额法下,差异凭证中的差异仅仅是领料差异,而不一定是用料差异
8. 定额成本制度下,材料脱离定额的差异是指( )。
   A. 因材料的新定额成本与老定额成本的不同而产生的差异
   B. 因材料的实际成本与定额成本的不同而产生的差异
   C. 因材料的实际价格与计划价格的不同而产生的差异
   D. 因材料的实际耗用量与定额耗用量的不同而产生的差异
9. 在产品按定额成本计价法下,每月生产费用脱离定额的节约差异或超支差异( )。
   A. 全部计入当月完工产品成本
   B. 全部计入月末在产品成本
   C. 当月在完工产品和月末在产品之间分配
   D. 全部计入管理费用
10. 在定额法下,( )不影响产品的实际成本。
    A. 月初定额成本　　　　　　　B. 脱离定额的差异
    C. 定额变动　　　　　　　　　D. 月末定额成本

二、多项选择题

1. 下列产品中,可以采用分类法计算成本的有( )。
   A. 等级产品　　　　　　　　　B. 主、副产品
   C. 联产品　　　　　　　　　　D. 不同规格的针织品
   E. 各种糖果产品
2. 产品成本计算的分类法( )。
   A. 与生产类型有关系　　　　　B. 与生产的类型没有关系
   C. 适用于单件小批生产　　　　D. 适用于单步骤生产

E. 适用于大量大批生产
3. 以下有关定额成本制度的表述，正确的是(　　　　)。
　　A. 定额成本制度纯粹是一种成本核算方法
　　B. 定额成本制度是一种成本计算的基本方法
　　C. 定额成本制度是一种成本计算的辅助方法
　　D. 定额成本制度是一种对产品成本进行控制和管理的方法
　　E. 定额成本制度必须与成本计算基本方法结合使用
4. 定额成本制度通常可以与以下(　　　　)成本计算方法结合使用。
　　A. 品种法　　　　B. 分批法　　　　C. 分步法
　　D. 分类法　　　　E. 标准成本制度
5. 采用定额成本法计算在产品成本时，应具备下列(　　　　)条件。
　　A. 定额管理基础较好　　　　B. 消耗定额比较准确
　　C. 各月末在产品数量变化不大　　　　D. 各月在产品数量变化较大
　　E. 消耗定额稳定

三、判断题

1. 分类法是一种独立的成本计算方法，它无须与成本计算的基本方法结合起来应用。
(　　)
2. 副产品成本必须采用分类法计算。(　　)
3. 定额成本制度不仅是一种基本的成本核算方法，而且还是一种对产品成本进行控制和管理的方法。(　　)
4. 材料脱离定额差异的有利或不利差异应归功或归因于生产单位，而材料成本差异的超支或节约应归因或归功于材料采购单位。(　　)
5. 原材料脱离定额差异是指材料的实际耗用水平与定额耗用水平之间的差异，即材料的量差，不包括原材料的价格差异。(　　)

四、名词解释

分类法　　联产品　　副产品　　等级产品　　定额分配法

五、思考题

1. 说明系数分配法的计算步骤。
2. 什么是联产品、副产品？简单说明其联系和区别。
3. 联合成本的分配方式有哪些？

六、计算分析题

1. A类产品包括甲、乙、丙三种产品，产量分别为2 000件、3 000件和4 000件，材料系数分别为1.5、1和0.8，工时定额分别为8小时、10小时和15小时。A类产品总成本58 060元，其中直接材料29 440元，直接人工19 080元，制造费用9 540元。
　　要求：用系数分类法分配计算甲、乙、丙三种产品成本。
2. 某企业在生产主产品A的过程中还生产出副产品B的原料，经加工生成B产品，

A产品耗用直接材料20 000元,生产分离出B产品的原料500千克,每千克单价6元。A、B产品共耗用工时6 000小时,其中A产品2 000小时,B产品4 000小时,共发生直接人工9 000元,制造费用6 000元,A、B产品均无在产品。

要求:分配计算A、B产品成本。

3. 某月初原材料定额费用30 000元,脱离定额差异超支1 000元,本月发生原材料定额费用70 000元,脱离定额差异节约2 000元,本月完工产品原材料定额费用为80 000元。

要求:计算完工产品原材料实际成本与月末在产品原材料实际成本。

项目九 成本报表

【知识目标】

- 了解成本报表的概念、作用、种类。
- 掌握产品生产成本表的编制方法。
- 掌握主要产品单位成本表的编制方法。
- 掌握制造费用明细表的编制方法。
- 掌握产品总成本的分析、产品单位成本的分析

【技能目标】

- 能够编制产品生产成本表并进行分析。
- 能够编制主要产品单位成本表并进行分析。
- 能够编制制造费用明细表。

● 案例引导

某企业利润表中主营业务成本本期较上期有所减少,领导让你去分析企业的主营业务成本降低的原因,以及单位产品成本的变化情况及其原因,你将会从哪些方面进行对比分析?

你了解倾销与反倾销吗?为什么反倾销要从企业的成本报表入手?

● 理论认知

任务一　成本报表概述

一、认识成本报表

成本报表是企业根据日常生产成本费用核算资料和其他相关资料等定期或不定期编制的,用以反映企业一定时期的产品成本和生产费用水平等会计信息,考核产品成本计划和生产费用预算执行情况的书面报告。通过编制和分析成本报表,可以向企业职工、各管理职能部门和上级主管部门提供成本信息,考核企业成本计划和费用预算的执行情况,为正确进行成本决策提供资料,进而加强成本管理、降低成本、提高企业经济效益,因此,编制成本报表是企业成本会计工作的一项重要内容。会计报表分为两类:一类为向外报送的会计报表,如资产负债表、利润表、现金流量表,其具体格式和编制说明,由企业会计准则作出规定;另一类为企业内部管理需要的报表,如成本报表等,其具体种类、项目、格式和编制方法,可以由企业主管部门会同企业共同编制。成本报表是企业内部报表中的主要报表,本项目主要阐述成本报表的种类、编制方法及其分析方法。

二、成本报表的特点

成本报表作为对内报表,不需要对外报送。报表信息要做到数字真实、计算准确、内容完整、报送及时,主要是适应企业内部经营管理的需要而编制,报表的种类、格式、指标的设计和编制方法、编报日期,以及报送对象,都由企业自行决定。企业应从实际的管理要求出发,来设计和编制成本报表。同财务会计报表相比,具有自身特点。

1. 针对性

成本报表编制的主要目的是满足企业内部经营管理的需要,不受政府当局管理,不对外报送,报表采用什么样的形式、填列哪些内容、按什么程序报送到哪些部门,以及什么时候编制完全由企业或公司根据自身的特点和管理要求决定。

2. 灵活性

成本报表同企业的生产工艺技术过程、生产组织特点及成本管理要求密切相关,因而不同企业所需要得到的有用成本信息是不同的,企业应根据管理的要求,对某一方面的问题,从某一侧面进行重点反映,对于不同内容可以有不同的格式,指标的多少由企业自行决定自行设计。

3. 时效性和灵活性

对外报表一般都是定期编制和报送的，而作为对内报告的成本报表，编制时间比较灵活，除了满足定期考核、分析成本计划的完成情况、定期编报一些报表以外，为了及时反映和反馈成本信息，及时揭示成本工作中存在的问题，还可以采用日报、周报、旬报的形式，定期或不定期地向有关部门和人员编报成本报表，尽可能地使报表提供的信息和反映的内容在时间内保持一致。

4. 综合性

成本报表是会计核算同其他经济资料结合的产物，成本报表需要同时满足会计部门和各级生产部门、各级职能管理部门参与成本管理工作的需要，不仅要提供事后分析的信息资料，更要能提供事前计划、事中控制所需要的大量数据指标。

5. 保密性

成本报表同企业特定的生产工艺特点、技术及经济构成和生产组织形式有密切的关系，有着高度的保密性，成本报表能够及时提供各车间、部门费用开支和产品成本的实际详细情况，使成本控制和成本决策能够建立在可靠的基础之上。

6. 可比性

企业的对外报表由于提供的是综合的资产负债情况、损益情况和现金流情况，因而可在同行业之间进行比较，但成本报表由于其自身的灵活性和不公开性，从形式到内容上都受制于企业的生产特点和管理要求，不同企业之间难以通过成本报表来进行相互的对比。相反，在企业内部，由于相同成本报表各项经济指标的经济含义都是相同的，因此在成本报表中可以设计本期实际、上期实际、历史先进水平和本期计划等内容，以便进行对比考核，从而挖掘企业的生产潜力，降低成本费用，提高经济效益。

三、成本报表的作用

1. 成本报表能综合反映报告期内企业产品生产耗费和成本水平

产品成本是反映企业生产经营成果的一项综合性指标，企业在一定时期内的物质消耗、劳动效率、工艺水平、生产经营管理水平，都会直接或间接地在产品成本中综合体现出来。通过编制成本报表，能够及时发现企业在生产技术、质量管理等方面取得的成绩和存在的问题，不断地总结经验，提高企业经济效益。

2. 成本报表是评价和考核成本管理业绩、成本计划完成情况的重要依据

成本报表是企业重要的成本信息尺度，利用成本报表提供的信息，可明确各有关部门和人员执行成本计划或预算的成绩和责任，激励职工增强岗位责任感，为全面完成或超额完成企业降低成本任务而努力。

3. 成本报表为制定和修订成本计划，确定产品价格提供信息

计划年度的成本计划是在报告年度产品成本实际水平的基础之上，结合报告年度成本计划执行情况、考虑计划年度中可能出现的有利因素或不利因素而制定的，所以本期报表所提供的资料是制定下期成本计划的重要参考依据。各管理部门还可以根据成本报表的资料，对未来时期的成本进行预测，为企业制定正确的经营决策，及时提供相关而有用的数据。

4. 成本报表是进行成本差异分析的依据，有利于加强日常成本控制

对成本报表进行分析，可以发现成本管理工作中存在的问题，揭示成本差异对产品成本升降的影响程度，从而把注意力集中放在那些不正常的、对成本有重要影响的关键性差异上，查明原因和责任，以便采取有针对性的措施来控制成本，促使成本水平不断降低，为企业挖掘降低成本的潜力指明方向。

任务二　成本报表编制

一、成本报表的种类

由于成本报表是仅供企业内部使用的报表，因此其编制不受企业会计准则中有关对外报送的财务会计报表的编制规定的束缚。《企业产品成本核算制度(试行)》第七条规定，"企业一般应当按月编制产品成本报表，全面反映企业生产成本、成本计划执行情况、产品成本及其变动情况等"，仅对成本报表的编制做了原则性和概括性的规定，因此，企业为了内部管理的需要而自行设计和编制的成本报表，在内容和格式上具有较大的多样性，编制也较为灵活，这也是成本报表与企业对外报送的财务报表的重要区别。成本报表的种类如图9-1所示。

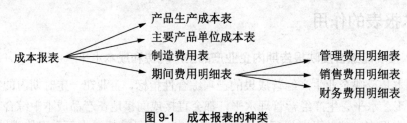

图9-1　成本报表的种类

二、编制产品生产成本表

(一)产品生产成本表的概念

产品生产成本表是反映企业在报告期内生产产品所发生的生产费用总额和全部产品总成本的报表，是企业编制的成本报表中最主要的报表。

利用产品生产成本表，可以揭示企业为生产一定数量的产品所付出的成本是否达到了预期的要求；可以考核和分析企业产品成本计划的执行情况，以及可比产品成本降低计划的执行情况，对企业的成本管理工作作出评价。

产品生产成本表一般分两种方式进行编制：一是按产品种类编制，二是按成本项目编制。产品生产成本表通常按月编制。

(二)按产品种类编制产品生产成本表

按产品种类编制产品生产成本表是按产品种类汇总反映企业在报告期内生产的全部产品的单位成本和总成本的报表，包括表头、正表和补充资料三部分内容，其参考格式如表9-1所示。

表头一般包括成本报表名称、编制单位、编制期间、金额单位等内容。

正表是本表的主体部分，一般包括产品名称、实际产量、单位成本、本月总成本和本年累计总成本等栏目，分别反映报告期某产品或某类产品的实际产量、单位成本、本月总成本和本年累计总成本等。其中，产品名称栏的纵向列分为可比产品与不可比产品两部分。可比产品是指上年度正式生产过、有较完备的上年度成本资料的产品。由于可比产品需要同上年度实际成本进行比较，因此，表中不仅要反映本期的计划成本和实际成本，还要反映按上年度实际平均单位成本计算的总成本。不可比产品是指上一年度没有正式生产过、没有上年度成本资料的产品。对于不可比产品，由于没有上年度实际单位成本资料，所以表中只反映本年度的计划成本和实际成本。将可比产品成本与不可比产品成本加总，可以求得全部产品的成本。另外，需要注意的是，在产品名称栏中，对于主要产品，应当按产品品种单独列示，对于非主要产品，可以按产品类别汇总列示。

表 9-1 产品生产成本表

××公司　　　　　　　　　　　　2018 年 12 月　　　　　　　　　　　　金额单位：元

产品名称	计量单位	实际产量			单位成本				本月总成本			本年累计总成本		
		本月实际	本年计划	本年实际累计	上年实际平均	本年计划	本月实际	本年实际平均	按上年实际平均单位成本计算	按本年计划单位成本计算	本月实际	按上年实际平均单位成本计算	按本年计划单位成本计算	本年实际
可比产品合计									19400	19100	18950	270000	266000	269400
其中：甲产品	台	50	480	500	84	82	83	81	4200	4100	4150	42000	41000	40500
乙产品	台	20	300	300	760	750	735	763	15200	15000	14700	228000	225000	228900
……														
不可比产品合计										1000	1024		8750	8820
其中：丙产品	架	8	70	72		125	128	126		1000	1024		8750	8820
……														
合计													274750	278220

表 9-1 中数字列示说明如下。

首先将企业的有去年数据的老产品放到可比产品中列示,没有去年数据的新产品放到不可比产品中列示。

计量单位:为本产品的计量单位。

本月实际产量:编制产品生产成本表当月的实际产量。

本年计划产量:本产品今年全年的计划产量,可以估算出本月完成计划的情况。

本年实际产量累计:截止编制产品生产成本表当月,本产品的实际产量,跟本年计划比较,可以大概看出计划完成情况。

单位成本上年实际平均:每个月的产品生产成本表中这个数是个固定数,为去年实际的平均单位成本。

单位成本本年计划:制定的本年该产品的单位成本计划数,每个月的产品生产成本表中这个数是个固定数。

单位成本本月实际:按照本月的成本总数与本月产量的商计算得来,也就是当月的单位成本。

单位成本本年实际平均:截止编表当月,全部成本与全部产品产量相除得到。

本月按上年实际平均单位成本计算的总成本:依照上年实际平均单位成本与本月实际产量计算得到。

本月按本年计划单位成本计算的总成本:依照本年计划的单位成本与本月实际产量计算得到。

本月实际总成本:本月实际产量与本月实际单位成本计算得到。

按上年实际平均单位成本计算的本年累计总成本:按照上年实际平均单位成本与本年实际总产量相乘得到。

按本年计划单位成本计算的本年累计总成本:按照本年计划单位成本与本年实际总产量相乘得到。

本年累计实际总成本:截至本月,全部产品实际成本的总和。

(三)按成本项目编制产品生产成本表

产品生产成本表按照成本项目构成(直接材料、直接人工和制造费用)列示,如表9-2所示。

表9-2 产品生产成本表

2018年12月　　　　　　　　　　　　　　　　　单位:千元

成本项目	上年实际	本年计划	本月实际	本年实际累计
直接材料	86 600	82 700	7 100	87 680
直接人工	25 800	25 800	1 700	26 100
制造费用	49 600	41 500	3 028	42 500
合计	162 000	150 000	11 828	156 280

表9-2中数字列式说明如下。

成本项目:可以根据企业具体情况增设燃料及动力栏目。

上年实际:上一年企业全部产品的实际成本总和。

本年计划：本年度企业计划的全部产品成本总和。
本月实际：本月份实际的成本项目数值。
本年实际：截至本月本年实际成本项目的累计。

三、编制主要产品单位成本表

(一)主要产品单位成本表的概念

主要产品单位成本表是反映企业在报告期内生产的各种主要产品的单位成本及其构成情况和各项主要经济技术指标情况的报表。利用主要产品单位成本表，可以具体了解各种主要产品单位成本的结构和水平，并按成本项目考核和分析各种主要产品单位成本计划的执行情况，分析单位成本的构成变化及趋势，以便进一步寻找产生差距的原因，挖掘降低单位成本的潜力，提高企业的经济效益。主要产品单位成本表按主要产品分别编制，即每种主要产品都要编制一张主要产品单位成本表。该表是对产品生产成本表中的某些主要产品有关单位成本的进一步反映。

主要产品单位成本表通常按月编制。

(二)主要产品单位成本表的结构

主要产品单位成本表包括表头、正表和补充资料三部分内容，其参考格式如表9-3所示。表头一般包括成本报表名称、编制单位、编制期间、金额单位等内容。正表是本表的主体部分，分别按每一种主要产品编制，表中除反映产品名称、规格、计量单位、产量、售价等基本数据之外，还包括按成本项目反映的单位成本及其构成情况和各项主要经济技术指标情况。补充资料包括上年度和本年度的成本利润率、资产利润率、净产值率等几项经济指标，为成本考核、分析提供简便的资料。

表9-3 主要产品单位成本表

编制单位：××单位　　　　　　2018年12月　　　　　　金额单位：元

产品名称	甲产品		本月实际产量	50	
规格	AHP		本年实际产量累计	500	
计量单位	件		售价	960	
成本项目	计划单位成本	实际单位成本	差异		各成本项目差异对单位成本的影响
			差异额	差异率	
直接材料	380	390	10	2.63%	1.33%
直接人工	120	123	3	2.5%	0.4%
制造费用	250	250	0	0	0
合计	750	763	13		1.73%

主要产品单位成本表主要项目列示说明如下。

产品名称、规格、计量单位、本月实际产量、本年实际产量累计和售价：据实填写。

成本项目：可以列示主要的直接材料、直接人工、制造费用，也可以根据企业具体情况列示燃料动力费。

计划单位成本：列示某种产品的计划成本构成情况。

实际单位成本：列示某种产品的实际单位成本的构成情况。

差异额：实际成本与计划成本的差额，保持正负号，正数表示超计划成本，负数表示节约成本。

差异率：差异额与本成本项目的比值。

各种成本项目差异对单位成本的影响：差异额与总的计划单位成本的比值。

四、编制制造费用明细表

(一)制造费用明细表的概念

制造费用明细表是反映工业企业在报告期内发生的制造费用总额及其构成情况的报表。利用制造费用明细表，可以了解制造费用的结构，考核制造费用计划的执行情况，分析各项具体费用增减变动的原因，以便进一步采取措施节约开支、降低费用。由于辅助生产车间发生的制造费用已在期末通过辅助生产费用的分配转入至基本生产车间的制造费用等有关成本费用，因而本表只反映基本生产车间发生的制造费用，不包括辅助生产车间发生的制造费用，以免重复。

制造费用明细表，不仅要按费用项目列示，还要按具体生产单位(如生产车间分厂等)分别编制。制造费用明细表一般按月编制。

(二)制造费用明细表的结构

制造费用明细表包括表头和正表两部分内容，正表中列示全部的制造费用的构成项目，其构成根据企业具体情况列示，具体表格可以根据企业具体情况有所改动，其参考格式如表9-4所示。

表9-4 制造费用明细表

编制单位： 2018年12月

车间： 单位：万元

项 目	本月计划	上年同期实际	本月实际	本年累计实际
职工薪酬	260	265	262	3 000
办公费	23	22	25	2 300
水电费	35	40	35	3 600
折旧费	30	29	29	3 000
机物料消耗	22	21	20	230
低值易耗品摊销	15	16	17	180
劳动保护费	4	4.1	4.5	50

续表

项　目	本月计划	上年同期实际	本月实际	本年累计实际
保险费	3	3.2	3	35
其他	3	2.5	3.1	25
合计	395	402.8	398.6	12 420

表格具体项目列示说明如下。

制造费用的具体项目：根据企业具体情况列示，表格可以删减与增行。

本月计划：列示本项目的本月计划数。

上年同期实际：列示去年相应月份相应项目的实际数值。

本月实际：本月份本项目的实际数值。

本年累计实际：截止编报表的当月，实际费用的累计数。

合计：表格每个项目的总和。

五、编制期间费用明细表

企业期间费用包括管理费用、销售费用和财务费用。企业产品成本构成虽然不涉及这些要素，但是在产品定价时，这些成为考虑因素中不可或缺的主要项目。为了与企业汇算清缴相统一，我们建议按照企业汇算清缴的格式来进行明细表的编制，如表9-5、表9-6和表9-7所示。

表9-5　管理费用明细表

编制单位：　　　　　　　　　　　　年　月

行次	项　目	本年计划	上年同期实际	本月实际	本年累计实际
		1	2	3	4
1	一、职工薪酬				
2	二、劳务费				
3	三、咨询顾问费				
4	四、业务招待费				
5	五、广告费和业务宣传费				
6	六、佣金和手续费				
7	七、资产折旧摊销费				
8	八、财产损耗、盘亏及毁损损失				
9	九、办公费				
10	十、董事会费				
11	十一、租赁费				
12	十二、诉讼费				
13	十三、差旅费				
14	十四、保险费				

续表

行次	项 目	本年计划 1	上年同期实际 2	本月实际 3	本年累计实际 4
15	十五、运输、仓储费				
16	十六、修理费				
17	十七、包装费				
18	十八、技术转让费				
19	十九、研究费用				
20	二十、各项税费				
21	二十一、其他				
22	合计				

表 9-6　销售费用明细表

编制单位：　　　　　　　　　　　年　月

行次	项 目	本年计划 1	上年同期实际 2	本月实际 3	本年累计实际 4
1	一、职工薪酬				
2	二、劳务费				
3	三、咨询顾问费				
4	四、业务招待费				
5	五、广告费和业务宣传费				
6	六、佣金和手续费				
7	七、资产折旧摊销费				
8	八、财产损耗、盘亏及毁损损失				
9	九、办公费				
10	十、董事会费				
11	十一、租赁费				
12	十二、诉讼费				
13	十三、差旅费				
14	十四、保险费				
15	十五、运输、仓储费				
16	十六、修理费				
17	十七、包装费				
18	十八、技术转让费				
19	十九、研究费用				
20	二十、各项税费				
21	合计				

表 9-7　财务费用明细表

编制单位：　　　　　　　　　　　　年　月

行次	项　目	本年计划	上年同期实际	本月实际	本年累计实际
		1	2	3	4
1	一、佣金和手续费				
2	二、利息收支				
3	三、汇兑差额				
4	四、现金折扣				
5	合计				

表格具体项目列示说明如下。

各种费用的具体项目：根据企业具体情况列示，表格可以删减。

纵栏标题可以根据单位情况增减。

本年计划：列示本项目的本年计划数。

上年同期实际：列示去年相应月份相应项目的实际数值。

本月实际：本月份本项目的实际数值。

本年累计实际：截止编报表的当月，实际费用的累计数。

合计：表格每个项目的总和。

任务三　成本报表的分析

一、成本报表分析的概念与作用

(一)成本报表分析的概念

成本报表分析是以成本报表所提供的反映企业一定时期产品的成本数据及有关的计划、预算资料为依据，运用科学的分析方法，通过分析各项指标，揭示企业各项成本计划的完成情况和原因，发现企业在成本管理中存在的问题，全面认识企业成本管理工作的情况，促进企业加强产品成本管理，不断提高成本管理水平。成本报表分析是财务分析的组成部分，是成本核算工作的继续和延伸，是成本会计的重要组成部分。

(二)成本报表分析的作用

1. 考核成本计划的执行

通过成本报表分析，可以考核企业成本计划的执行情况，掌握产品实际成本偏离计划成本的程度，评价企业过去的成本管理工作。

2. 揭示差异，挖掘降低成本的潜力

通过成本报表分析，可以发现企业在成本管理中存在的问题，分析出现问题的原因，促使企业挖掘潜力,寻找降低成本的途径和方法。

3. 掌握成本变动规律,提高管理水平

通过成本报表分析,对比同一产品在若干期间的成本资料,可以发现产品成本的变动规律,总结成本管理的经验和教训,提高企业经营管理的水平。

4. 为编制成本计划,进行成本决策提供依据

通过成本报表分析,可以了解产品成本结构的合理性及发展趋势,为企业编制成本计划、预算和进行经营决策提供可靠的依据。

二、分析成本报表的基本方法

在成本报表分析中,可以采用多种分析方法,具体选择哪种方法,取决于不同企业成本形成的特点、成本报表分析所依据的资料及成本报表分析的目的。常用的成本报表分析方法主要有比较分析法、比率分析法、因素分析法和差额计算分析法。

(一)比较分析法

比较分析法是指通过不同时期、不同环境下的实际数与基数的对比来揭示实际数与基数之间的差异,借以分析差异产生的原因,了解经济活动的成绩和问题的一种分析方法。它是成本报表分析中最简便、运用范围最广泛的一种方法。

采用比较分析法时,由于分析的目的不同,对比的基数也有所不同。常用的对比基数主要有以下几种。

1. 本期计划数或定额数

将成本的实际数与计划数或定额数进行对比分析,有助于了解计划、定额的完成情况,揭示实际数脱离计划数或定额数的差异及性质,为进一步分析提供方向。

2. 前期(上期、上年同期或历史先进水平)实际数

将成本的实际数与前期(上期、上年同期或历史先进水平)的实际数进行对比分析,可以揭示本期成本实际数同前期(上期、上年同期或历史先进水平)实际数间的差距,从中了解成本的发展趋势和方向。

3. 国内外同行业先进成本水平

将本企业成本的实际数(或某项经济技术指标)与国内外同行业先进成本水平对比分析,可以了解本企业成本水平在国内外同行业中所处的位置,揭示本企业与国内外先进成本指标间的差距,有利于吸收先进经验,提高成本管理效率和企业的经济效益。

比较分析法只适用于同质指标的数量对比,如商品产品的实际成本与计划成本的对比、实际人工费用与定额人工费用的对比、本期实际制造费用与预算制造费用的对比等,如表 9-8 所示。在采用比较分析法时,还要注意被比较的指标的可比性,即对比指标采用的计价标准、时间单位、指标内容和计算方法及影响指标形成的条件应当相互一致。如果被比

较的指标之间有不可比因素,应当先按照可比的口径进行调整,然后再进行对比。在比较同类企业成本指标时,还必须考虑到成本数据在技术上和经济上的可比性,尤其在与国外企业成本比较时,还应充分考虑到社会经济条件、财务会计环境等因素的影响。

表 9-8 产品材料消耗比较分析表

编制单位:
产品名称:　　　　　　　　　　　2018 年 12 月 31 日　　　　　　　　　　　单位:千克

指标	上年实际	本年		先进企业实际	差异		
		计划	实际		比计划	比上年	比先进
主要材料消耗							

(二)比率分析法

比率分析法是指通过计算和对比有关指标之间的比率进行成本分析的一种方法。采用这一方法,先要将对比的指标由绝对数变成相对数,求出比率,从而将有些条件不同、不可比的指标变成可比较的相对数,然后再进行对比分析。比率分析法主要包括相关指标比率分析法和构成比率分析法两种。

1. 相关指标比率分析法

所谓相关指标比率,是指将性质不同但又有内在联系的两个指标进行对比所求出的比率。所谓相关指标比率分析法,是指通过计算相关指标比率,将实际比率与计划比率、前期实际比率或同行业先进企业比率等进行对比分析的方法。例如,将成本指标与反映生产、销售等生产经营成果的产值、销售收入、利润指标进行对比,求出产值成本率、销售成本率和成本利润率指标,再通过若干期间同类比率的对比,就可据以分析和比较生产耗费对经济效益的影响情况与影响程度。

2. 构成比率分析法

构成比率又称结构比率,是指某项指标的各个组成部分与总体的比重。所谓构成比率分析法,是通过计算构成比率进行数量分析的方法。如将构成产品成本的各个成本项目分别与产品成本总额相比,计算产品成本的构成比率;将构成制造费用的各个费用项目分别与制造费用总额相比,计算制造费用的构成比率。通过构成比率分析,可以了解产品成本和生产费用的构成是否合理,为寻求降低成本、节约费用的途径指明方向。

(三)因素分析法

因素分析法又称连环替代法,是指把某一综合性指标分解为若干个相互联系的因素,并分别计算、分析各因素的变动对该指标的影响方向和影响程度的一种分析方法。例如,成本指标是一个综合性指标,受到各种因素的影响,只有把成本指标分解为若干个构成要素进行分析,才能明确成本指标完成好坏的原因和责任。

1. 因素分析法的运用程序

(1) 利用比较分析法将某项综合指标的实际数和基数(计划数或前期实际数等)对比,算出差额,作为分析对象。

(2) 分析指标的计算公式,确定影响指标变动的各项因素。

(3) 确定各项因素的排列顺序。各因素排列的顺序要根据指标与各因素的内在联系确定。一般是反映数量的因素排列在前,反映质量的因素排列在后;反映实物量与劳动量的因素排列在前,反映价值量的因素排列在后;主要因素与原始因素排列在前,次要因素与派生因素排列在后。例如,影响直接材料费用的因素有产品产量、单位产品材料消耗量和材料单位成本三个,一般按产品产量、单位产品材料消耗量、材料单位成本的顺序排列。

(4) 以基数为计算基础,按照各个因素的排列顺序,依次以各个因素的本期实际数替代该因素的基数,每次替代后计算出实际数,有几个因素就替换几次,直到所有的因素都替换为实际数为止,将每次替换以后的计算结果与前一次替换以后的计算结果进行对比,依次计算出每项因素对综合指标的影响程度。

(5) 综合各个因素的影响(有的正方向影响、有的反方向影响,用不同符号表示)程度,其数值的代数和,就是该综合指标的实际数与基数的差异总额。

2. 因素分析法的计算原理

因素分析法的计算原理可用简单的数学公式表示如下。

设某综合指标 M 由 X、Y、Z 三个因素相乘组成。其实际数、基数及差异总额分别计算如下。

基数 $M_0 = X_0 \times Y_0 \times Z_0$

实际数 $M_1 = X_1 \times Y_1 \times Z_1$

差异总额 $D = M_1 - M_0$

在分析各个因素的变动对该综合指标的影响时,首先,确定三个因素的替代顺序依次为 X、Y、Z;其次,假定在 Y、Z 这两个因素不变的条件下,计算第一个因素 X 变动对该综合指标的影响;再次,在第一个因素已经替代的基础上,计算第二个因素 Y 变动对该综合指标的影响,依次类推,直到计算出每个因素变动对该综合指标的影响;最后,计算各个因素对该综合指标的影响值的代数和,以验证分析结果的正确性。上述过程用公式表示如下。

第一个因素 X 变动对该综合指标的影响(D_{11})为:

$M_0 = X_0 \times Y_0 \times Z_0$

$M_{11} = X_1 \times Y_0 \times Z_0$

$D_{11} = M_{11} - M_0$

第二个因素 Y 变动对该综合指标的影响(D_{12})为:

$M_{12} = X_1 \times Y_1 \times Z_0$

$D_{12} = M_{12} - M_{11}$

第三个因素 Z 变动对该综合指标的影响(D_{13})为:

$M_1 = X_1 \times Y_1 \times Z_1$

$D_{13} = M_{13} - M_{12}$

将各因素变动对该综合指标的影响数相加,其结果应与差异总额相等,即:
$D=D_{11}+D_{12}+D_{13}=M_1-M_0$

(四)差额计算分析法

差额计算分析法是直接利用各因素的实际数和基数之间的差额来计算确定各因素变动对综合指标影响程度的一种分析方法,实质上是因素分析法的简化形式。因此,其应用的原理与因素分析法相同,只是在计算形式上有所不同。

三、产品生产成本表的分析

产品生产成本表分析的目的,主要是揭示产品总成本计划的完成情况,找出影响成本升降的因素,确定各个因素对成本计划完成情况的影响程度,为进一步挖掘降低成本的潜力、寻求降低成本的途径指明方向。

产品生产成本表(按产品种类编制)的分析主要包括产品成本计划完成情况的分析和可比产品成本降低任务完成情况的分析。

1. 产品成本计划完成情况的分析

产品生产成本计划完成情况的分析,主要是分析本期全部产品的实际总成本相较于计划总成本的升降情况,分析和研究成本升降的原因,为进一步寻求降低成本的途径和措施提供线索、指明方向。产品生产成本计划完成情况的分析,是按照产品类别进行的。全部产品的本月实际总成本和本年累计实际总成本,分别与其本月计划总成本和本年累计计划总成本进行比较,确定实际成本相较于计划成本的降低额和降低率,从而确定全部产品的实际成本与计划成本的差异额和差异率。需要注意的是,在计算过程中,计划总成本是按照产品实际产量来计算的,因此,进行对比的全部产品的计划总成本是经过调整后的实际产量计划总成本,剔除了产品产量对总成本的影响。

2. 可比产品成本降低任务完成情况的分析

可比产品成本降低任务,是指本年度可比产品计划总成本与按上年度实际单位成本计算的产品总成本进行对比所要求达到的成本降低额和降低率,即计划成本降低额和降低率。可比产品成本降低任务完成情况的分析,就是将可比产品的实际总成本相较于上年实际总成本的降低额和降低率,即实际成本降低额和降低率,与计划成本降低额和降低率进行对比,以检查可比产品成本降低任务的完成情况,分析各项因素的影响程度,提出改进措施。如果实际成本降低额和降低率等于或大于计划水平,则说明完成了或超额完成了成本降低任务;反之,则说明没有完成成本降低任务。

【例9-1】某企业产品生产成本表,按产品种类编制,如表9-9所示。

表 9-9 产品生产成本表

××公司　　　　　　　　　　　　　　2018年12月　　　　　　　　　　　　　　单位：元

产品名称	计量单位	实际产量			单位成本				本月总成本			本年累计总成本		
		本月实际	本年计划	本年实际累计	上年实际平均	本年计划	本月实际	本年实际平均	按上年实际平均单位成本计算	按本年计划单位成本计算	本月实际	按上年实际平均单位成本计算	按本年计划单位成本计算	本年实际
可比产品合计									19 400	19 100	18 950	270 000	266 000	269 400
其中：甲产品	台	50	480	500	84	82	83	81	4 200	4 100	4 150	42 000	41 000	40 500
乙产品	台	20	300	300	760	750	735	763	15 200	15 000	14 700	228 000	225 000	228 900
……														
不可比产品合计										1 000	1 024		8 750	8 820
其中：丙产品	架	8	70	72		125	128	126		1 000	1 024		8 750	8 820
……														
合计													274 750	278 220

分析过程如下。

(1) 将全部产品的实际总成本与计划总成本进行对比，确定实际总成本比计划总成本的增长额与增长率。

成本增长额=实际总成本-计划总成本=278 220-274 750=3 470(元)

成本增长率=成本增长额计划总成本=3 470÷274 750=1.26%

(2) 同理可以计算可比产品、不可比产品以及每种具体的产品的成本增长额或降低额及增长率或降低率。

可比产品成本总额增长额=可比产品实际总成本-可比产品计划总成本
　　　　　　　　　　=269 400-266 000=3 400(元)

可比产品成本总额增长率=可比产品成本总额增长额÷可比产品计划总成本
　　　　　　　　　　=3 400÷266 000=1.28%

不可比产品成本总额增长额=不可比产品实际总成本-不可比产品计划总成本
　　　　　　　　　　　=8 820-8 750=70(元)

不可比产品成本总额增长率=不可比产品成本总额增长额÷不可比产品计划总成本
　　　　　　　　　　　=70÷8 750=0.8%

甲产品成本降低额=甲产品计划总成本-甲产品实际总成本=41 000-40 500=500(元)

甲产品成本降低率=甲产品成本降低额÷甲产品计划总成本=500÷41 000=1.22%

乙产品成本增长额=乙产品实际总成本-乙产品计划总成本=228 900-225 000=3 900(元)

乙产品成本增长率=乙产品成本增长额÷乙产品计划总成本=3 900÷225 000=1.73%

丙产品成本增长额=丙产品实际总成本-丙产品计划总成本=8 820-8 750=70(元)

丙产品成本增长率=丙产品成本增长额÷丙产品计划总成本=70÷8 750=0.8%

以上信息我们可以看出,该企业全部产品成本未能完成成本降低任务,实际成本比计划成本超支 3 470 元,增长率为 1.26%。其中,可比产品成本增长了 3 400 元,增长率为 1.28%;不可比产品成本增长了 70 元,增长率为 0.8%。在可比产品中甲产品成本降低了 500 元,降低率为 1.22%,超额完成了成本降低任务;乙产品成本增长额为 3 900 元,增长率为 1.73%,未完成降低成本任务;不可比产品中丙产品成本增长了 70 元,增长率为 0.8%,未完成降低成本任务。

综上所述,甲产品完成了成本降低任务,乙产品和丙产品未完成成本降低任务,需要结合后面的产品单位成本分析表来继续管理控制成本,最终达到降低成本的目的。

【例 9-2】某企业的产品生产成本表,按成本项目编制如表 9-10 所示。

表 9-10　产品生产成本表

2018 年 12 月　　　　　　　　　　　　　　　　　　单位:千元

成本项目	上年实际	本年计划	本月实际	本年实际累计
直接材料	86 600	82 700	7 100	87 680
直接人工	25 800	25 800	1 700	26 100
制造费用	49 600	41 500	3 028	42 500
合计	162 000	150 000	11 828	156 280

从表 9-10 中可以看出,本年计划比去年实际降低 12 000 千元,实际超计划 6 280 千元,比去年实际减少 5720 千元,成本超计划不一定是成本的浪费,要结合产品单位成本分析表,分析是产量的增长而提高了总成本,还是单位成本的提高而提高了总成本,分析实际完成情况时也要考虑以后计划制定的合理性,可以做弹性计划。

四、主要产品单位成本表的分析

主要产品单位成本表的分析主要是对主要产品单位成本各成本项目的实际数与计划数进行比较,确定差异额和差额率,以及各成本项目变动对单位成本计划的影响程度,反映主要产品单位成本计划的完成情况。

【例 9-3】某企业产品单位成本表如表 9-11 所示。

表 9-11　乙产品单位成本分析表

编制单位:××单位　　　　　　2018 年 12 月　　　　　　　　　　　金额:元

产品名称	甲产品	本月实际产量	50
规格	AHP	本年实际产量累计	500
计量单位	件	售价	960

续表

成本项目	计划单位成本	实际单位成本	差异		各成本项目差异对单位成本的影响
			差异额	差异率	
直接材料	380	390	10	2.63%	1.33%
直接人工	120	123	3	2.5%	0.4%
制造费用	250	250	0	0	0
合计	750	763	13		1.73%

通过表 9-11 的计算结果，我们可以看出，乙产品单位成本实际比计划超出 13 元，超过 1.73%，原因是直接材料费用超出了计划 10 元，超出率为 1.33%，直接人工超出 3 元，超出率为 0.4%。综上所述，乙产品的单位成本之所以增长是因为材料费用和直接人工的增长，企业需要在加强生产管理和提高劳动生产效率方面多查原因，开拓思路，以降低单位成本。

五、制造费用明细表的分析

对制造费用明细表进行分析所采用的方法，主要是比较分析法和构成比率分析法。

1. 采用比较分析法分析

在采用比较分析法进行分析时，通常先将本月实际数与上年同期实际数进行对比，揭示本月实际数与上年同期实际数之间的差异。在表中列示有本月计划数的情况下，则先应进行本月实际数与本月计划数的对比，以便分析和考核制造费用月份计划的执行情况。在将本年累计实际数与本年计划数进行对比时，如果本表不是 12 月的报表，那么这两者的差异只反映年度内的计划完成情况，可以提醒管理者注意已经发生的问题。例如，该表是 5 月的报表，而其本年累计实际数已经接近、达到甚至超过本年计划数的一半，就应注意节约以后各月的费用，以免全年的实际数超过计划数。如果该表是 12 月的报表，则本年累计实际数与本年计划数的差异就是全年费用计划执行的结果。对制造费用进行比较分析时，一般是按照费用项目进行的。由于制造费用的项目很多，分析时应该选择超支或节约数额较大或者费用比重较大的项目有重点地进行。评价各项费用超支或节约时，应该结合费用的性质和用途具体分析，不能简单地将一切超支都看成是不合理的、不利的，也不能简单地将一切节约都看成是合理的、有利的。例如，修理费的节约，可能会使机器带故障运转，影响机器寿命；劳动保护费的节约，可能会使工人缺少必要的劳动保护措施，影响安全生产。只有在保证机器设备的维修质量和正常运转，保证安全生产的条件下节约修理费和劳动保护费才是合理的、有利的。又如，机物料消耗的超支可能是由于追加了生产计划，增加了开工班次，相应增加了机物料消耗的结果，这样的超支也是合理的。此外，在分项目进行制造费用分析时，还应特别注意"在产品盘亏和毁损"以及"停工损失"等非生产性的损失项目的分析，这些项目的发生额可能是生产管理不良的结果，也可能是特殊情况下的合理结果。在分析"在产品盘亏和毁损"项目时，还应注意其中有无盘盈的抵销数，因为在产品盘盈的价值会冲减、掩盖一部分盘亏和毁损的损失，在产品盘盈是由于生产管理不良或者核算上差错造成的，不是生产车间工作的成绩。

2. 采用构成比率分析法分析

采用构成比率分析法进行制造费用分析时，通过计算某项费用合计数的构成比率，将这些构成比率与企业或车间的生产、技术特点联系起来，分析其构成是否合理；也可以将本月实际数和本年累计实际数的构成比率与本年计划数的构成比率和上年同期实际数的构成比率进行对比，计算出差异，并分析差异是否合理。

【例 9-4】某企业 12 月制造费用明细表，如表 9-12 所示。

表 9-12　制造费用明细表

编制单位：××单位
车间：一车间　　　　　　　　　2018 年 12 月　　　　　　　　　单位：万元

项　目	本月计划	上年同期实际	本月实际	本年累计实际
职工薪酬	260	265	262	3 000
办公费	23	22	25	2 300
水电费	35	40	35	3 600
折旧费	30	29	29	3 000
机物料消耗	22	21	20	230
低值易耗品摊销	15	16	17	180
劳动保护费	4	4.1	4.5	50
保险费	3	3.2	3	35
其他	3	2.5	3.1	25
合计	395	402.8	398.6	12 420

数据分析如下。

通过表 9-12 中的数字，我们可以看出，本月实际制造费用较本月计划有所增长(398.6-395)3.6 万元，但是较去年 12 月份而言，本月实际减少了(402.8-398.6)4.2 万元，有所降低，表现在职工薪酬有所降低，应该是公司采用了更加合理的薪酬办法以及更合理的奖惩机制，使得薪酬有所降低；办公费有所增长，要分析车间的自动化程度，查明办公费的增加原因；水电费有所降低，应该是车间的管理制度到位，浪费的情况有所好转。

企业根据每项数字背后的真实情况去分析，了解企业的成本构成中可以节约的环节在哪里、哪些成本还属于不可控成本，尽量去降低成本，健全内部控制，努力提升各种财产物资的利用程度，严格收发存环节，将企业的成本控制在可控范围内。

六、期间费用明细表的分析

期间费用虽然不作为成本构成的要素，但是与产品的定价决策密切相关，这里以管理费用为例说明。

【例 9-5】某企业 2018 年 12 月的管理费用明细表，如表 9-13 所示。

表9-13 管理费用明细表

编制单位：××企业　　　　编制时间：2018年12月　　　　　　　　单位：万元

行次	项目	本年计划 1	上年同期实际 2	本月实际 3	本年累计实际 4
1	一、职工薪酬	1100	112	115	1150
2	二、劳务费				
3	三、咨询顾问费				
4	四、业务招待费				
5	五、广告费和业务宣传费				
6	六、佣金和手续费				
7	七、资产折旧摊销费				
8	八、财产损耗、盘亏及毁损损失				
9	九、办公费	200	21	18	210
10	十、董事会费				
11	十一、租赁费				
12	十二、诉讼费	0	0	5	5
13	十三、差旅费				
14	十四、保险费				
15	十五、运输、仓储费				
16	十六、修理费	30	3	5	32
17	十七、包装费				
18	十八、技术转让费				
19	十九、研究费用				
20	二十、各项税费				
21	二十一、其他				
22	合计	略	略	略	略

数据分析如下。

各表项目中都有一些常规项目的费用，比如职工薪酬项目，这个项目有所增加，可能跟企业的员工待遇提高以及国家的社保政策有关系，有时候是政策性提升，职工薪酬的提升某种程度可以调动员工的工作积极性，提升员工的幸福指数，也会直接提升产品的合格率。办公费也属于常规项目，办公费的降低某种程度上可能是管理制度严格执行，经费节约的结果。不经常项目，例如诉讼费，这个项目有时候无法预算，但是企业一定要保证遵纪守法，讲求信用，尽量不出现法律纠纷，以减少非日常的费用。修理费也不是日常项目，企业有计划地进行设备修理，保证正常的生产经营，但是也有偶然的设备毁损，造成企业管理费用的增加。企业应该严格控制日常费用开支项目，严格遵守生产规程，在生产经营中重质量、讲信用，尽量不发生非日常的开支。

> **案例解析**

案例中提到的主营业务成本降低了，我们会看到成本总额是由销售量与单位成本共同决定的，抛开销售量因素分析外，我们继续分析单位成本与产量的结果，也就是总成本的问题，分析是产量增长了还是单位成本增长了，分别计算它们对总成本的影响大小。单位成本变化的原因分析也要注意成本构成项目的分析，如直接材料、直接人工和制造费用的变动情况，分析企业成本高低的原因。还可以继续分析其中每个成本要素的变动情况，材料成本高低的原因，人工费高低的原因，制造费用的构成情况，是否有节约成本的空间。

倾销是产品以低于其正常价值的价格出口到另一国家(地区)的行为。反倾销是指进口国主管当局根据受到损害的国内工业的申诉，按照一定的法律程序对以低于正常价值的价格在进口国进行销售的、并对进口国生产相似产品的产业造成法定损害的外国产品，进行立案、调查和处理的过程和措施。反倾销要检查对方的售价是否低于其成本，所以要从成本报表入手，检查产品成本构成。

项 目 小 结

本项目介绍了成本报表的内容、成本报表的特点及作用，要求同学们通过本项目的学习，能够根据企业管理的需要，编制设计出成本报表，能够为企业所用；要求掌握本项目中设计到的三种报表格式，能够明白各项目之间的钩稽关系，正确地编制报表，并能够运用专门的分析方法分析成本报表，为企业提供有价值的信息。

项目强化训练

一、单项选择题

1. 把综合性指标分解为各个因素，研究诸多因素变动对综合性指标变动影响程度的分析方法是(　　)。
   A. 对比分析法　　　B. 趋势分析法　　　C. 连环替代法　　　D. 比率分析法
2. 通过成本指标在不同时期或不同情况的数据对比来揭示成本变动及原因的一种方法是(　　)。
   A. 对比分析法　　　B. 趋势分析法　　　C. 差额分析法　　　D. 比率分析法
3. 成本报表属于(　　)。
   A. 对外报表　　　B. 对内报表　　　C. 两者兼有　　　D. 由企业自主决定

二、多项选择题

1. 工业企业成本报表一般包括(　　)。
   A. 产品生产成本表　　　　　　B. 产品单位成本表
   C. 制造费用明细表　　　　　　D. 各种期间费用明细表

2. 成本报表分析常用的方法有( )。
   A. 对比分析法   B. 比率分析法   C. 因素分析法   D. 差额分析法
3. 成本报表编制的依据有( )。
   A. 报告期成本账簿资料   B. 本期成本计划及费用预算资料
   C. 以前年度会计报表资料   D. 企业有关的统计资料

三、判断题

1. 成本报表是企业的所有者和债权人报送的，以利于他们决策的一种会计报表。( )
2. 企业可以根据自身的生产特点和管理要求，编制各种有利于进行成本控制和成本考核的报表。( )
3. 成本报表的种类、格式和内容必须符合国家有关部门的统一规定。( )
4. 主要产品单位成本表应该按主要产品分别编制。( )
5. 编制成本报表的目的主要是为了满足企业内部管理的需要。( )

四、思考题

成本报表一般编制哪些种类？你还可以自己设计哪些成本报表？

五、业务题

东方设备厂设有两个基本生产车间。一车间生产甲产品，二车间生产乙、丙两种产品。其中甲、乙产品为可比产品，甲产品为该企业重点生产的重要产品，丙产品为不可比产品。企业实行定额成本制度，成本核算采用品种法，基本生产成本设有直接材料、直接人工、燃料和动力、制造费用等成本项目。可比产品本年计划降低额为 32 200 元；可比产品本年计划降低率为 4%。该厂 2018 年 12 月相关成本资料如表 9-14、表 9-15 和表 9-16 所示。

表 9-14 产品生产资料

2018 年 12 月

	项目	可比产品(甲)	可比产品(乙)	不可比产品(丙)
单位生产成本/元	上年实际成本	600	420	
	本月实际	555	414	276
	本年累计实际平均	573	417	273
	本年计划	580	400	270
生产量/件	本月实际	90	105	60
	本年累计实际	765	960	630
	本年计划	720	890	650
销售量/件	本月实际	75	105	60
	本年累计实际	780	870	48
	年初结存数量(件)	120	90	135

表 9-15 甲产品成本资料

2018 年 12 月　　　　　　　　　　　　　　　　　　　　　　单位：元

单位生产成本	直接材料	直接人工	制造费用	合　计
历史先进水平	279	135	114	528
上年实际平均	315	156	129	600
本年计划	300	150	130	580
本月实际	285	147	123	555
本年累计实际平均	294	153	126	573

表 9-16 甲产品其他资料

2018 年 12 月

项　目	单　位	上年实际	本年实际
单位产品售价	元	900	930
单位产品税金	元	120	123
产品计划销售量	件	765	770
产品实际销售量	件	750	780

要求：根据上述资料填制下列报表(见表 9-17、表 9-18)，并进行简要分析。

表 9-17 产品生产成本表

东方设备厂　　　　　　　　　　2018 年 12 月　　　　　　　　　　　　单位：元

产品名称	计量单位	实际产量		单位成本				本月总成本			本年累计总成本		
		本月实际	本年实际累计	上年实际平均	本年计划	本月实际	本年实际平均	按上年实际平均单位成本计算	按本年计划单位成本计算	本月实际	按上年实际平均单位成本计算	按本年计划单位成本计算	本年实际
可比产品合计													
其中：甲产品													
乙产品													
不可比产品合计													
其中：丙产品													
合计													

表9-18 甲产品单位成本分析表

编制单位：　　　　　　　　　　　　　　2018年12月　　　　　　　　　　　　　金额：元

产品名称			本月实际产量		
规格			本年实际产量累计		
计量单位			售价		
成本项目	历史先进水平	上年实际平均	本年计划	本月实际	本年累计实际平均
直接材料					
直接人工					
制造费用					
合计					

参 考 文 献

[1] 企业会计准则编审委员会. 企业会计准则2018年版[M]. 上海：立信会计出版社，2018.
[2] 中华人民共和国财政部. 企业会计准则应用指南2018年版[M]. 上海：立信会计出版社，2018.
[3] 企业会计准则编审委员会. 企业会计准则案例讲解2018年版[M]. 上海：立信会计出版社，2018.
[4] 财政部会计资格评价中心. 初级会计实务[M]. 北京：经济科学出版社，2018.
[5] 财政部会计资格评价中心. 中级会计实务[M]. 北京：经济科学出版社，2018.
[6] 中国注册会计师协会. 财务成本管理[M]. 北京：中国财政经济出版社，2018.
[7] 谭文伟，张晓燕. 成本会计学[M]. 天津：天津大学出版社，2018.
[8] 徐哲. 成本会计实训教程[M]. 2版. 大连：东北财经大学出版社，2018.
[9] 王倩，谢萍. 成本会计实务[M]. 2版. 上海：上海财经大学出版社，2017.
[10] 唐坤，郭思智. 成本会计理论与实务教程[M]. 北京：中国财政经济出版社，2017.